本书系国家社会科学基金2017年度教育学一般课题
"核心素养的学校课程转化模式研究"（BHA170148）研究成果

核心素养的学校课程转化

吕立杰　等◎著

School Curriculum
Transformation of Core
Competency

科学出版社

北　京

内 容 简 介

基于学生核心素养推动课程改革已成为国际趋势。我国课程变革同样以核心素养为本，培养学生适应终身学习和社会发展需要的必备品格和关键能力。核心素养需要在学校的课程体系中得以转化。透过学校的办学理念，学校对学生素养的诉求转化为学校课程、教师的教学理解以及个性化的学生发展规划。本书全面梳理了国内外有关课程转化研究的成果，从学校课程体系建设、校本课程开发、教师课堂教学等层面，通过对附加模式、聚焦模式、网状模式、行为模式等的探讨，分解、补充、串联了核心素养的学校课程设计方式。

本书适合教育学领域的相关研究者、中小学校长及教师阅读和参考，同时也对其他读者有参考价值。

图书在版编目（CIP）数据

核心素养的学校课程转化/吕立杰等著. —北京：科学出版社，2022.1
ISBN 978-7-03-071450-3

Ⅰ. ①核…　Ⅱ. ①吕…　Ⅲ. 中小学-课程改革-研究　Ⅳ. ①G632.3

中国版本图书馆 CIP 数据核字（2022）第 023174 号

责任编辑：孙文影　高丽丽/责任校对：贾伟娟
责任印制：徐晓晨/封面设计：润一文化

科 学 出 版 社 出版
北京东黄城根北街 16 号
邮政编码：100717
http://www.sciencep.com

北京建宏印刷有限公司 印刷
科学出版社发行　各地新华书店经销

*

2022 年 1 月第 一 版　开本：720×1000　B5
2022 年 1 月第一次印刷　印张：15 3/4
字数：282 000
定价：99.00 元
（如有印装质量问题，我社负责调换）

前　言

　　知识经济时代已经来临，科技与信息技术高速发展、人类知识迅速增长对人的素养结构提出了新的要求。为了适应这种变化，一些国际教育组织，如联合国教育、科学及文化组织（United Nations Educational，Scientific and Cultural Organization，UNESCO，以下简称联合国教科文组织）、经济合作与发展组织（Organization for Economic Co-operation and Development，OECD）纷纷提出核心素养框架以及相应的课程框架，引领世界课程改革的走向；一些国家纷纷出台国家课程标准，由政府干预学校的教育教学活动。此外，企业、经济组织也非常活跃，参与人才素养结构的讨论及规划的制定，并试图将对人才素养的期待直接转化为学校教育内容。基于学生核心素养推动课程改革已成为国际趋势，欧盟等国际组织以及很多国家和地区均对其给予了高度关注。2014 年，教育部颁布了《关于全面深化课程改革　落实立德树人根本任务的意见》，将核心素养界定为"学生应具备的适应终身发展和社会发展需要的必备品格和关键能力"。确立学生发展核心素养体系对于把握学校办学方向，促进国家课程、学校课程的发展都具有重要意义。接下来的问题是核心素养怎样在学校落地，这就涉及课程转化的问题。

　　课程有不同的表现形态，有理念的、文本的、方案计划的、操作的等，要保证核心素养的培养目标在不同形态课程间穿行、落实，就需要进行课程转化。有学者认为，课程转化是课程经由教学计划产生方案，方案在教学实施后产生学习结果的过程。也有学者认为，课程转化是经逐步转型变化，课程理想最后化为可供师生使用的具体教学材料的过程。其中，在各步骤采取的转型变化之所为，使得理想化为实践，抽象化为具体，宏观化为微观，单纯化为复杂，上位概念化为下位概念，这些转型变化之所为就是课程转化。课程转化是关系课程改革成功与否的重要因素，是课程改革进程各个阶段之间的重要联结。课程转化可以在课程层级间发生，也可以在不同形态的课程间发生。核心素养的落实需要课程转化，透过学校的办学理念，学校需要将核心素养的培养指向转化为学校课程、教师的课堂教学以及个性化的学生发展指导与规划。

本书全面梳理了国内外有关核心素养的研究成果，对课程转化的含义、方式、载体等进行了综述。在此基础上，本书系统分析了学校应对核心素养目标落实的工作路径，如课程结构调整、校本课程开发、课堂教学改革、学业质量评价等，这些都是学校落实核心素养应考虑的内容，也是课程改革在不同课程层级上的表达。之后，本书以附加模式、聚焦模式、网状模式、行为模式等，探讨了分解、补充、串联核心素养的学校课程设计方式。这些研究通过反思素养在学校课程教学中转化的学理依据，分析了在学校课程教学中落实核心素养目标的多种取向，以创建课程转化模式，在理想的学生发展核心素养与学校教育实践之间建立桥梁。这些工作对审视核心素养的课程价值，丰富研究者对学校课程规划、课程开发、教学设计等的认识具有一定价值。

本书可以对课程转化的理论梳理、学校课程设计，尤其是转化核心素养的学校课程设计提供一定的思路。本书有助于基础教育学校的校长及教师清晰、深刻地理解核心素养以及学科核心素养的内涵，以使学校课程规划更有目的性、指向性，更加科学合理，而且有助于教师深刻理解课程，以整体把握和规划教学目标、育人方向，提高课程实施水平。在研究过程及写作过程中，东北师范大学教育学部的教师与研究生李刚、丁奕然、杨曼、宋晓乐、王铭、宰梦瑶，以及东北师范大学附属小学的任天鸣老师等做了大量工作。本书是团队合作研究的成果，特对以上人员表示感谢。

目　录

第一章
指向学生素养的培养:21世纪课程改革的命题

　　在全球化时代,知识经济、科技、信息技术的发展前所未有地影响着人类的生产与生活,使其发生了方方面面的深刻改变,从而对人的素养结构提出了新的要求。一些国际教育组织,如联合国教科文组织、OECD 纷纷提出核心素养框架以及相应的课程框架,引领世界课程改革的走向;一些国家纷纷出台国家课程标准,由政府干预学校教育教学活动;此外,企业及经济组织也非常活跃地参与人才素养结构的讨论及规划的制定,并试图将人才素养的期待直接转化为学校教育的内容。课程被赋予多重意义,透过课程来制定课程,实现社会公平、提升教育质量、满足个人发展及终身学习的需要。同时,课程日益成为各国谋求国家未来竞争力、增强人类对经济社会科学进步适应力的重要手段。

第一节　核心素养引领课程改革的时代背景与内涵

一、素养为本课程改革的时代背景

（一）科技的指数级增长使人产生适应性焦虑

1965 年，戈登·摩尔在《电子学》（*Electronics*）杂志上发表文章，预测未来人类技术的进步会呈指数级增长，计算机的处理能力每 18 个月提高一倍。这一预言被称为摩尔定律。半个多世纪以来，人类科技的发展见证了摩尔定律的实现，而且到了 21 世纪，技术进步的时间间隔之短更加惊人。比如，从古代印刷术到发明第一台电脑打印机，人类用了 500 年，但此后仅用 30 年，3D 立体打印机就问世了。从 1764 年发明的珍妮纺纱机，到通用公司研制的首台工业机器人尤尼梅特（Unimate），用了 200 年，然而发明世界上最先进的人形机器人沙夫特（Shaft）只用了 50 年。基因重组科学、高级材料学、储能、物联网、云计算、自动化或半自动化交通等技术将使全球生产方式、生活方式产生颠覆性的变化，而在互联互通的世界里，数据雪崩加上数据开放，将使这种力量更大。[①]技术平台每隔 5~7 年就要发生颠覆性的改变，人类社会需要 10~15 年的时间才能适应。[②]按照《纽约时报》记者弗里德曼（Thomas Loren Friedman）的说法，与科技进步的增长指数级曲线相比，个人与人类社会对环境变化的适应速度是线性增长。人们还没有想好一项新技术如何与原有的社会结构契合，它的使用就已经普及，比如网约车。但是，也许等不到人类社会制定成熟的制度来规约网约车的使用，无人驾驶汽车就会使这些监管制度过时。与科技创新的加速度相比，目前人类对社会的适应力远远不够，而这种落差必然会带来文化焦虑。那么，怎样重拾人类驾驭科技发展快车的自信，提升社会的适应力？唯一的办法就是加强人的适应性、优化人的学习，让人适应这种永远在变化中的动态的稳定。面对科技推动的社会变迁，知识总量激增，线

---

① 〔美〕理查德·多布斯，詹姆斯·马尼卡，华强森. 2016. 麦肯锡说：未来 20 年大机遇[M]. 谭浩，译. 广州：广东人民出版社：24-33.

② 〔美〕托马斯·弗里德曼. 2015. 世界是平的[M]. 何帆，肖莹莹，郝正非，译. 长沙：湖南科学技术出版社：27.

性增长式的学习不能满足知识激增的需要，这时对人类来说，学会学习比学会知识更重要。存量知识贬值速度加快，先学习、后工作的成长模式已经不可能存在，终身学习不仅是理念，更是生存之需。在人类社会的教育体系中，究竟要怎样调整，才能使培养的人才适应、驾驭甚至引领时代变迁呢？

（二）全球化与信息化社会：人力资本结构的缺失与再构

经济跨国公司越来越成为世界经济的主导力量，生产、销售、资本流动、技术开发、信息传播、国际和区域性经济组织建立。20世纪90年代，浏览器、互联网相继出现，促使世界各个角落的人都能及时连接互通，上传、下载数据。托马斯·弗里德曼有个著名的比喻，即在哥伦布发现地球是圆的之后，现在我们正面临一个轮回——世界变平了，互联网和IT技术把圆形的地球拉平了。因为互联网和IT技术的出现，世界变得没有了差异。世界变平，社会经济范式也全然改观，全球化、信息化改变了生产方式，工作方式产生的变化是颠覆式的，通过企业外包、离岸生产、居家工作等，世界成为一个互联互通的生产线。具体看德国，2013年，德国工业"4.0"战略再次升级，其以信息物理融合系统为基础，生产高度数字化、网络化，机器自组织，智能工厂、智能生产、智能物流，工业、工业产品和服务实现全面交叉渗透，从而改变了整个人类的生活和工作方式。

在机械生产带动的工业革命中，生产过程还是要依靠人力，劳动力的差异性较小。在以电为动力、电子技术为支撑的自动化生产中，机械化密集，人力资本的差异性凸显，这主要体现在受教育水平上，人的受教育水平越高，回报率也越高。21世纪，人力资本之间的差异大且复杂，同样受教育年限的人之间的差异在变大，少数创新能力强的人对科技、经济领域的贡献会越来越大。人力资本结构也必然随之调整，时代特有的知识、技能，比如数字能力、信息技术知识与能力等，毫无疑问都需要进行补充。IQ（intelligence quotient，智商）仍然重要，但仅有IQ还不够，弗里德曼提出了公式CQ（curiosity quotient，好奇心商）+PQ（passion quotient，激情商）>IQ，在信息雪崩且可以共享的平坦世界里，"一个拥有学习激情和发现好奇心的孩子会比一个拥有高智商却缺乏激情的孩子进步得更快，因为好奇心强同时又拥有激情的孩子通常都善于自我学习和自我激励"[①]。此

---

① 〔美〕托马斯·弗里德曼. 2015. 世界是平的[M]. 何帆，肖莹莹，郝正非，译. 长沙：湖南科学技术出版社：248.

外，综合力与创新能力等也是技术日新月异的新时代必需的职业素养，传统产品和行业大批消亡，而新岗位、新职业不断涌现，没有了终身雇佣，只有"终身受雇力"。今天人们懂的，可能明天就没用了，重要的不再是一技之长，而是学习力。弗里德曼认为，"如果我们的教育体系和劳动力市场能够适应这种变化，那将释放出大量的人力资本"[1]。

（三）世界变"平"后，人类社会更需要应对冲突与风险

全球化的形态在不断转型中。1492 年哥伦布发现美洲大陆，开启了欧洲与美洲、东西半球之间的商业及文化交流，这个时间被认为是全球化的起始时间。此后，全球化的形态一直不断转型升级，到了 21 世纪，全球化已经不仅表现在全球统一的商品市场，它超越了经济生活，渗透在人类的科技、文化甚至价值体系中。但全球化从来就不是一种声音，全球化带来的急剧扩张的力量一直使民族国家保持警觉，全球化与多元文化、价值观的冲突一直没有停歇。全球化无法取代、移植地缘政治，经济上的互联互通也会产生利益上的失衡与纷争，全球化不可能发展成政治文化的趋同或一体化，那么怎样达成共识呢？温和的设想是"在'多元互补'和'公共商谈'的基础上，达成全球现代化的'观念共识'和'成果共享'，至少是在文明多样和文化多元论走向理性共识或'理性多元论'基础上的'重叠共识'，最终实现全球文明和文化的共同发展与繁荣"[2]。不同的人类文化社群之间需要沟通、理解和宽容，以减少摩擦。有全球化的高歌，也有民族国家的文化乡愁，这是一种"随着现代全球化平整运动而产生的文化传统失落感和追忆情绪"[3]，是对经济全球化扩张带来的文明整体化、文化无差异化的警觉，而在教育中对传统文化进行保留与坚守表达的就是对全球化的有限接受态度。但是，席卷全球的气候灾害、金融危机、突发疾病使全球化出现了停滞甚至倒退。社会学家乌尔里希·贝克（Ulrich Beck）称这个社会是一个风险社会，风险不是基于无知、落后与鲁莽，而恰恰是理性的规定、判断、分析、推论等，是渴望对自然的控制能够日趋完美，科技不仅可以有正面作用，更有负面危害，而危害表现出"时间滞后性、

---

① 〔美〕托马斯·弗里德曼. 2015. 世界是平的[M]. 何帆，肖莹莹，郝正非，译. 长沙：湖南科学技术出版社：187.
② 万俊人. 2001. 经济全球化与文化多元论[J]. 中国社会科学，（2）：38-48.
③ 万俊人. 2001. 经济全球化与文化多元论[J]. 中国社会科学，（2）：38-48.

发作的突发性和超越常规性"①，从这个角度说知识经济就是风险经济，知识社会就是风险社会。在全球化时代，处于巨大变迁中的社会还要面对信任风险。任何社会制度得以维系都需要不可或缺的两种关系：一种是以伦理为基础的信任关系；另一种是以法律为基础的尊重关系。信任程度越高，对强制的需求越少，尊重他人的意愿越强。当代社会，信任作为道德文化资源，已经成为现代经济生活中一种具有重大意义或价值的社会资本。

二、核心素养的内涵

综合各个国家对素养的研究成果不难发现，各国的用词不尽相同，主要为"literacy""competence"。"literacy"的字根是拉丁文"litteratus"，指的是有学问的人。中世纪，"litteratus"指的是看得懂拉丁文的学者。随着 16 世纪语言本土化的发展，"literate person"指能读、能写本土语言的人。20 世纪 50 年代，联合国教科文组织将"literacy"分为两个层次：最起码的层次（minimal level）以及功能性层次（functional level）。另外，美国 21 世纪学习合作组织界定了学生应该具备的 21 世纪能力，在阐释公民素养、健康素养等素养时均使用了"literacy"一词。可见，现今使用的"literacy"已经超越了原有的读写能力含义，而更多指向能够适应社会发展且能够在发展的情境脉络中发挥功能的素养，即功能性素养。"competence"源于拉丁文"cum"（with）和"petere"（to aspire），指的是伴随着某个人或某件事的知识、能力和态度。《新牛津英汉双解大词典》中对"competence"一词的定义有三：①成功或有效做事情的能力（the ability to do something successfully or efficiently）；②个人或团体的知识或能力的范围（the scope of a person or group's knowledge or ability）；③法院或其他组织机构处理特定事项的法定权力（the legal authority of a court or other body to deal with a particular matter）。②在现代语言中，"competence"指的是个人拥有足够胜任工作要求的知识、技能与意愿，被允许执行某些工作且能够成功地完成和解决各种问题。OECD 于 1997—2002 年推进了"素养的界定与遴选"研究，认为"competen"指的是一个人在特定情境脉络下能

---

① 薛晓源，刘国良. 2005. 全球风险世界：现在与未来——德国著名社会学家、风险社会理论创始人乌尔里希·贝克教授访谈录[J]. 马克思主义与现实，（1）：44-55.
② 《新牛津英汉双解大词典》编辑出版委员会. 2007. 新牛津英汉双解大词典[M]. 上海：上海外语教育出版社：374.

成功地满足情境中的复杂要求与接受挑战，并能顺利地执行生活任务，进而获得成功的生活或优质生活的理想结果。[①]例如，能有效地沟通，其本质是一种能够利用自己的语言知识、获得信息的能力以及对他人友好的态度，进而与对方进行沟通的能力。可见，"competence"是一个整体性、跨领域的概念，同时被赋予了一种回应情境和未来社会复杂需要的综合性意义。

"素养"一词在《现代汉语词典》中被解释为"平日的修养"，然而这一释义无法让人掌握其确切的含义。《汉书·李寻传》中的"马不伏历，不可以趋道；士不素养，不可以重国"，以及《后汉书·刘表传》中的"越有所素养者，使人示之以利，必持众来"等，均蕴含对素养的理解。从中不难发现，汉语中对素养的理解既包含"能力与修养"，又隐含"道德与价值"。也就是说，素养是指好的修养。汉语中，常与素养交互使用的是"能力"一词，《辞海（第六版彩图本）》中对"能力"的解释为："成功地完成某种活动所必需的个性心理特质，又分为一般能力和特殊能力，前者指进行各种活动都必须具备的基本能力，后者指从事某些专业性活动所必需的能力。"[②]由此可见，在汉语语境中，"素养"比"能力"更为广泛和抽象，具有某种道德意蕴。相比较而言，能力的概念则较为具体，与个体从事的具体活动有关。[③]"素养"一词的含义则更为全面，它体现为个体在面对生活情境中的实际问题与可能的挑战时，能运用知识、能力与态度并采取有效行动，以满足生活情境的复杂需要，达成目的或解决问题，是个人生活必需的，也是现代社会公民必备的。[④]

综上所述，素养是一种与知识和情境紧密联系的（潜在）综合能力，是知识、技能、经验、态度价值观的综合体，即素养是个人为达到特定目标而与外界的人、事、物进行互动沟通时呈现出的知识、技能、经验、态度价值观的综合体。同时，素养也是一种具有研究假设性质的理论构想，具有待检验性，即素养是对个体未来发展的不可知的假设，且这一假设需要通过现实的课程设计和教学实践来实现及验证。此外，素养是个体内在的涵养，是一个人的精神财富，具有稳定性。素养虽然是个体在接受后天的教育培养以及在与环境的互动中逐渐习得和生成的知识、技能、经验、态度价值观的综合体，但一经形成，便会与个体的情意、精神、气质、品

---

① 蔡清田. 2018. 核心素养与课程设计[M]. 北京：北京师范大学出版社：20.
② 《辞海》编辑委员会. 2009. 辞海（第六版彩图本）[M]. 上海：上海辞书出版社：1652.
③ 蒋东霖. 2017. 中小学校长通识素养指标建构与实证分析之研究[D]. 台湾：暨南国际大学：9-10.
④ 林崇德. 2016. 21世纪学生发展核心素养研究[M]. 北京：北京师范大学出版社：26.

格等融为一体，并通过一系列具有明确指向性和社会有用性的行为体现出来。可见，素养是不能直接观察的，但可以通过观察个体行为或动作等外在表现方式来对个体的素养加以推测和评估。需要注意的是，在教育领域，为了实现更好地教学，研究者常常将素养解构或分割成各种能力或单个意义上的素养；而为了准确地评估素养，研究者常常采用跨学科的综合方式来考察学生的素养。

核心素养是素养体系中重要、关键的部分。通过梳理当前各国际组织、国家和地区对核心素养这一概念内涵的界定（表 1-1）可以发现，当前国际上对于核心素养内涵的认知共同指向三点。

第一，当前各国际组织、国家和地区都普遍重视核心素养，并将其作为教育改革和课程改革的重点。各国际组织、国家和地区虽然在对核心素养的界定上不尽相同，但其背后的逻辑是相通的，即核心素养最终指向人的终身发展和全面发展。在确定思想基调的基础之上，只有具体阐释学生必须具备怎样的基本能力和素养，学生才能在充满波动性、不确定性、复杂性和模糊性的未来世界生存和发展。

第二，核心素养是一个包含知识、技能、经验、态度价值观的复合立体概念，是个体通过积极主动地与他人和社会进行沟通、互动，从而获得知识、技能、经验以及态度价值观的过程，是教育成果、生活态度以及社会文化价值的体现。可见，核心素养具有综合性和整体性。因此，要发展学生的核心素养，必须将核心素养提升至整个学生生活层面，将其纳入正式与非正式的学习机会中，透过各种整合性情境认知方式，使学生通过认识、认知和实践过程达到"既知其然，又知其所以然"的境界。

第三，核心素养是在满足个人发展需要以及社会发展需要的基础之上形成的，换言之，核心素养的形成是各国际组织、国家和地区不断衡量教育双重功能的一种渐进过程。一方面，核心素养要满足个体的发展需求，要为其升学、就业、满足个人兴趣、融入主流社会等提供支撑与帮助，从而使其获得成功、完满的人生；另一方面，核心素养要帮助个体建立身份认同，帮助其行使公民权利、参与社会公共事务以及与异质性的社会群体进行互动，促进经济繁荣、社会稳定、文化多元、生态持续发展等，从而促进"人类命运共同体"目标的实现。此外，各国际组织、国家和地区提出的核心素养内涵虽然存在差异，但均有相互融合与互补之处，并且强调核心素养的获得是一个持续的、终身的学习过程，其发展程度以及功能的实现离不开良好的社会环境和稳健的支持体系。

表 1-1　国际组织/国家/地区对核心素养的定义①

国际组织/国家/地区	核心素养的定义
OECD	核心素养使个人有良好的、成功的生活，这种成功的生活表现为与他人具有亲密的关系，理解自我和自身所处的世界，与自身的生理与社会环境自主互动，拥有成就感和愉悦感。核心素养对多样的社会和个人均具有包容性，它回答的问题是普通人要想在社会中安身立命同时又能够应对日新月异的技术发展，需要哪些素养
欧盟	素养是适宜于特定情境的知识、技能和态度的组合，核心素养是指一个人要在知识社会中实现自我、融入社会以及就业需要的素养，其中包括知识、技能与态度。欧盟对核心素养的定位是在义务教育与培训阶段结束之前，年轻人应该具备这些素养，以使他们能过好成年生活，并以此作为终身学习的基础
联合国教科文组织	核心素养指向终身学习，并提出"学会求知，学会做事，学会共处，学会发展，学会改变"五大支柱
美国	核心素养主要指所有学生或工作者都必须具备的能力，其发展目的在于培养具有21世纪工作技能及核心竞争能力的人，确保学生从学校所学的技能能够充分满足后续大学深造或社会就业的需求，成为21世纪称职的社会公民、员工及领导者
英格兰	核心素养是指为了适应将来的生活，年轻人需要具备的关键技能，以及学习、生活和工作所需的资质。其中的关键技能主要是一种普通的、可迁移的、对劳动者的未来发展起关键性作用的能力
苏格兰	核心技能（core skill）是指为了全面成为一个活跃与负责任的社会成员必须具备的广泛的、可迁移的技能
法国	"socle（foundation or core）of competences"表示基本的素养或核心素养，专指义务教育阶段基于学科和跨学科领域的素养，强调这些素养是构建终身学习的基础。法国的素养模型认为，一个人的职业能力是与知识、技能和社交能力三个方面密不可分的。素养是一种学习的动态过程、知识的积累与传递过程
德国	从职业教育角度提出了关键能力的概念，即指那些与特定的专业技能不直接相关的知识、能力与技能，是在不同场合和承担不同职责的情况下做出判断与选择的能力，是胜任生涯中不可预见的各种变化的能力，由于其普遍适用性而不易因科学技术进步而过时或被淘汰
澳大利亚	核心素养也称为综合职业能力或关键能力，是指为了有效参与发展中的工作形态和工作组织所必需的能力，其强调的并非某个学科或某一职业领域具有的知识和技能，而是学生终身发展需要的能力，是一般性的
新西兰	核心素养是人们现在和将来生活、学习必须具备并不断发展的能力，它比技能复杂得多，涉及能够指导我们行动的知识、技能、态度和价值观。核心素养具有整体性和通用性，往往会跨越多个生活情境

资料来源：辛涛，姜宇，林崇德，等. 2016. 论学生发展核心素养的内涵特征及框架定位[J]. 中国教育学刊，（6）：3-7, 28

三、核心素养的特质

核心素养是教育对以知识经济、信息化、全球化为特征的21世纪发展

---

① 辛涛，姜宇，林崇德，等. 2016. 论学生发展核心素养的内涵特征及框架定位[J]. 中国教育学刊，（6）：3-7, 28.

潮流的回应。新时代、新社会需要新人才、新教育，因此核心素养要反映21世纪社会发展对人才的要求，要为学生更好地应对21世纪复杂社会的挑战提供助推力。虽然各国际组织、国家和地区基于自身的教育实践构建的核心素养不尽相同，但还是呈现出一些共有特征，把握这些内在的共有特征，就能准确理解核心素养的本质。

（一）整合性

与素养相同，核心素养亦是一个多维概念，涉及学生发展的整体，即由知识、技能、态度、思维方式等构成的有机整体。核心素养并不指向具体的某一学科知识，而是强调个体积极主动地获取知识，且能够在复杂的情境中熟练运用知识的能力。这一过程既需要基本知识、基本技能等认知因素的加持，也需要情感、态度、价值观等非认知因素的参与。例如，我国提出的"社会关爱、家国情怀"等素养更加侧重学生的品性修养、态度养成和情感发展。这一内涵超越了知识和技能，可以矫正过去重知识、轻能力、忽略情感态度价值观的教育偏颇，更加完善和系统地反映教育目标和素质教育理念。[1]另外，核心素养具有跨领域性，是学生在接受学科知识的过程中形成的综合素养，这些素养有利于学生更好地解决社会性科学议题。例如，全球性问题逐渐融入人们的日常生产与生活活动中，社会结构多样性与趋同性并存，知识与信息呈爆炸式发展，使得新时代学生的信息能力成为一项必不可缺的素养。同时，国际竞争日趋激烈，人才强国战略深入实施，时代和社会发展需要进一步提高国民的综合素质，培养创新人才，提高创新意识成为教育发展的新命题。培育学生的信息素养和创新素养，是每个学科课程共同的价值追求，体现了核心素养的学科整合性。[2]

（二）共通性

核心素养的共通性体现在它是面向全体国民的国民核心素养，是每一个个体获得成功生活、适应个人终身发展和社会发展都不可或缺的高级共同素养。[3]它是个体素养体系中具有共通性的部分，为个体的进一步成长提

---

[1] 辛涛，姜宇，刘霞. 2013. 我国义务教育阶段学生核心素养模型的构建[J]. 北京师范大学学报（社会科学版），（1）：5-11.
[2] 常珊珊，李家清. 2015. 课程改革深化背景下的核心素养体系构建[J]. 课程·教材·教法，35（9）：29-35.
[3] 褚宏启. 2016. 核心素养的国际视野与中国立场——21世纪中国的国民素质提升与教育目标转型[J]. 教育研究，37（11）：8-18.

供了基础和可能，是个体进一步成长的内核。正如余文森所言，核心素养是人之为人的"最大公约数"[①]，是合格公民、优秀公民的共同基因，是每个人参与社会生活的必备条件，同时也是人生发展、人生幸福的"最大公约数"，是所有人终身发展的必备要素。社会性是人的基本属性之一，人要在社会中获得发展，必然要与社会中的其他成员形成关系，而核心素养的共通性为成员之间以及成员与社会之间形成关系联结提供了可能。另外，核心素养的共通性还体现在情境的通用性上，即核心素养并非仅仅针对某一特定的社会情境，它强调的是对所有情境的适用性。例如，随着全球化的发展，国家之间的界限逐渐被打破，而信息化的发展则为全球范围内的沟通和交流提供了可能，这也为各国的国民培养提出了新的要求，即要培养能够跨国家、跨文化、跨种族等进行交流与合作的全球公民。

（三）生长性

核心素养的生长性主要体现在以下三个方面。

第一，核心素养是一个动态的发展过程。从纵向上来看，核心素养的培育是一个循序渐进、不断深入的过程，学生最初从家庭中获得某些基础性的、较为模糊的素养，在学校通过各种教学活动加以强化，通过各种社会情境的历练后得到发展与完善。从横向上看，学生核心素养的培育是学校、家庭与社会三方共同作用的结果，同时也在三方的作用下得到延伸和拓展。

第二，学生核心素养体系的构建必须尊重学生的身心发展规律，要根据不同阶段学生的发展特性设置恰当的发展目标，不能揠苗助长，亦不可颠倒次序。

第三，学生的核心素养能够生长出其他素养，就像受精卵不断通过细胞分裂形成一个鲜活的生命一样。如果说受精卵是生命的源头，核心素养则是一个人精神的源头，是其他素养的种子，为人的素养的全面形成提供了持续的动力，因此也被称为"素养的 DNA"。[②]例如，学生在低学段学习乐于助人，尽自己所能帮助身边需要帮助的人，而随着知识的不断积累和社会阅历的不断增加，他们会在帮助他人的过程中逐渐学会感同身受，进而形成同理心。

---

① 余文森. 2017. 核心素养导向的课堂教学[M]. 上海：上海教育出版社：13.
② 余文森. 2017. 核心素养导向的课堂教学[M]. 上海：上海教育出版社：13.

（四）复杂性

核心素养涉及反省思考的高阶心智及复杂性行动学习的"高阶复杂"深度。核心素养的内部深层结构牵涉到内部动机、自我概念、认知、技能、态度或价值等认知及非认知的层面，远远超出了行为主义层面的认知能力。同时，核心素养是既有深度又有广度的高阶复杂反省思考的运作机制，具有复杂科学理论的复杂思维的精神，就像DNA一样。DNA是具有高阶复杂性的基因密码，而且是由人体细胞构成的各种器官与复杂组织系统的构成要素，通过不同组合成为各种不同的组织系统，并展现出不同的功能。[1]核心素养的高阶复杂性可以帮助学生跳出对事实性知识的依赖，发展出能够适应复杂多变情境的能力，在这一过程中进行经验积累，并将整个过程转化为可以反省思考、处理、端详、推论其关系、掌控、内化、同化以及运作的对象，进而形成复杂的价值体系，以兼容各种可能相互矛盾的价值观。需要注意的是，反省思考的高阶心智以及复杂性的行动学习是一个涵盖适当动机、伦理要素、社会要素、行动要素、认知要素等的复杂的行动体系，只有建立在人类发展演化、进化以及长期教育的基础之上才能得以发展。换言之，高阶复杂的核心素养的形成是一个不断向上的发展过程。

第二节　国际组织、国家和地区的核心素养框架

20世纪90年代以来，核心素养成为全球范围内教育政策、教育实践、教育研究领域的重要议题，各国际组织、国家和地区都纷纷建立了核心素养框架，以期回答未来学生应该具备哪些基本的、重要的知识、能力和情感态度价值观这一问题，以更好地应对21世纪的挑战。随着对核心素养框架研究的不断推进，各国取得了丰硕的经验和研究成果。"他山之石，可以攻玉"，我们有必要对一些国际组织、国家和地区的研究成果加以梳理。

一、OECD的核心素养框架

1997年，OECD启动了"素养的界定与遴选：理论和概念基础"研究

---

① 蔡清田. 2018. 核心素养与课程设计[M]. 北京：北京师范大学出版社：106.

项目。该项目采用多学科视角和跨学科合作的研究范式，邀请全球各学科领域专家就核心素养的相关学理问题进行了探讨。专家学者的任务是厘清各自领域的规范性前提，描述一系列必备的、重要的或预期的素养结构和内容，并探讨建构这些素养依据的理论模型、概念和依据。[①]在众多专家的讨论之下，最终确定的有助于实现个人成功生活和社会良好运行的核心素养包括三个维度：互动地使用工具、自主行动和在社会异质团体中互动（表 1-2）。

表 1-2　OECD 核心素养框架的指标体系

一级指标	二级指标	描述
互动地使用工具	互动地使用语言、符号和文本	有效运用口头和书面语言、运算和其他数学能力
	互动地使用知识和信息	识别和确定自身未知的知识领域，识别、定位信息来源，评价信息的质量、适切性和价值，组织知识和信息
	互动地使用（新）技术	具有在日常生活和学习中应用技术的意识，以及运用信息和通信技术获取信息的能力
自主行动	在复杂的大环境中行动	了解形势，了解自身所处的环境系统，明确自身行为的直接和间接后果，通过思考与自身和集体的规则、目标相关的潜在的结果对自身行动做出选择
	形成并执行个人计划或生活规划	制订计划，设立目标，识别和评价已有资源和所需资源，平衡资源以满足不同的目标，从过去的行为中学习，预见未来的结果，监控过程，在计划执行过程中进行必要的调整
	保护及维护权利、利益、限制与需求	了解自身的权益，了解成文的规则和原则，进行基本情况分析，为维护认定的需求和权利而提出个人的论点，提出建议或可替代的方案
在社会异质团体中互动	与他人建立良好的关系	同理心，从他人的角度思考问题，有效地管理情绪
	团队合作	表达观点、倾听他人观点，理解辩论的动态变化和接下来的议程，具有建立战略的或可持续发展的联盟的能力、协商的能力，能综合各方观点做出决策
	管理和解决冲突	在危机中分析问题和利益，识别共识和分歧，重新界定问题，对需求和目标进行优先排序

资料来源：张娜. 2013. DeSeCo 项目关于核心素养的研究及启示[J]. 教育科学研究，（10）：39-45

二、欧盟的核心素养框架

2001 年，欧盟发布了题为"将终身学习的欧洲变为现实"的终身学习战略，与同年发布的"ET2010 计划"共同为核心素养框架的制定奠定了基

[①] 杨惠雯. 2018. OECD 核心素养框架的理论基础[J]. 外国中小学教育，（11）：20-27，19.

础。①随后，欧盟便开始了核心素养的相关研究，并于 2006 年正式发布了《终身学习核心素养：欧洲参考框架》。该框架提出了八大核心素养，分别为母语交流、外语交流、数学素养和基本的科技素养、数字化素养、学会学习、社交和公民素养、主动与创新意识、文化意识与表达。②欧盟的核心素养打破了学科的界限，关注"人与社会"之间的互动，旨在使个人掌握在社会生活中所需要的语言、数学、信息通信、创新、终身学习、交流与沟通等素养，进而在全球化的跨文化交流中实现自身的成长与发展，为提高欧盟的全球竞争力提供智力支撑。

三、联合国教科文组织的核心素养框架

联合国教科文组织于 1996 年发布报告《教育：财富蕴藏其中》，提出终身学习的四大支柱，即学会求知、学会做事、学会共处以及学会生存。2003 年，为了增强个体在复杂多变的社会环境中的应变能力，联合国教科文组织又提出了"学会改变"，并将其视为终身学习的第五支柱。具体内容如表 1-3 所示。

表 1-3 联合国教科文组织终身学习的五大支柱及其内涵和具体指标

五大支柱	内涵	具体指标
学会求知	该素养要求超越学生仅从学校教科书和课堂教学中汲取人类的知识的限制，包括在个体社会化过程中了解各种社会关系，习得民族文化价值观念，学会遵守社会行为规范，培养学生追求真理的科学精神	1. 学会学习 2. 注意力 3. 记忆力 4. 思维品质
学会做事	该素养不但意味着所学知识的应用和职业技能的养成，还强调为适应"智力化"知识经济而学习适应劳动世界变化的综合能力（包括合作精神、创新精神、交流能力），强调从工作实践和人际交往中培养社会行为技能	1. 职业技能 2. 社会行为 3. 团队合作 4. 创新进取 5. 冒险精神
学会共处	该素养意味着学习和了解自身，发现并尊重他人、他国、他种文化，学会关心、学会分享；学会平等对话以及用协商的方法解决多种矛盾/冲突的态度，在人的思想中构筑"和平的屏障"；学会在参与目标一致的社会活动中获得实际的合作经验	1. 认识自己的能力 2. 认识他人的能力 3. 同理心 4. 实现共同目标的能力
学会生存	该素养体现了教育和学习的根本目标，它超越了单纯的道德、伦理意义上的"为人处世"，包括适合个人和社会需要的情感、精神、交际、合作、审美、体能、想象、创造、批判性精神诸方面相对全面而充分的发展，因此体现了教育质量的实质和目标就是促进每个学生个体和社会全体的全面而有个性地发展	1. 促进自我精神 2. 丰富人格特质 3. 多样化表达能力 4. 责任承诺

① 张传燧，邹群霞. 2017. 学生核心素养及其培养的国际比较研究[J]. 课程·教材·教法，37（3）：37-44，36.
② 张娜. 2017. 三大国际组织核心素养指标框架分析与启示[J]. 教育测量与评价，（7）：42-49.

续表

五大支柱	内涵	具体指标
学会改变	该素养指个人不仅要学会接受及适应改变,也要展开行动成为积极改变的主体,并且主动引领社会改变以促进人类的发展。学习不仅可以适应改变,也能创造改变;学习是一种适应的机制,但也具有引发改变的能力	1. 接受改变 2. 适应改变 3. 主动领改变 4. 引领改变

资料来源:张娜. 2015. 联合国教科文组织的核心素养研究及其启示[J]. 教育导刊, (7):93-96

　　为了平衡及改善全世界儿童和青年的学习成果,促进全球教育对话的转变,2012 年,联合国教科文组织统计研究所和布鲁金斯学会普及教育中心共同组成了学习指标工作组。该工作组由国家和地区政府、全民教育召集机构、区域政治机构、民间社会和捐助机构的代表组成,进行了为期 18 个月的全球磋商,最终确定了七大学习领域(图 1-1)。[①]

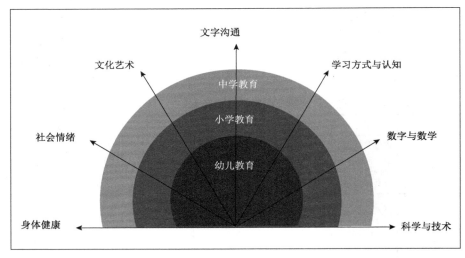

图 1-1　七大学习领域框架

　　2013 年,联合国教科文组织正式发布了《全球学习领域框架》,并对框架中包含的七个学习领域的具体内涵以及不同学段(学前阶段、小学阶段以及中学阶段)的学生要达成的素养内容进行了明确规定(表 1-4)。

---

① UNESCO Institute for Statistics, Centre for Universal Education at Brookings. Toward Universal Learning: What Every Child Should Learn[EB/OL]. http://uis.unesco.org/sites/default/files/documents/towards-universal-learning-what-every-child-should-learn-2013-en.pdf[2019-10-12].

表 1-4　七大学习领域的内涵以及不同学段的素养内容①

学习领域	内涵	不同学段学生应具备的素养内容		
		学前阶段 （0～8 岁）	小学阶段 （5～15 岁）	中学阶段 （10～19 岁）
身体健康	描述了儿童和青少年如何使用他们的身体，发展运动控制，对于营养、运动、健身以及安全等方面具备一定的知识并能付诸行动	身体健康与营养；健康知识与实践；安全知识与实践；粗、细、感知运动	身体健康与卫生；食物与营养；体育运动；性健康	健康与卫生；性健康与生殖健康；疾病预防
社会情绪	描述了儿童和青少年如何培养和维持与成年人和同龄人的关系；如何看待自己与他人的关系；如何理解和调节他们的行为和情绪，以及人格和其他社交技能	自我调节；情绪意识和自我效能；同情心；社会关系和行为；冲突解决；道德价值	社会和社区价值观；公民价值观；心理健康和幸福	社会意识；领导力；公民参与；积极看待自我和他人；弹性、坚韧；道德和道德价值观；社会科学
文化艺术	描述了儿童和青少年如何进行创造性的艺术表达，包括来自音乐、戏剧、舞蹈或创作运动以及视觉、媒体和文学艺术领域的活动。同时了解家庭、学校和国家的文化经验	艺术创造；自我认同和集体认同；多元意识和尊重文化多样性	艺术创造；文化知识	艺术创造；文化研究
文字沟通	描述了以儿童生活社会的主要语言进行交流所需的技能，以及使儿童能够通过书面文字进行交流和获取知识的技能	接受语言；表达语言；词汇；认识图标	口语流利；口头理解；阅读流畅；阅读理解；接受词汇；表达词汇；书面表达和写作	说和听；写、读
学习方式与认知	学习方式指主动采取行动，解决工作和娱乐中出现的问题，利用现有资源和反思经验的能力，包括抑制性控制、工作记忆以及组织、计划和反思——个人学习的能力。认知指思考和处理信息的机制，具体流程包括推理、推断、解决问题、分类、关联、创建、生成计划和策略、概念化和思考	好奇心和参与；坚持和专注；自主权和主动性；合作；创造力；推理和问题解决；早期批判性思维技能；符号表示	坚持和专注；合作；自主权；知识；理解力；运用；批判性思考	协作；自我指导；学习导向；坚持；问题解决；关键决策；灵活性；创造力
数字与数学	数学是一种普遍用于表示环境中观察到的现象的定量语言	数字意识与运算；空间意识与几何；类比和分类；测量和比较	数字概念与运算；几何与类比；数学运用	数字；代数；几何；日常运算；个人财务；知情消费者；数据和统计

① UNESCO Institute for Statistics, Centre for Universal Education at Brookings. Toward Universal Learning: What Every Child Should Learn[EB/OL]. http://uis.unesco.org/sites/default/files/documents/towards-universal-learning-what-every-child-should-learn-2013-en.pdf[2019-10-12].

续表

学习领域	内涵	不同学段学生应具备的素养内容		
		学前阶段 （0~8 岁）	小学阶段 （5~15 岁）	中学阶段 （10~19 岁）
科学与技术	科学指特定知识或涵盖物理定律和一般真理的知识体系或系统。技术指用于解决问题的工具的创建和使用	提问技巧；认识自然和物质世界；技术意识	科学探究；生命科学；物理科学；地球科学；数字技术的意识和使用	生物；化学；物理；地球科学；科学方法；环保意识；数字学习

资料来源：UNESCO Institute for Statistics, Centre for Universal Education at Brookings. Toward Universal Learning: What Every Child Should Learn[EB/OL]. http://uis.unesco.org/sites/default/files/documents/towards-universal-learning-what-every-child-should-learn-2013-en.pdf[2019-10-12]

四、美国 21 世纪核心素养

21 世纪学习框架（Framework for 21st Century Learning，原名为 Framework for 21st Century Skills）是由 2002 年成立的 21 世纪学习合作组织（Partnership for 21st Century Learning，原名为 Partnership for 21st Century Skills，P21）经过多番审查修订后，最终于 2007 年确定的美国 21 世纪学习的路线图。P21 的修订获得了美国教育部、教育界、企业界、非政府组织或机构等多方利益相关者的支持和资助。其中，P21 确定的三个主要的利益相关群体是：公共部门（如州和地方政府）、私人部门（如企业、家长和家庭）、教育团体（如教师、教材提供者、专业组织、教师培训机构和教育研究者）。通过与三个主要的利益相关者进行互动，P21 确定了"确保所有学习者在持续变革、学无止境的世界中获得生存和繁荣需要的知识和技能"，并提出了以下理念：①所有学习者都需要并应该获得 21 世纪学习机会，成为未来的领导者、工作者和公民；②学习发生在人一生中的很多时间和空间中，从出生到走入职场，学习者需要获得广泛的经验来发展成功所需的技能、品质和能力，成功的基础源于校内外学习；③为所有学生迎接 21 世纪和更远未来的工作、生活以及养成公民做准备，并确保美国经济持续创新和民主健全，必须创造 21 世纪学习环境和机会。①

为了帮助各州将 21 世纪技能融合到核心课程的教学中，P21 形成了一个统一的集体性的学习愿景，即 21 世纪学习技能框架（图 1-2）。该框架描述了学生在工作和生活中获得成功必须掌握的技能、知识和素养。21 世纪学习技能框架的实施需要发展学生对关键学术知识的学习和理解，并能

---

① 邓莉. 2018. 美国 21 世纪技能教育改革研究[D]. 上海：华东师范大学.

够在此基础上进行批判性的思考以及与他人进行有效沟通。此外，当地区或学校发展学生的 21 世纪技能时，必须将学习框架与标准、评估、课程与教学、专业发展与学习环境等学习成果、支持系统相结合，进而使学生能够参与到学习过程中。

美国21世纪技能

图 1-2　21 世纪学习技能框架

P21 定义的 21 世纪学习技能框架包括核心学科与 21 世纪主题、21 世纪学习技能以及 21 世纪教育支持体系三大类，具体如下。

1）核心学科与 21 世纪主题。掌握核心学科知识对学生的学习至关重要。其中，核心学科主要包括英语、阅读或语言艺术；世界语言；艺术；数学；经济学；科学；地理；历史以及政府与公民。P21 认为学校不仅要注重对核心学科的教学，还要考虑将 21 世纪的跨学科主题融入核心学科的教学中，以促进学生对高层次学术知识的理解。21 世纪主题主要包括全球意识、金融、经济、商业以及创业素养、公民素养、健康素养与环境素养。

2）21 世纪学习技能。P21 定义的 21 世纪学习技能包括三大部分，分别为学习与创新技能，信息、媒体与技术技能，生活与职业技能。其中，学习与创新技能主要包括创造力与创新、批判性思维，问题解决、交流与合作等能力（critical thinking and problem solving skills、communication skills、collaboration skills、creativity and innovation skills，4C）；信息、媒体与技术技能主要包括信息素养、媒体素养和信息通信技术（information and communications technology，ICT）素养等；生活与职业技能主要包括灵活性与适应能力、主动性与自我导向能力、社交与跨文化交流能力、生产力和工作胜任力以及领导力和责任感。

3）21 世纪教育支持体系。21 世纪技能的培养与发展离不开 21 世纪教育环境的支持。因此，为培养学生的 21 世纪技能以及帮助学生做好升学和就业准备提供有力支持，P21、州教育技术主管协会和有线与通信教育基金会联合研制了"21 世纪学习环境路线图"。[①]

"21 世纪学习环境路线图"强调要关注教育系统的核心要素。其中，第一要素是学习。学习应是个性化的，具有挑战性、灵活性、适应性、开放性和持续性，主要采用探究性学习方法。第二要素是教学与教师专业发展。教师应该抓住机遇，将 21 世纪技能、工具和教学策略融入课堂练习中；教师要平衡指导性教学与项目式教学之间的关系；教师要通过对主题的深入理解以真正增强解决问题的能力、批判性思维等其他 21 世纪技能；教育领导者应为教师提供 21 世纪专业学习社区，以最好地模拟课堂教学的真实情境，培养教师识别学生特定学习方式、智力、优势和劣势的能力，进而提升学生的 21 世纪技能。第三要素是评价与问责，涉及使用有效、可靠的工具测量、监控和优化学习。支持多元化的评价，包括高质量的标准化测试以及有效的形成性、总结性课堂评估；强调对日常学习中嵌入的学生表现进行有效评价；教育者需要平衡好技术手段、形成性和总结性评估三者之间的关系，以衡量学生对 21 世纪技能的掌握程度。第四要素是领导力与文化，涉及学校的组织文化以及学校领导的领导方式与风格。第五要素是基础设施，涉及学校的固定资产、师资以及技术设备等。

五、芬兰的核心素养框架

为了满足社会对人才的需求，芬兰的国家基础教育核心课程通常每十年修订一次。最近一次是 2012 年开始的第五次国家基础教育课程改革，这次改革强调了对学生 21 世纪技能的培养，并于 2014 年颁布了《国家基础教育核心课程标准》。该文件首次提出在基础教育阶段学生应该具备的核心素养，并将其列为基础教育的使命。芬兰提出的核心素养是指包含知识、技能、价值观、态度、意愿等多种素养在内的一种综合能力，它跨越学科界限，将不同领域的知识和技能贯通和整合，是保证学生具备个人发展、学习、工作、参与公共事务等所需素质的前提条件。

根据芬兰对核心素养的规定，芬兰学生要具备七种"横贯能力"（transversal competence）：思考与学会学习；文化素养、沟通与自我表达；

---

① 邓莉. 2018. 美国 21 世纪技能教育改革研究[D]. 上海：华东师范大学.

照顾自己和日常生活管理；多模态识读能力；信息通信技术能力；就业能力与创业素养；参与构建可持续未来的能力。这些能力相互关联、相辅相成，主要依托各学科知识和技能得以培养，贯穿于每一学科的日常教学中。七大横贯能力的具体内涵如表 1-5 所示。

表 1-5　芬兰七大横贯能力的具体内涵

横贯能力	具体内涵
思考与学会学习	教育应培养学生学习的动力和兴趣，为学生提供多种学习的方式方法，帮助学生进行反思并评价自身的学习；培养学生探究、评价、整理、分享信息的能力；鼓励学生正确面对模糊或冲突信息，积极寻找具有创新性的答案
文化素养、沟通与自我表达	教育应促进学生成为适应多种文化、语言、宗教和哲学观念世界的个体；帮助学生学会尊重人权、学会沟通和交流，让他们理解文化和传统在维持个人及他人幸福上的意义，甚至能够创新文化和传统
照顾自己和日常生活管理	教育应培养学生应对健康、安全、人际关系、社会流动和交通等多方面生活的能力，让学生学会理财和消费，学会参与学校、社区事务，理解日常生活技能对于自己和他人生活的影响
多模态识读能力	教育应提升学生对不同类型文本进行阐释、生产以及有效评估的能力，提升学生感知文化差异、解释周围世界的能力
信息通信技术能力	教育应让学生运用计算机、多媒体等进行自主学习和管理日常生活，并与同学和教师进行良好互动，能够收集、整理、批判和思考相关信息，在应用互动式信息工具时培养自己的责任感
就业能力与创业素养	教育应让他们理解课堂、课外学习对其未来职业的重要性，形成对待工作和生活的积极态度；培养学生的创业兴趣和企业家精神，鼓励他们大胆尝试创业，并小范围试验
参与构建可持续未来的能力	教育应以促进学生可持续发展为目标，培养学生的自主学习能力与合作能力；培养学生民主决策的能力和积极参与社会生活的责任

资料来源：殷建华，韦洪涛. 2019. 核心素养落地的路径探析——芬兰的经验与启示[J]. 基础教育课程，（9）：62-68

六、日本 21 世纪型能力

日本历来重视学力研究，其研究成果既被应用于基础教育课程改革的实践之中，同时又推动了改革向纵深化发展。其中，日本国立教育政策研究所于 2013 年提出了 21 世纪型能力框架（图 1-3），并试图以此为契机推进基础教育课程的深层变革。尽管该框架可能还会继续得以修正与发展，但从目前来看其在一定程度上呈现了 21 世纪日本教育发展的蓝图。随着教育实践的不断发展，21 世纪型能力概念逐渐融入教育目标与原则中，尤其是在情感领域。此外，日本文部科学省也通过实施"学习指导要领"以及开展国家层级大学入学考试制度改革等，来详尽阐述日本 21 世纪型能力的

"濡化""脉络化""精致化"等特点。

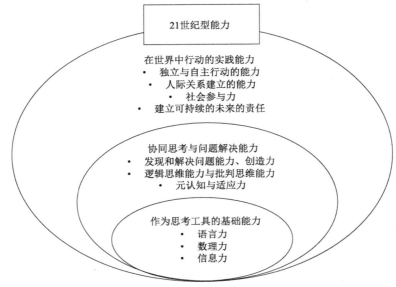

图 1-3　日本 21 世纪型能力框架

　　如图 1-3 所示，21 世纪型能力是由"作为思考工具的基础能力""协同思考与问题解决能力""在世界中行动的实践能力"三个层次构成。

　　1）"作为思考工具的基础能力"居于 21 世纪型能力框架的第一圈层，包含三种能力：语言力、数理力以及信息力。即通过熟练使用语言、数字、信息等来实现目标的技能[①]，可见日本的 21 世纪型能力将读、写、算与信息能力的获得看作学生的最基本素养。

　　2）"协同思考与问题解决能力"以"思考能力"为核心，居于"21 世纪型能力"框架的第二圈层，包含三种能力：发现和解决问题能力、创造力，逻辑思维能力与批判思维能力，元认知与适应力。即每个人进行自学、自主判断、形成自己的想法，与他人交流，比较并整合自己的想法，形成更好的见解，创造新知识，进而发现下一个问题的能力。[②]

　　3）"在世界中行动的实践能力"居于 21 世纪型能力框架的第三圈层，包含四种能力：独立与自主行动的能力、人际关系建立的能力、社会参与力以及建立可持续的未来的责任。其中，"独立与自主行动的能力"包括自我理解与自我负责、健康促进、做决定的技能以及生涯规划技能等。"人

---

① 辛涛，姜宇. 2015. 全球视域下学生核心素养模型的构建[J]. 人民教育，（9）：54-58.
② 辛涛，姜宇. 2015. 全球视域下学生核心素养模型的构建[J]. 人民教育，（9）：54-58.

际关系建立的能力"包括协作与责任、感知/表达以及与他人建立良好关系的能力等。"建立可持续的未来的责任"则包括责任、权利与工作，理解社会、文化及自然环境，应用语言与信息，应用知识与科技，以及问题发现与问题解决能力等。该圈层主要培养的是学生参与和投入世界的实践能力，是21世纪型能力培养的最高层次。

图1-3中的三个圈层代表三种能力，三种能力层级包含的不同领域之间是相互关联的。基础能力是学习的基础，用以发展学生的思考能力及在世界中行动的实践能力；思考能力是一种通用的技能，是学生能够进行思考以及如何深度地利用知识的能力；而在世界中行动的实践能力则扮演着发展学生个人特质以及形塑自我价值的重要角色。同时，代表三种能力的同心圆重叠，共同构成了21世纪型能力框架。

七、韩国的核心素养框架

从1954年制订教育课程标准与内容至2015年，韩国进行了8次国家课程标准的修订，最近一次修订于2015年完成。韩国2015年修订的新教育课程于2017年在小学一、二年级开始实施，2018年在小学三、四年级，初中以及高中一年级实施，并于2020年在所有学段全面实施。新修订的教育课程提出了中小学课程的一般性架构，详细地描述了每一个科目的特点、目标、内容组织等部分，并将其作为教学与评价的依据。

在课程改革的探索中，韩国一直致力于解决"未来社会的韩国人所应具备的核心品质"[①]这一问题。2015年修订的新教育课程中，在教育的理念与目标部分强调"弘益人间"这一教育目的。"弘益人间"为使天下苍生共同受益之意，是来自古朝鲜的建国思想。[②]韩国的教育法也明确表示：在"弘益人间"理念的指引下，韩国的教育目的在于帮助所有学生完善他们自己的人格、发展独立生活的能力、培养民主的公民资质、能够在民主社会中参与各项事务，以及为促进所有人类的福祉而做出应有的贡献。

在这一理念的指导以及现实需求的影响下，韩国2015年出台的新教育课程高调宣布将"核心素养"作为韩国初中等教育课程的设计理念和依据。韩国提出的"核心素养"是指"为有效、合理地解决复杂多样的现象或问

---

① 姜英敏. 2016. 韩国"核心素养"体系的价值选择[J]. 比较教育研究，38（12）：61-65，72.
② 弘益人间：公元1281年高丽后期的僧侣一然编纂的史书《三国遗事》和1287年李承休所撰写的《帝王韵纪》中提到的古朝鲜的建国理念。

题要求学习者形成的知识、技能、态度之总和。核心素养，不是特指学习者（或社会人）所具有的特殊能力，而是指所有人通过接受中等教育所应形成的基本、普遍、共同的能力"[①]。基于这一认知，新教育课程强调要培养学生的六项核心素养，具体如下。

1）自我管理素养，即让一个人能够在生活与职业上具备必需的基本能力与素质，以获得生活上的自信与明确的自我认同。

2）知识/信息处理素养，即能够在不同的领域中处理与灵活运用多领域的知识与信息，并且以合理的方式解决问题。

3）创造思维素养，即能够以广博的基础知识为基础，在不同的专业领域中，通过知识、技能与体验的统整创造和发现一些新事物。

4）美感情绪素养，即以具备对于他人的移情理解及文化敏锐度为基础，去发现并欣赏生活的意义与价值。

5）沟通素养，即在不同的情境中，能以尊重的态度倾听别人的意见，并且能有效地表达自己的想法与感受。

6）公民素养，即能够成为地方、国家与全球社群中的成员，并具备主动参与且致力于社群改进的态度与价值观。

基于上述分析，韩国核心素养体系指向三个维度，即"个体自主发展""个体与社会""个体与世界"，这符合韩国传统的弘益人间教育目的，同时也在一定程度上反映了韩国对于世界教育发展潮流的回应。在这一核心素养体系的指导下，韩国开始了一系列以学生为中心、注重以培养学生核心素养为核心的课程设计。

八、新加坡 21 世纪素养框架

新加坡于 1997 年提出了建设"思考型学校与学习型国家"的愿景[②]，并且以教育纲领的形式勾勒了 21 世纪的教育前景以及所要取得的理想的教育成果。2004 年，新加坡总理李显龙首先提出了"教得少、学得多"（teach less，learn more，TLLM）理念，旨在通过为学生提供更多的学习与探究空间来提升教育的质量。此外，新加坡政府还强调要在政策制定者、教育研究者以及教育实践者三者之间建立一种良性的循环促进机制，即以共同的愿景与任务为基础，凝聚大家的共识，进而持续推动新加坡的教育革新。

① 姜英敏. 2016. 韩国"核心素养"体系的价值选择[J]. 比较教育研究，38（12）：61-65，72.
② 师曼，周平艳，陈有义，等. 2016. 新加坡 21 世纪素养教育的学校实践[J]. 人民教育，（20）：68-74.

　　21 世纪素养框架的提出是新加坡政府为实现 21 世纪教育蓝图做出的重要举措之一，已经被应用于新加坡关于学生教育的论述、政策以及相应的教育实践之中。该框架于 2010 年完成，是新加坡努力发展 21 世纪素养教育的重要结果。从发展历程来看，该框架早期较为关注"思考技能"部分，后来将 21 世纪素养的概念内涵加以扩展，使其包含价值、情绪、人际互动技能以及"崛起中的 21 世纪素养"等内容。之所以使用"崛起中的 21 世纪素养"这一说法，是因为这些素养被看作促进新加坡年轻人在 21 世纪茁壮成长的重要因素。21 世纪素养框架旨在将学生培养成为自主学习者、积极贡献者、热心公民和自信的人。这些培养目标围绕在 21 世纪素养框架的外圈，用以导向具体的实践。从层次结构来看，新加坡 21 世纪素养框架图包含三个同心圆，共同支持 21 世纪素养的培养与发展。具体内容如图 1-4 所示。

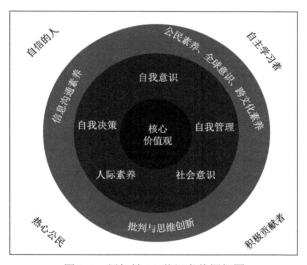

图 1-4　新加坡 21 世纪素养框架图

　　其中，核心层部分包含尊重、责任、正直、关怀、弹性与和谐六项核心价值，这是新加坡 21 世纪素养框架中最为根本、核心的部分，也是个体作为人的根本价值所在。中间层部分包含五项社会与情绪方面的素养，即自我意识、自我管理、社会意识、人际素养、自我决策五个部分。该层旨在让学生去了解并进行情绪管理，发展关怀并关注他人，做出负责任的决定，建立正向积极的人际关系以及有效应对面临的环境的挑战。①外表

---

① 蔡清田. 2018. 核心素养与课程设计[M]. 北京：北京师范大学出版社：11.

层部分为"崛起中的 21 世纪素养"所包含的公民素养、全球意识、跨文化素养三个领域,批判与思维创新,信息沟通素养。其中,公民素养、全球意识、跨文化素养包括积极的社区生活、国家与文化认同、全球意识、社会文化敏感与意识;批判与思维创新包括推理与决策、反思性思维、好奇心与创造力、应对复杂与模糊问题的能力;信息沟通素养包括开放的心态、信息处理能力、负责人使用信息、有效交流。[1]该圈层强调要培养学生使其练就 21 世纪生活世界需要的高层次技能,进而维持强有力的新加坡精神。

根据上述分析,新加坡 21 世纪素养架构以传统的核心价值观为核心,同时融入了学生在 21 世纪所需的基础技能。换言之,新加坡的教育秉承"以学生为中心、价值观为核心"的理念,由此呈现出了具有新加坡文化特性的 21 世纪素养教育面貌。

九、中国的核心素养

(一)大陆的学生发展核心素养

为了将党的十八大报告提出的"立德树人"根本任务落到实处,教育部于 2014 年印发《关于全面深化课程改革落实立德树人根本任务的意见》,提出将组织研究提出各学段学生发展核心素养体系,明确学生应具备的适应终身发展和社会发展需要的必备品格和关键能力,突出强调个人修养、社会关爱、家国情怀,更加注重自主发展、合作参与、创新实践。

2016 年 9 月 13 日,由北京师范大学会同国内多所高校近百位专家,历时三年完成的《中国学生发展核心素养》研究成果在北京师范大学发布,至此,大陆的学生发展核心素养框架正式确定。中国学生发展核心素养研究以科学性、时代性和民族性为基本原则,以培养"全面发展的人"为核心。核心素养分为文化基础、自主发展和社会参与三个方面,综合表现为人文底蕴、科学精神,学会学习、健康生活,责任担当、实践创新六大素养(图 1-5)。

---

① 师曼,周平艳,陈有义,等. 2016. 新加坡 21 世纪素养教育的学校实践[J]. 人民教育,(20):68-74.

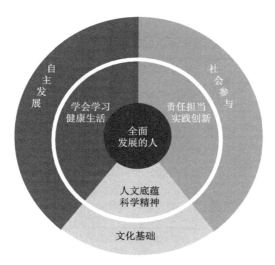

图 1-5　中国学生发展核心素养框架图

六大素养之间相互联系、互相补充、相互促进。为了进一步发挥六大素养在不同情境中的整体作用，中国核心素养研究课题组将其细化为 18 个基本要点，如表 1-6 所示。

表 1-6　中国学生发展核心素养及其基本要点描述

项目	核心素养	基本要点	主要表现描述
文化基础	人文底蕴	人文积淀	具有古今中外人文领域基本知识和成果的积累；能理解和掌握人文思想中蕴含的认识方法和实践方法等
		人文情怀	具有以人为本的意识，尊重、维护人的尊严和价值；能关切人的生存、发展和幸福等
		审美情趣	具有艺术知识、技能和方法的积累；能理解和尊重文化艺术的多样性，具有发现、感知、欣赏、评价美的意识和基本能力；具有健康的审美价值取向；具有艺术表达和创意表现的兴趣和意识，能在生活中拓展和升华美等
	科学精神	理性思维	崇尚真知，能理解和掌握基本的科学原理和方法；尊重事实和证据，有实证意识和严谨的求知态度；逻辑清晰，能运用科学的思维方式认识事物、解决问题、指导行为等
		批判质疑	具有问题意识；能独立思考、独立判断，思维缜密，能多角度、辩证地分析问题，做出选择和决定等
		勇于探究	具有好奇心和想象力；能不畏困难，有坚持不懈的探索精神；能大胆尝试，积极寻求有效的问题解决方法等
自主发展	学会学习	乐学善学	能正确认识和理解学习的价值，具有积极的学习态度和浓厚的学习兴趣；能养成良好的学习习惯，掌握适合自身的学习方法；能自主学习，具有终身学习的意识和能力等
		勤于反思	具有对自己的学习状态进行审视的意识和习惯，善于总结经验；能够根据不同情境和自身实际，选择或调整学习策略和方法等

续表

项目	核心素养	基本要点	主要表现描述
自主发展	学会学习	信息意识	能自觉、有效地获取、评估、鉴别、使用信息；具有数字化生存能力，主动适应"互联网+"等社会信息化发展趋势；具有网络伦理道德与信息安全意识等
	健康生活	珍爱生命	理解生命意义和人生价值；具有安全意识与自我保护能力；掌握适合自身的运动方法和技能，养成健康文明的行为习惯和生活方式等
		健全人格	具有积极的心理品质，自信自爱，坚韧乐观；有自制力，能调节和管理自己的情绪，具有抗挫折能力等
		自我管理	能正确认识与评估自我；依据自身个性和潜质选择适合的发展方向；合理分配和使用时间与精力；具有达成目标的持续行动力等
社会参与	责任担当	社会责任	自尊自律，文明礼貌，诚信友善，宽和待人；孝亲敬长，有感恩之心；热心公益和志愿服务，敬业奉献，具有团队意识和互助精神；能主动作为，履职尽责，对自我和他人负责；能明辨是非，具有规则与法治意识，积极履行公民义务，理性行使公民权利；崇尚自由平等，能维护社会公平正义；热爱并尊重自然，具有绿色生活方式和可持续发展理念及行动等
		国家认同	具有国家意识，了解国情历史，认同国民身份，能自觉捍卫国家主权、尊严和利益；具有文化自信，尊重中华民族的优秀文明成果，能传播、弘扬中华优秀传统文化和社会主义先进文化；了解中国共产党的历史和光荣传统，具有热爱党、拥护党的意识和行动；理解、接受并自觉践行社会主义核心价值观，具有中国特色社会主义共同理想，有为实现中华民族伟大复兴中国梦而不懈奋斗的信念和行动
		国际理解	具有全球意识和开放的心态，了解人类文明进程和世界发展动态；能尊重世界多元文化的多样性和差异性，积极参与跨文化交流；关注人类面临的全球性挑战，理解人类命运共同体的内涵与价值等
	实践创新	劳动意识	尊重劳动，具有积极的劳动态度和良好的劳动习惯；具有动手操作能力，掌握一定的劳动技能；在主动参加的家务劳动、生产劳动、公益活动和社会实践中，具有改进和创新劳动方式、提高劳动效率的意识；具有通过诚实合法劳动创造成功生活的意识和行动等
		问题解决	善于发现和提出问题，有解决问题的兴趣和热情；能依据特定情境和具体条件选择、制订合理的解决方案；具有在复杂环境中行动的能力等
		技术应用	理解技术与人类文明的有机联系，具有学习掌握技术的兴趣和意愿；具有工程思维，能将创意和方案转化为有形物品或对已有物品进行改进与优化等

资料来源：核心素养研究课题组. 2016. 中国学生发展核心素养[J]. 中国教育学刊，（10）：1-3

（二）台湾地区的国民核心素养

在参考借鉴世界主要组织、国家、地区核心素养研究的基础上，我国台湾地区也开始了核心素养方面的研究和相应的教育改革。其中，对核心素养的正式研究开始于洪裕宏等于2005—2007年进行的"界定与选择国民核心素养：概念参考架构与理论基础研究"，随后，相关的研究逐渐丰富起来。在相关研究报告中，核心素养指的是一般公民于18岁完成中等教育时，能在社会文化脉络中积极地响应情境中的要求与挑战，顺利完成生活任务，获得美好的理想结果应具备的素养。[①]

在借鉴OECD研究成果的基础上，台湾地区结合本地区学者的相关研究，于2014年发布了《十二年"国民"基本教育课程发展指引》，系统地提出了核心素养框架。该框架将培养终身学习者作为教育的核心目标，并将自主行动、沟通互动和社会参与作为实现素养目标的三个着力点，以保障素养目标的有效落实。具体内容如图1-6所示。

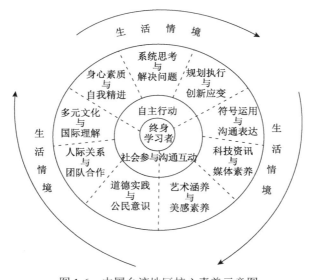

图1-6 中国台湾地区核心素养示意图

资料来源：蔡清田. 2018. 核心素养与课程设计[M]. 北京：北京师范大学出版社：127

1）自主行动，即在广泛的社会情境脉络中，个体能够负责自我生活管理以及能够进行自主行动选择，培养自身的意志力和毅力。个体是学习的主体，需要通过选择适当的学习途径使其具备创新能力与积极行动力。此外，个体还需要不断提升自身的应变能力，以随时应对社会变迁带来的新挑战。自主行动涵盖了身心素质和自我精进、系统思考和解决问题、规划

① 蔡清田. 2018. 核心素养与课程设计[M]. 北京：北京师范大学出版社：93.

执行和创新应变，强调个人的自主、自由、自律，个人能了解自己所处的内外情境，并通过探究、反思、规划、创新生活知识、能力与态度而展现出自律、自主的行动。

2）沟通互动，即个体能够灵活地使用语言、文字、符号、文本等社会文化工具以及信息、科技等物质工具，有效地向他人表达自身的观点和看法，能够倾听他人的见解和需求，包容与接纳不同的声音及表现方式。沟通互动包含个体在不同的社会生活情境中表现出的与自我、与会及环境之间的互动素养。沟通互动包括符号运用和沟通表达、科技资讯和媒体素养以及艺术涵养和美感素养，并展现出与物要乐的珍惜世界、悲天悯人精神，能展现出中华文化的伦理精神价值与东方哲学思想的色彩，也更重视人类文明的精神内涵价值的提升。

3）社会参与，即强调生活在相互依赖的地球村中，个体能够学会适应和处理生活中的多元性，学会尊重和关心团体中的他人，并尝试与团体中的他人建立良好的合作方式，提升自我与他人和群体进行良性互动的品质，进而提升整体的社会素养和跨文化素养。

十、核心素养框架的国际比较

为了应对教育发展与课程改革的多样化需求，各国际组织、国家和地区都制订了具有各自特色的核心素养框架。同时，由于各国际组织制定框架的初衷和服务对象各有不同，各对家和地区的社会经济发展阶段与文化特征也有差异，对这些框架的具体目标的阐述又略有不同。有的框架旨在帮助公民实现成功生活并发展健全社会，如 OECD 的核心素养框架；有的以培养学习能力为目标，指向终身学习，如欧盟、联合国教科文组织的核心素养框架；有的以培养创造力和创业精神为导向，关注 21 世纪职场需要，如美国的核心素养框架；有的凸显了核心价值观，目的是培养有责任感的合格公民，如新加坡与韩国等的核心素养框架。[①]

虽然这些核心素养框架各有特色，包含的素养呈多样化，但若梳理其要点，可以发现各框架包含的要素大同小异。为了更好地理解各框架的核心内核，各研究团队纷纷对全球核心素养框架进行了梳理。其中，北京师范大学中国教育创新研究院的团队选取了具有代表性的 5 个国际组织和 24 个国家和地区的 21 世纪核心素养框架，对其素养条目进行梳理分析，发现

---

① 师曼，刘晟，刘霞，等. 2016. 21 世纪核心素养的框架及要素研究[J]. 华东师范大学学报（教育科学版），34（3）：29-37，115.

沟通与合作、信息素养、创造性与问题解决、自我认识与自我调控、批判性思维、学会学习与终身学习以及公民责任与社会参与等七大素养为各国际组织、国家和地区均高度重视的核心素养。[①]2009 年启动的跨国研究项目"21 世纪素养的评价与教学项目"（Assessment and Teaching of 21st Century Skills Project，ATC21S），在对 12 个国际组织/国家/地区（表 1-7）课程文件中所提及的 21 世纪学习技能或能力标准进行比较分析的基础上，于 2012 年提出了一个共识性框架，包括 10 个方面的素养：创造与创新，批判性思维、问题解决能力、决策能力，学会学习、元认知，交流能力，合作能力（团队工作），信息素养，信息通信技术素养，公民素养（地方性与世界性），生活与职业生涯素养，个人素养与社会责任。[②]

表 1-7　12 个国际组织/国家/地区/机构发布的关于 21 世纪学习技能或能力的文件发布

序号	国际组织/国家/地区/机构	发布的文件/机构
1	欧盟	终身学习的关键能力——欧洲参考框架，2004 年 11 月 关于终身学习管家能力的执行建议，2006 年 12 月 18 日
2	OECD	新千年学习者项目：挑战我们对 ICT 学习的看法
3	美国	P21 学习框架
4	日本	教育考试研究中心（www.cret.or.jp/e）
5	澳大利亚	关于澳大利亚青年教育目标的墨尔本宣言
6	苏格兰	卓越的课程——四大能力
7	英国	学习之旅
8	英国	个人学习和思维技能——英格兰的国家课程
9	北爱尔兰	评估跨学科技能
10	国际教育技术学会	面向学生的国际技术标准（第二版）
11	美国国家科学院	探索科学教育与 21 世纪技能发展的交叉点
12	美国劳工部	胜任力模型

资料来源：Binkley M, Erstad O, Herman J, et al. 2012. Defining Twenty-First Century Skills[A]. Griffin P, Mcgaw B, Care E. Assessment and Teaching of 21st Century Skills[C]. Netherlands: Springer: 18-19.

　　从上述两份报告中不难发现，各国际组织、国家和地区在关注学生基本知识、基本技能这些学生未来发展的必要但不充分条件的同时，也关注学生的沟通（交流）与合作能力、自我认识与自我调控、创新型与批判性

[①] 师曼，刘晟，刘霞，等. 2016. 21 世纪核心素养的框架及要素研究[J]. 华东师范大学学报（教育科学版），34（3）：29-37，115.

[②] 褚宏启. 2016. 核心素养的国际视野与中国立场——21 世纪中国的国民素质提升与教育目标转型[J]. 教育研究，37（11）：8-18.

思维、公民责任与社会参与（公民素养、个人责任和社会责任）等社会情感领域范畴的素养，并将其置于学生素养培养的重要位置。这是因为在面对 VUCA 世界，即一个充满波动性（volatility）、不确定性（uncertainty）、复杂性（complexity）和模糊性（ambiguity）的世界时，学生虽仍需具备经典的学术技能，如数学、阅读和科学等，但这些已经不足以确保今天的学生在未来取得成功和福祉。在现代社会中，社会情感能力已成为越来越重要的个人和职业发展驱动力。当今的学生需要能够适应不确定的未来，与不同背景的人合作，协作解决问题，并提出应对新挑战的创新解决方案。

作为非认知素养的重要组成部分，近年来，社会情感能力逐渐被提上了全球教育政策议程。2015 年，联合国教科文组织在巴黎总部通过的《教育 2030 行动框架》明确提出，教育既不能忽视认知能力的培养，又要更加关注培养儿童识别和管理情绪、关心他人、做出负责任决定，建立积极人际关系及巧妙应对挑战性情境等社会情感能力，将社会情感学习提上全球政策议程并进入公众讨论视野。①OECD 亦致力于推动社会情感能力的培养。2014 年 3 月，OECD 非正式部长大会达成一致意见：需要培养认知、社交和情感技能平衡的、全面发展的儿童，以便使他们能够更好地应对 21 世纪的挑战。2015 年 3 月，OECD 发布报告《促进社会进步的技能：社交和情感技能的力量》，分析了社会情感技能对个体幸福与社会进步（涵盖生活各方面，包括教育、劳动力市场产出、健康、家庭生活、公民参与、生活满意度等）的影响。该报告得出了重要结论：责任感、社交能力和情感稳定性是影响儿童未来发展前景的最重要的社会情感技能维度；社会情感技能的早期干预能够有效提高技能，减少教育、劳动力市场和社会不平等；在一定的文化和语言背景中，社会情感技能能够被可靠地评估；提供相关信息并制定指南有助于教育利益相关者促进儿童的社会情感发展。②2018 年，OECD 推出青少年社会和情感能力（social and emotional skills，SSES）评估项目。该项目与国际学生评估项目（program for international student assessment，PISA）是平行的大型跨国调查项目，旨在测评项目组选定的国家和城市中的学龄儿童、年轻人的社会与情感能力发展，以及如何通过教育提升这些能力，促进其认知能力和社会情感能力的平衡发展。③

---

① 毛亚庆，杜媛，易坤权，等. 2018. 基于学生社会情感能力培养的学校改进——教育部-联合国儿童基金会"社会情感学习"项目的探索与实践[J]. 中小学管理，（11）：31-33.
② 中国教育新闻网. 新风向：社会情感技能测评与影响[EB/OL]. （2019-02-13）. https://www.sohu.com/a/294374192_243614[2021-12-04].
③ 袁振国. 汗多"学霸"日后的成就，为何通常不及预期？有一项研究专门做出了解释……[EB/OL]. （2019-08-02）. http://www.whb.cn/zhuzhan/xue/20190802/280818.html[2021-12-04].

　　为了促进学生认知素养以及非认知素养的平衡发展，美国学术、社会与情感学习协作组织（Collaborative for Academic，Social and Emotional Learning，CASEL）提出了社会情感学习（social and emotional learning，SEL）的五项核心技能，即自我意识（self-awareness）、自我管理（self-management）、社会意识（social awareness）、人际关系技能（relationship skills）和负责任的决策（responsible decision-making），并采取了一系列措施促进社会情感学习的有效推进。在 CASEL 的大力推动下，SEL 项目已经在美国、新加坡、马来西亚、中国、韩国、英国、澳大利亚、新西兰以及拉丁美洲、非洲等一些国家和地区数以万计的学校得以开展和实施，并取得了良好的效果，产生了广泛的影响。

　　综上所述，认知能力与社会情感能力的平衡发展已经成为当前国际核心素养发展的新趋势，二者相互联系、相互影响，共同致力于学生的综合发展，为其实现完满的社会生活做准备。

第三节　核心素养的课程融入类型

　　尽管各国际组织、国家和地区对学生核心素养的界定以及内容维度的表述各不相同，但其都回答了"培养什么人"的问题。然而，要培养未来社会需要的人才，就必须牢抓促使学生核心素养落地的真正着力点——课程，即通过课程改革将学生核心素养融入课程体系。因此，为了促进学生核心素养的真正落地，世界各国逐渐建立起以学生核心素养为中心的课程体系。[①]然而，受不同文化情境脉络下的课程改革的影响，世界各国对学生核心素养在课程体系中的地位有不同的理解，继而形成了不同的课程融入模式。通过对近年来相关文献进行梳理可以发现，学生核心素养与课程体系的融合逐渐演化出三种模式，具体为整体嵌入型、部分融合型和整合型，其中，整体嵌入型和部分融合型是针对学校现有课程体系提出的[②]，对学校构建以学生核心素养为中心的课程体系具有重要指导作用。本节主要对整体嵌入型和部分融合型两种模式进行详述。

---

① 辛涛，姜宇，王烨辉. 2014. 基于学生核心素养的课程体系建构[J]. 北京师范大学学报（社会科学版）（1）：5-11.
② 许祎玮，刘霞. 2017. 基于核心素养的课程教学改革——基本模式、国际经验及启示[J]. 北京师范大学学报（社会科学版），（5）：40-48.

一、整体嵌入型

整体嵌入型属于自上而下的融入模式，该模式一般的路径为：首先确立学生核心素养为培育的框架，将其作为学生培养的终极目标；在此基础上，对整个课程体系进行变革，形成一个完全由学生核心素养支配的课程体系。在这一模式下，学生核心素养在整个课程体系的建构中起到了提纲挈领的作用，各学科（领域）的课程标准、课程目标、课程方案、课程实施以及课程评价等都由学生核心素养引领，进而通过各学科（领域）的相互配合，促成学生核心素养的最终落实。这是学生核心素养与课程体系之间联结最紧密的一种模式。我国及芬兰采用的都是这种模式。

2014 年，教育部在《关于全面深化课程改革落实立德树人根本任务的意见》中提出要通过课程落实立德树人的根本任务，并要求研究制订学生发展核心素养体系和学业质量标准，修订课程方案和课程标准。2016 年 9 月，北京师范大学发布了《中国学生发展核心素养》，并将其细化为三个方面、六大素养以及十八个基本要点。为了更好地落实学生核心素养的培养，教育部遵循"学生核心素养—学科核心素养—内容标准"的设计思路，组织专家对高中阶段的课程标准和课程方案进行了修订。2020 年，教育部印发了《普通高中课程方案及 20 科课程标准（2017 年版 2020 年修订）》，修订后的高中课程标准新增了学科核心素养和学业质量标准两部分，以期通过指导教师的教学来达到核心素养对课程的整体指引。

我国台湾地区近年来也在推动包括小学、初中和高中在内的十二年基础教育的课程改革，其特点是依据台湾学生核心素养制定各教育阶段的核心素养，考量不同教育阶段领域和科目的特性，并与各领域科目进行统整的课程设计，形成领域科目核心素养。台湾学生核心素养可以通过各领域科目转化为各科目的核心素养，主要是依据台湾学生核心素养与该教育阶段核心素养的特色，并参考该科目的课程标准，进行交叉对照及统整后形成的。在横向层面上，核心素养具有横跨各种多元社会领域和科目的广度，打破了单一科目的传统疆界，但是由于各科目领域强调的核心素养特色有所不同，并非每一个领域科目都包含台湾学生核心素养中的所有指标，只需将关键、必要且重要的特质作为培养目标。核心素养的培养是由各科目和领域的人员共同协作完成的。在纵向层面上，改革依据个体身心发展阶段的具体内涵，依序分为小学、中学、高级中等教育三个教育阶段，在国民核心素养的不同层面循序渐进，培养学生成为现代国民。[①]

芬兰近年来进行的课程教育改革的重点就是将核心素养与课程体系系统一起来。首先，芬兰制定了核心素养的一般目标以及各目标所包含的素养要素，在此基础上结合国家实际情况和学生身心发展特点，按学段分别提出了各素养的要求，从而实现了各维度核心素养的纵向衔接。芬兰的《核心课程 2014》对基础教育的三个学段，即 1～2 年级、3～6 年级、7～8 年级的横贯能力目标做了更为详细的说明，强调了各学段应侧重的具体方面，指出了各学段之间需要衔接、连续和递进之处。1～2 年级的主要目标是为学生横贯能力的发展打下必要的基础，3～6 年级则进一步系统化加强对学生的横贯能力的培养。1～6 年级是小学阶段，是增强学生自我认知、自尊、形成个人身份认同以及可持续生活方式的最佳时期；7～9 年级是初中阶段，随着学生知识的积累及各方面能力的提高，科目之间的整合以及日常学校生活的管理更具挑战性，因此对核心素养的要求更高，需要学校更好地计划和实施整合式教学和跨学科学习模块。

从上述模式可以看出，学生核心素养被作为课程改革的核心，并最终演化出课程体系，从而使学生核心素养与课程体系紧密结合，故被称为整体嵌入型或整体支配模式。需要注意的是，虽然此两者之间看似完全对接，但由于学生核心素养在本质上是一种顶层设计，其有效性尚需进一步检验。另外，学生核心素养在课程中的落实尚需进一步地细化，由此形成了有效的自上而下的指导模式。

二、部分融合型

由于各个国家和地区对教育的认识不同，由此形成了多样的教育制度，某些国家虽然对学生应该具备的核心素养进行了深入研究，但学生核心素养与整个国家的课程体系之间仍存在不同程度的融合关系，学生核心素养并非全面地整体推进至每一个学科领域，而是基于不同学科的特点，进行学生核心素养与课程体系的联结，以部分融合的方式推进核心素养的落实。美国和新加坡在促进学生核心素养落地的过程中就采用了这一模式。

P21 自成立开始就注重对学生核心素养的落实进行不断实践。为了更好地将 21 世纪技能融入学校教育系统之中，P21 十分重视建立 21 世纪学习框架与"共同核心州立标准"（common core State standards，CCSS）之

---

① 肖驰，赵玉翠，柯政. 2016. 基于核心素养的课程政策——第十三届上海国际课程论坛综述[J]. 全球教育展望，45（1）：113-120.

间的联系。为了帮助教育政策制定者、教育官员、教育者等利益相关者更好地理解 21 世纪学习框架与课程的关系，P21 分析了美国 44 个州广泛认可和遵循的 CCSS 与 21 世纪学习框架之间的关系，并认为采纳 CCSS 的各州课程已经融入了 3R（read，读；write，写；arithmetic，算）和 4C，这是对每位学生的基本要求，而非针对少部分精英学生的最高要求。①为此，P21 于 2011 年发布了《P21 共同核心工具包》（*P21 Common Core Toolkit*）。这一工具包旨在指导 2010 年各州颁布的 CCSS 与 21 世纪学习框架匹配起来，这样做既能帮助各州、学区和学校实施 CCSS，又支持 21 世纪技能计划的持续开展。除此以外，P21 还制定了《21 世纪核心素养框架与共同核心州立标准整合指导手册》《课程与教学：21 世纪核心素养落实指南》，指导核心素养与部分学科进一步融合，以及对已融合学科给予课程建议和教学建议。②

以新加坡为例，为了促进学生核心素养更好地融入学校的课程体系，新加坡对已有课程体系进行了调整，以使其更好地满足学生核心素养的培养。新加坡 21 世纪素养与课程体系的融入关系大致可以分为以下四类。

1）认领–融入型。以品德与公民教育为例，品德与公民教育是新加坡学校教育中一门贯穿小学到大学预科整个学习过程的课程。该课程的设计围绕 21 世纪技能框架中的"核心价值观""社交与情绪管理技能""公民意识、环球意识与跨文化沟通技能"由内而外地展开，每一种技能承载的任务构成了学生最终需要达成的学习成果以及为了达成学习成果所需开展的教学过程。

2）奠基–融入型。以新加坡小学华文课程为例，该课程以理想的教育成果为宗旨，以 21 世纪技能框架为基础，以 2010 年母语检讨委员会提出的母语教学三大目的为参照，兼顾国民教育、社交技能与情绪管理的学习、科技教育总蓝图等教育方针，从语言能力、人文素养和通用能力三个方面制定课程总目标。其中，人文素养和通用能力两大目标是对 21 世纪技能框架中核心价值观、社交与情绪管理技能、公民意识、环球意识与跨文化沟通技能、资讯科技技能以及批判性与创意思维等技能的分解和细化。

3）对比–融入型。以新加坡小学科学课程为例，该课程采用了将 21 世纪技能框架和科学素养相对比的方式，通过对比寻找二者的契合点，据此再将 21 世纪技能框架中与科学素养相关的技能融入课程体系的构建中。

① 邓莉. 2018. 美国 21 世纪技能教育改革研究[D]. 上海：华东师范大学.
② 许祎玮，刘霞. 2017. 基于核心素养的课程教学改革——基本模式、国际经验及启示[J]. 北京师范大学学报（社会科学版），（5）：40-48.

　　4）参照–融入型。以新加坡社会研究课程为例，该课程采用直接对应型的形式，将 21 世纪技能框架中处于内核的"核心价值"，中间层次的"社交与情绪管理技能"以及外围的"沟通、协作与资讯科技技能"、"批判性与创意思维"和"公民意识、全球意识与跨文化沟通技能"与 1～6 年级学生在各个阶段要实现的培养目标相对应，还列出了学生通过这门课程的学习应该获得的学习成果。可见，新加坡在构建学生核心素养与课程体系的关系时，是依据学科特性进行的，符合学科的发展逻辑。

　　总之，在部分融合型中，核心素养与课程体系之间彼此独立存在，由核心素养的研究机构或部门积极推进核心素养在教育领域的落实。此种模式从部分学科入手，直接将核心素养的落实推进到教育领域的学科层面，以部分学科为切入点，将核心素养的全部或部分指标融入其课程标准中，并积极丰富学习内容、探求实施途径和完善评价指标。[①]

第四节　核心素养的功能

　　作为当前教育改革的良药，核心素养解决了如何从学生学习结果的角度来回答"未来社会所需要的人才是什么样的"这一问题[②]，同时也为教育教学过程中的各要素变革提供了现实依据，使其能够围绕核心素养这一中心和起点来开展教育教学实践，进而促进学生素养的全面发展。从教育发展的要素来看，核心素养具有以下功能。

一、为学生的深度学习提供目标导向

　　核心素养是一种关于教育目标的具有研究假设性质的新设想。一方面，这一设想具有未知性，需要通过探究的方式来加以检验和修正；另一方面，这一设想具有间接性，需要通过每个教育阶段的课程设计以及教学实施来实现。于学生而言，核心素养为其学习提供了学习目标导向，有助于理解与提高自身学习的深度和广度。然而，如果学生不能在学习中将学习目标加以转化，那么无论他怎么努力，都不能真正提高自身的素养，诸如鹦鹉

---

① 许祎玮，刘霞. 2017. 基于核心素养的课程教学改革——基本模式、国际经验及启示[J]. 北京师范大学学报（社会科学版），（5）：40-48.
② 崔允漷. 2016. 追问"核心素养"[J]. 全球教育展望，45（5）：3-10，20.

学舌、小和尚念经那样有口无心、机械式的表层学习显然难以达成学习目标。因此，实现学生既知其然又知其所以然的有意义学习，即深度学习，是促进核心素养目标实现的关键。所谓深度学习，就是指在教师的引领下，学生围绕具有挑战性的学习主题，全身心积极参与、体验成功、获得发展的有意义的学习过程。在这个过程中，学生掌握学科的核心知识，理解学习的过程，把握学科的本质及思想方法，形成积极的内在学习动机、高级的社会性情感、积极的态度、正确的价值观，成为既具独立性、批判性、创造性，又有合作精神、基础扎实的优秀的学习者，成为未来社会历史实践的主人。[①]

可见，教师是学生实现深度学习的充分必要条件。因此，教师需要扮演好引导者的角色，一方面要帮助学生将核心素养进行转化，使其与学生的已有经验相关联，以激发学生的学习欲望；另一方面，教师要通过多元引导、情境教学等多种方式引导学生透过符号、知识等去感受和理解其背后蕴含的深层意义，去理解知识最初发现时人们面临的问题，解决问题的思路，采用的思维方式、思考过程，理解知识发现者可能有的情感，判断、评价知识的价值。只有这样，学生才能真正拥有知识，才能将其转化为自身的素养，并在未来遇到复杂情境时加以利用。

二、为教师的专业发展提供方向指引

教师是核心素养落地的最终保障，如果教师的教育观、质量观、课程观、教学观等不根据核心素养加以转变，那么核心素养就无法真正得到落实。换言之，核心素养为教师的专业发展提供了方向指引，教师必须理解核心素养的本质，掌握核心素养的实践逻辑，从而建立基于核心素养的教育观、课程观和教学观。此外，教师专业发展与教师的核心素养相互联系、相辅相成，共同促进了教师素质的提升。教师核心素养是教师从事教育教学工作需要的最关键、必要的基础性素养，是教师通过教育学学科专业学习和教育教学实践与专业培训逐渐形成的，是教育学、心理学、课程与教学论、德育论、学生组织与管理等各种教育学理论与教学实践技能的综合表现，具有整体性和系统性，是教师能够满足教育教学和学生发展需要的必备品格和关键能力。[②]

需要注意的是，在发展教师核心素养、促进教师专业发展的过程中应

---

① 郭华. 2016. 深度学习及其意义[J]. 课程·教材·教法，36（11）：25-32.
② 杨志成. 2017. 中国中小学教师发展核心素养体系建构研究[J]. 教师发展研究，1（1）：44-49.

该关注以下两点。

1）要关注学生的主体地位。"以生为本"是教师从事教学工作的逻辑起点与终极归宿，在这一过程中，教师要理解学生所应该达成的素养目标，并且要了解学生的需求，从而达成二者之间的契合。另外，教师还要尊重学生的个体差异，要遵循教育规律和学生的身心发展规律，进而为其提供适合的教育。

2）要促进自身的专业发展。十八大以来，习近平总书记对我国教师的专业发展高度重视，提出"做好老师，要有理想信念；做好老师，要有道德情操；做好老师，要有扎实学识；做好老师，要有仁爱之心"[①]，以及"广大教师要做学生锤炼品格的引路人，做学生学习知识的引路人，做学生创新思维的引路人，做学生奉献祖国的引路人"[②]。"四好教师"和"四个引路人"是对新时代教师核心素养的要求，同时也是对教师专业发展素养的完善。教师应以此为标准，促进自身的专业发展，进而保障学生核心素养的落地。

三、为学校的课程变革提供理论依据

核心素养是学校课程发展的中心与起点，所有的课程共同承担核心素养的培育工作。换言之，学校的课程变革应该指向核心素养。指向核心素养的课程变革具有以下特点。

1）打破了学科等级化的困境。正如康奈尔（Connell）所言，传统课程是一种竞争型学术课程，享有"最为刚性特征"的美称，它被大学用于选拔学生。非学术课程遭到排挤、被边缘化，其被认为应该是由"学习成绩差"的学生去学习的。[③]为了追求教育的平等与公正，一直以来，课程设计者都极力主张所有学科课程应得到平等对待，应该处于同一位置，共同致力于学生的培养。然而，受到一些外在、不可控因素影响，各学科之间相互竞争，一些学科处于学校课程体系的核心地带；而有些学科则处于学校课程体系的边缘位置，无人问津。指向核心素养发展的课程体系则将学生的素养作为课程建设的逻辑起点，整个课程设计围绕学生的素养发展展开，学科知识的获得不再是终极目标，而是作为学生核心素养培育的载体或手段，学科之间不存在等级之分，只是在促进学生核心素养培育的过程

---

① 习近平. 2014. 做党和人民满意的好老师——同北京师范大学师生代表座谈时的讲话[J]. 人民教育，（19）：6-10.
② 霍小光，张晓松. 2016. 习近平在北京市八一学校考察时强调 全面贯彻落实党的教育方针 努力把我国基础教育越办越好[J]. 人民教育，（18）：6-9.
③ 崔允漷，邵朝友. 2017. 试论核心素养的课程意义[J]. 全球教育展望，46（10）：24-33.

中承担的角色或发挥的功能不同而已。

2）消解分科与整合课程之间的对立。分科课程是按照学科知识进行内容组织的，存在严密的学科壁垒；而整合课程则根据主题或议题来进行内容组织，以跨学科课程或超学科课程的样态出现。受不同课程哲学的导引，二者在课程组织形式上存在较大的差异，因而也一直处于对立状态。指向核心素养发展的课程倡导要先构建学生要达成的核心素养目标框架，然后再根据目标框架选择合适的学科知识，并对这些学科知识进行组织，使其最终指向素养。在这一过程中，教师需要根据要达成的核心素养目标，在分科课程与整合课程中选择恰当的课程组织形式，使其功能得到最大限度的发挥。

四、为学习质量的评价提供现实参照

学生学习质量是课程实施质量的最终体现。现有的关于学生学习质量的评价已林林总总，包括高考、中考、学业水平考试、综合素质评价、基础教育质量监测，还有各地市、各学校自己组织的各种考试，以及社会上组织的英语、计算机、音乐、美术等级考试和学科竞赛等。最近，部分高校开展自主招生、综合评价招生，也都形成了自己的一套评价体系。[①]可见，当前的学生学习质量评价类目较多，但更多强调的是学生的学业知识水平。核心素养作为学生知识、能力、态度、品格等的综合体，其在某种程度上能够弥补已有评价方式的缺陷，同时也为学生的学习质量评价提供了现实参照。需要注意的是，核心素养本身就是从学习结果来核定培养对象的规格，即核心素养是结果导向型的。那么，如何处理好核心素养与现有评价体系之间的关系呢？有学者提出，应该以核心素养为统领，整合、改造、优化现有评价，使现有的各种评价都与核心素养评价接轨，将核心素养的理念、内涵、要求贯彻到现有的评价之中。[②]我国于 2017 年颁布、2020 年修订的普通高中语文等学科课程标准中提出的学业质量标准，正是以核心素养为统领，对现有评价体系进行优化升级的结果。学业质量标准以核心素养为抓手，并结合各学科的能力要求，将其细化为具有操作性的质量标准。有了这一质量标准，教师在教学中能够更加清晰地知道内容要教到什么程度，要在具体学科知识领域中培养学生的哪些学科能力和素养；有了这一质量标准，学生学习质量评价能够更好地体现对学生能力素养的考查，从而促进核心素养在教育评价领域落地。

---

① 桂芳. 2017. 核心素养评价若干问题的探讨[J]. 课程·教材·教法, 37（1）：22-27.
② 崔允漷, 邵朝友. 2017. 试论核心素养的课程意义[J]. 全球教育展望, 46（10）：24-33.

第二章
课程转化的学理分析

    课程改革是一个长期而艰巨的过程，在不断的研究与摸索中，我国课程改革取得了丰硕的成果，同时也遇到了诸多困难。究其原因，很大程度上在于课程改革理念在课程改革进程各阶段的层层落实中被不同程度地曲解，也就是在课程转化（curriculum transformation）环节出现了问题。课程转化是课程改革进程中各阶段平滑对接的纽带，是确保课程改革理念能够完全一致得以落实的关键。

    综合我国的课程研究来看，理念课程、正式课程、理解课程、运作课程以及经验课程的单个层级研究居多，层级间课程转化的研究缺失使得课程改革理念在各个层级落实中发生了较大程度的增删与曲解，诸多问题得不到有效缓解。例如，课程标准如何在教科书中体现得更为准确，教师又如何准确地领会课标、教材及二者之间的关系，教师能否采用不同的教学方法完成教学任务，学生最终能否达到国家最初希望达到的标准等，这些问题都是课程转化需重点关注的问题。

第一节　课程转化的含义解析

课程转化是当前国际范围内课程改革研究的热点内容。何为课程转化？课程转化涵盖哪些内容？如何理解课程转化？不同学者从不同角度对课程转化进行了不同的理解与诠释，为课程转化研究提供了重要的研究思路与导向依据。

一、课程转化的基本定义

詹森（Johnson）从课程目的角度出发，认为课程转化是课程经由教学计划产生方案，方案在教学实施后产生学习结果的过程。[1]张芬芬等从课程发展角度出发，指出课程改革中的课程转化是指在课程发展的层层步骤中，课程理想经逐步转型变化，最后化为可供师生使用的具体教学材料，其中各步骤采取的转型变化之作为，使得理想化为实作，抽象化为具体，宏观化为微观，单纯化为复杂，上位概念化为下位概念。这些转型变化之所为，即所谓的课程转化。课程转化的目的是在将课程理想化为具体可用的教学材料，以裨益教师的教与学生的学。课程转化发生于课程发展的过程中，更精准地说，是发生于前后步骤衔接之处，课程转化过程关心的是每一步骤与课程理想间的符合程度以及实践的可能性。[2]吴清山等指出，课程转化是指将具有价值的抽象理念，依据教师教学与学生学习原则，逐步规划为具体、可行的教材，以供教师有效教学、学生有效学习的过程。黄政杰从课程层级的角度出发，认为课程改革中的课程转化是课程改革理想在各个课程决定层级设计实施的承转过程、异同变化与落实程度。在课程转化过程中，正式课程可能被删减、排除、扭曲、遗失、疏忽、误解，也有可能被增加、加广、加深，使得教师的运作课程及学生的经验课程偏离正式课程，或与正式课程大相径庭。因此，只有关注各层级课程转化的一致性，才能有效完成课程改革的使命。[3]

二、课程转化的内涵理解

课程转化是一项复杂的系统工程，与课程的方方面面都有千丝万缕的

---

① Johnson M. 1969. The translation of curriculum into instruction[J]. Journal of Curriculum Studies, 1(2): 115-131.
② 张芬芬，陈丽华，杨国扬. 2010. 台湾九年一贯课程转化之议题与因应[J]. 教科书研究，3（1）：1-40.
③ 黄政杰. 2013. 课程转化整合探究之概念架构研析[J]. 课程与教学季刊，16（3）：1-30.

关系。一般而言，理解课程转化需要沿着课程转化层级间的纵向传递向度，从整体上把握和梳理课程转化的转化结构与转化深度。课程转化层级间的纵向传递是课程转化的骨架，是对课程转化总体上的规划。在研究中，我们可以将课程转化中涉及的各种因素进行整合，借鉴并修改、补充陈彦廷提出的不同层次课程转化涉及的人、事、物与步骤的框图[①]，进而形成课程转化层级间纵向传递的基本架构（图 2-1）。

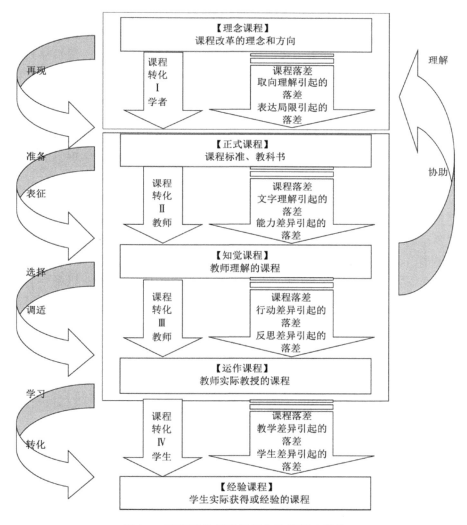

图 2-1　课程转化层级间纵向传递基本架构

① 陈彦廷.2014. 课程转化实作促进"国小"师培生对数学课程理解之研究[J]. 当代教育研究季刊, 22（3）：1-54.

这一基本架构的主要思想如下。

1）课程转化层级间纵向传递的基本架构以古德莱德（Goodlad）的课程层级理论作为基本转化框架，以布洛菲（Brophy）的课程落差理论作为基本层级连接，在后续的理论基础中会对课程层级理论和课程落差理论进行详细的说明。

2）在理念课程向正式课程转化（课程转化Ⅰ）的过程中，以专家学者为主要参与人员，主要运用再现的表征方式，将教育理念转化至课程标准等正式课程中。所谓再现，就是以符号表征事，即将课程专家脑海中的理想课程再现于课程标准等正式课程中，其中用到的词汇语段、逻辑体系是其脑海中理想课程的再现。①课程转化Ⅰ中存在的课程落差主要是由专家学者取向理解的差异以及思想表达的局限而引起的。

3）在正式课程向知觉课程转化（课程转化Ⅱ）的过程中，以教师为主要参与人员，是教师理解正式课程的过程，主要运用舒尔曼（Shulman）提到的准备、表征两种方式进行，其存在的课程落差多是由文字理解的不同与专业能力的差异引起的。

4）在知觉课程向运作课程转化（课程转化Ⅲ）的过程中，以教师为主要参与人员，是教师将理解的课程转化为实际教学活动中的课程的过程，主要运用舒尔曼提到的选择、调适和修正两种方式进行，其存在的课程落差多是由行为活动的不同与反思深度的不同而引起的。

5）在运作课程向经验课程转化（课程转化Ⅳ）的过程中，以学生为主要参与人员，是学生将教师传达的教学活动转化为自己理解的内涵的过程，主要是以学习转化的方式进行。

6）正式课程、知觉课程、运作课程均是为了协助师生理解理念课程。

第二节　课程转化的理论研究

课程转化是一个复杂的过程，其前后一致性受多方因素的影响。相较而言，国外专家学者对于课程改革中的课程转化有深刻的认识，在国内相关研究较少。以下是古德莱德、布洛菲、詹森、舒尔曼等专家学者对课程转化的相关研究，其从不同视角、不同层次对课程转化进行了深度剖析，

---

① 张芬芬，陈丽华，杨国扬. 2010. 台湾九年一贯课程转化之议题与因应[J]. 教科书研究，3（1）：1-40.

为后续研究提供了可供借鉴的依据。

一、古德莱德的课程转化层级理论

古德莱德等将课程实施分为五个层级，分别是理念课程（ideological curriculum）、正式课程（formal curriculum）、知觉课程（perceived curriculum）、运作课程（operational curriculum）和经验课程（experiential curriculum）。理念课程是指由研究机构、学术团体和课程专家学者提出的课程；正式课程是指官方公布的课程计划、课程标准、使用的教材等，是学校课表中的课程；知觉课程是指教师对现行课程的了解与态度，是教师领悟的课程；运作课程是指教师在班级教学时实际实施的课程；经验课程是指学生实际学习到的经验内容。[①]课程转化发生在上一个课程层次向下一个课程层次过渡的阶段，即课程专家将理念课程转化为正式课程；教师将正式课程转化为知觉课程，在教学过程中将知觉课程转化为运作课程；学生将运作课程转化为自己的经验课程。具体内容如图 2-2 所示。

图 2-2　古德莱德的课程转化层级理论示意图

二、布洛菲的课程转化落差理论

布洛菲认为课程实施是一个不断缩减与曲解的过程，提出了正式课程由教到学的内容转化理论，如图 2-3 所示。其中，A 代指在州或地方层级采用的官方课程，校长或教师委员会在对官方课程的解释中，会删去 A_0 部分，增加 B 部分，进而形成学校层次的课程，成为非官方却正规的课程 C（$C=A+B-A_0$）；随后，教师依据个体经验与学生实际需求等因素进一步修改学校层级的课程，删除 C_0 部分，增加 D 部分，形成了教师预定采用的课程 E（$E=C+D-C_0$），这与官方课程 A、非官方课程 B 已经有所差异；教师在实际教学过程中，可能会因为时间因素删除 E_0 部分，同时使用一些

① Goodlad J I. 1979. Curriculum Inquiry: The Study of Curriculum Practice[M]. New York: McGraw-Hill: 344-350.

曲解的或错误的方式来教学，也就是 F 部分；在实际教给学生的内容中，E_1、F_1 是学生学习和保留的部分，E_2、F_2 因为教师教得过于简单或模糊而被遗失掉，E_3、F_3 则是因为学生本身的先前概念而被扭曲的那部分知识，因此，就课程 E 来讲，只有 E_1 是最后成功教授的部分。[①] 基于此，官方课程在最终落实到学生经验课程的过程中，最终只有一小部分与官方课程一致。官方课程在不同的课程层次间不断地被增删与曲解，产生课程的缺口，这种现象就是课程落差。

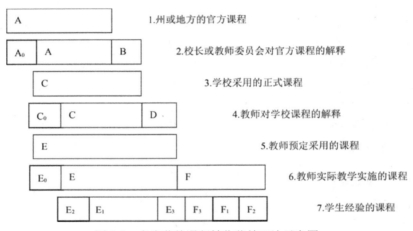

图 2-3　布洛菲的课程转化落差理论示意图

三、詹森的文化课程转化理论

詹森主张课程即目标，认为课程是预定的一组有组织的学习结果，也就是说课程是教育事业的目标或者终点状态的叙述，不是描写完成这些目标的教学活动或手段。他认为课程包含于文化内容之中，学习内容限于现存的文化内容。经过课程发展程序，文化内容转化为课程，课程通过教师的教学计划成为教学方案，有教学方案才有学习结果产生。故课程发展是将文化内容转化为个别学习历程，透过评价来修正文化内容的选择、课程及教学方案的设计[②]，具体内容如图 2-4 所示。

---

① Brophy J E. 1982. How teachers influence what is taught and learned in classrooms[J]. The Elementary School Journal, 83(1): 1-13.
② 黄政杰. 1985. 课程改革[M]. 台北：汉文书店：71-75.

图 2-4 詹森的文化课程转化理论示意图

四、舒尔曼的教学知识转化理论

舒尔曼在其建立的教学推理与行动的模式（model of pedagogical reasoning and action）中提到了课程与教学知识转化层面的问题，认为教师必须将知识转化为学生可接受的形式。舒尔曼指出，教师的教学知识转化需要准备（preparation）、表征（representation）、教学选择（instructional selection）、调适和修正（adaption and tailoring）4 个步骤。[1]

准备阶段是指教师在教学前依据对于包括目标、学生、教法等整个教学过程的思考，对教科书进行组织分析，从而有利于教学过程的顺利进行；表征阶段是指教师在教学过程中，根据对文本的认识和理解确定将其传递给学生的教学方式，包括类推、隐喻、举例、论证、模仿等方法，透过表征可以使教学更加具体，将教师的理解与学生被期望的表现联系在一起；教学选择是发生在教师采取表征行动的过程中，包括从教学内容再形成的表征到教学形式或方法具体化的表征，教师不断选择对学生最适切、有效的教学方法；调适和修正是指教师针对学生的特质，考虑学生的能力、态度、兴趣等因素，使得教学过程更加适合学生。按照古德莱德的课程层级理论分析，舒尔曼的教学知识转化理论强调了正式课程到知觉课程再到运作课程之间的课程转化。舒尔曼的教学推理与行动的模式更加深入地剖析了转化过程中的具体行为。具体内容如图 2-5 所示。

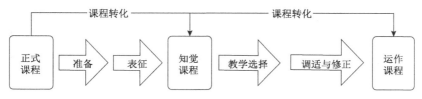

图 2-5 舒尔曼的教学知识转化理论示意图

---

[1] Shulman L S. 1987. Knowledge and teaching: Foundations of the new reform[J]. Harvard Educational Review, 57(1): 1-22.

五、多元文化教育课程转化理论

课程转化最初起源于多元文化教育，整合多元文化身份，创设更加包容的环境，后来课程转化逐渐被引入其他多个领域中。[①]班克斯（Banks）从多元文化教育的视角提出了四种课程转化策略，简明扼要，影响深远，为推动多元文化教育课程的发展产生了重要的作用。[②]

（一）贡献方式

贡献方式（contributions approach）是指以主流文化的标准选择非主流族群的英雄人物、节日美食等文化元素，将其整合到主流课程中，或者通过讲座、展览等活动让学生接触少数民族文化。例如，在妇女节时，介绍女性突出人物；在泼水节时，介绍傣族文化。贡献方式的课程模式具有简单易行的特点，但使用主流文化作为标准选择非主流文化并未真正实现多元文化教育的目标。

（二）附加方式

附加方式（additive approach）是指在不改变现有课程基本结构的基础上，以一本书、一个单元或者一门课的方式将非主流族群的内容、概念、观点或者主题附加到课程中。例如，开设满语选修课、朝鲜舞选修课。相较于贡献取向，附加方式更具深度，但仍无法了解主流文化与非主流文化之间的实质关系。

（三）转化方式

转化方式（transformation approach）与前两种取向不同，而是对现有课程的基本目标、基本结构和基本性质进行重新规划，使学生从不同民族、种族、阶级、宗教、性别的角度共同探讨概念、事件、议题、问题和主题。例如，在初中语文教材中增加"外国人眼中的中国"栏目。转化方式使得学生了解了不同文化对整体社会文化的贡献，但因为需要大幅调整课程结构，实施起来具有一定的困难。

---

① Clark C. 2002. Effective multicultural curriculum transformation across disciplines[J]. Multicultural Perspectives, 4(3): 37-46.
② Banks J A. 1993. Approach to multicultural curriculum reform//Banks J A, Banks C A M(Eds.), Multicultural Education: Issues and Perspectives. 2nd ed(pp.195-214) [M]. Boston: Allyn & Bacon.

（四）社会行动方式

社会行动方式（social action approach）是指教导学生找出重要的社会争议和问题，收集适当数据，澄清争议的价值所在，分析可能的解决方法，做出决定，付诸行动，进行反省，使得学生成为反思社会的批判者和有能力的参与者。例如，在课堂上讨论报纸中用词的文化偏见问题，提出解决办法并付诸行动。社会行动方式可以培养学生批判思考、决定行动的能力，但是需要较长时间的准备，且议题的选择往往存在争议，不易落实。

六、CSWE GERO-Ed 中心的课程转化方式

1. 专题

专题（specialization）是指修习主修、副修学程中与特定主题相关的科目，学生可能会深入探讨特定主题，也有可能只是零碎、片段或孤立地学习，例如学校开设的安全教育、传统文化等校本课程。

2. 统整

统整（integration）是指将主题内容放在课程中的重要位置，但并不添加到所有的基础课程中。例如，综合科学课程的内容统整设计。

3. 融入

融入（infusion）是指把主题内容置入课程之中以影响学生学习，融入的方面可以是科目目标、内容、作业、教材、学习评价等。例如，国家认同理念在基础教育教材中的融入。相较于专题与统整，融入模式需要更长的时间实施，但同时也是最有效的转化方式。

第三节　课程转化的多重取向

课程文件（例如，课程标准）只提供指导纲要而非具体详细的教学内容，将课程文件中的课程目标转化为教师实际教学中的教学参考是必要过程，也是十分重要的过程。课程转化取向代表着课程理念在课程改革中的

形态，不同的转化取向意味着课程理念的不同表达方式，其主要包括以下八种。[①]

一、三层次取向

三层次取向由德瑞克（Drake）发展[②]，以布卢姆（Bloom）的认知、技能与情意三向度学习目标为依据，分析课程标准或指标之下学生需要知道的学科知识、需要掌握的方法技能以及需要培养的价值信念，如图 2-6 所示。德瑞克将其进一步结构化，形成了解析课程标准内涵的金字塔，其中学生需要知道的知识位于底层，主要元素是各学科的事实材料，中间是需要掌握的方法技能，也就是程序性知识的应用，上层是教师帮助学生形成的价值信念。这种方式在实际运用过程中能够估计完整的课程要素，且适用范围广，相对重视学生道德养成，轻视认知与技能方面，相较而言，已经不能适应当前的教育环境。

基本结构：课程要求→学科知识、方法技能、价值信念。

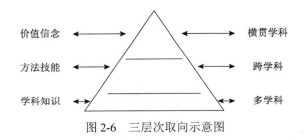

图 2-6　三层次取向示意图

二、标准取向

标准取向是由哈瑞斯（Harris）与凯瑞（Carr）共同发展出来的。有四个转化原则（表 2-1）：一是以达到标准为目标，以教学活动为手段；二是教学活动以协助学生获得必要知识与技能，且能达到标准为选择依据；三是评价指针依据必须达成目标设定的知识或技能标准为原则；四是按照标准与学生、家长进行教学计划沟通。标准取向简单明了，具有一定的参考价值。但是，这种转化方式方便教师掌握课程内容与教学活动，却不能呈

---

① 陈新转. 2002. 社会学习领域能力指标之"能力表征"课程转化模式[J]. 教育研究月刊，（8）：86-100.
② Drake S M. 1998. Creating Integrated Curriculum: Proven Ways to Increase Student Learning[M]. Thousand Oaks: Corwin Press.

现出如何引导学生表现课程要求的情境与过程。[①]

基本结构：课程要求→重要知识技能→学习活动→评价。

表 2-1　标准取向

课程要求	重要知识技能	学习活动	评价
了解资源循环使用的意义和方法	1. 资源的种类（可再生与不可再生） 2. 垃圾分类 3. 废物利用 4. 应用统计图表 5. 减少浪费	1. 讲授"资源"的概念 2. 进行学校资源使用调查 3. 建立资源使用量、垃圾产出量、资源回收量统计图 4. 垃圾艺术创作 5. 研究减少资源浪费的方法	尊重学生多元智能，采用多元评价方式，包括口语、文字、图像、影音、模型、实物，以及综合应用的方式

三、行为表征取向

行为表征取向采用抽象目标→具体目标的思维方式，将课程要求视为上位目标，再将其转化为具体目标，也有的在具体目标之后加上教学活动，如表 2-2 所示。行为表征取向与过去将课程目标书写成具体的行为目标相似，只能看到单元目标和行为目标的对应关系，看不到课程实现的过程与教学的情境。[②]

基本结构：课程要求→活动主题→具体课程要求→学习活动。

表 2-2　行为表征取向

课程要求	活动主题	具体课程要求	学习活动
观察月亮东升西落	月亮升落情形	1. 观察月亮东升 2. 观察月亮西落	1. 安排某日晚上观察月亮上升方位 2. 安排某日晚上观察月亮下落方位

四、概念分析取向

概念分析取向的特征是先掌握课程要求的核心概念，再进行次要概念的分析，形成层级结构，如表 2-3 所示。一般情况下，其结构包含课程要求、核心概念、概念要素与评价指标，有助于掌握课程要求的主要概念。不过，评价指标中行动表征的印记依旧明显，无法全面展示课程要求的内涵。

基本结构：课程要求→核心概念→概念要素→评价指标。

---

① Harris D E, Carr J F. 1996. How to Use Standards in the Classroom[M]. Alexandria: Association for Supervision and Curriculum Development.

② 黄炳煌. 2002. 社会学习领域课程设计与教学策略[M]. 台北：师大书苑：51-93.

表 2-3　概念分析取向

课程要求：辨识地点、位置、方向，并能制作或运用模型代表实物					
要求	核心概念	概念要素	评价指标		
			指标 1	指标 2	指标 3
辨识	地点	家的位置	能说出家附近的明显建筑物	能说出家所在的路名	能完整说出家所在的地址
		学校的位置	能说出学校附近的明显建筑物	能说出学校所在的路名	能完整说出学校所在的地址
	位置	家到学校的路	从家里走到学校	说出家到学校路线的路名	画出从家到学校的平面图
	方向	家的方向	说出家的楼层	说出家附近明显建筑的方向	说出家在学校的方向
		学校的方向	指出自己的座位	说出自己教室在学校的方向	说出学校在家的方向

五、对应关系取向

对应关系取向通常是先有课程主题、单元名称，依据课程主题或单元名称发展单元目标及具体学习目标，再从分段课程指标中找出相关的学段指标来与之对应，如表 2-4 所示。此转化取向是以课程单元的目标为主，对应上位目标（课程目标），而非以课程目标为主要教学目的，换句话说，不是先将课程目标分析转化为具体的细项目标再进行具体设计，而是先有单元目标再找叙述相关的上位目标来对应而已，其间真正的对应相关性与联结性的密切程度仍然需要仔细探讨。

基本结构：（课程主题→单元目标）←→课程要求。

表 2-4　对应关系取向

主题名称	美丽的大自然
单元名称	世界真奇妙
课程要求	了解社区及学校附近环境的历史变迁
	了解社区的意义
	能感受乡村和都市的不同
	知道住家附近的各种商店
	能认识社区的各种活动
单元目标	能了解社区和环境的关系

续表

单元目标	能知道社区有哪些问题产生
	能知道自己社区的优缺点
	能规划心目中的理想社区
	能爱自己的社区
	能美化环境

资料来源：陈新转. 2002. 社会学习领域能力指标之"能力表征"课程转化模式[J]. 教育研究月刊，（8）：86-100

六、能力表征取向

能力表征取向是着重于能力培养的一种课程转化取向，目的在于将课程要求转化成可用于培养学生面对问题与挑战时，能应用知识，采取有效的方法与策略，进行表述、思考、操作或问题解决之能力的课程要素。能力表征取向强调能力是一种包含认知、技能与情感态度的综合表现，更加突出情境性。该转化取向的原则有三：一是以能力的观点转化课程要求，二是重视课程要求与单元主题的联结关系，三是以统整的思维转化能力指标。能力需要有情境才能表现出来，因而能力表征课程转化取向包含知识要素（教学内容）、情境要素（教学历程）、表征内涵（教学目标/评价指针）以及致能活动（教学活动）四个基本要素。具体如表 2-5 所示。

基本结构：能力要求→知识要素→情境要素→表征内涵→致能活动。

表 2-5 　能力表征取向的能力要求及对应的单元主题

知识要素	情境要素	表征内涵	致能活动
知识要素包含知识与技术： 1. 事实性知识重要事实：人、事、时、地、物等 2. 概念性知识：概念、类型、程序、条件等 3. 方法性知识：将前两种知识用于推理与实践的知识 4. 期望性知识：前两种知识形成的目标、价值信念等	各种引导学习的问题与挑战： 1. 问题与挑战的性质 2. 难易程度 3. 格式与规则 4. 表征方式	预设学生的能力表现情形： 1. 应用的知识、技巧 2. 情境理解：对问题或挑战情境的知觉 3. 表征方式与态度	促进学生获致能力的各种活动，包括： 1. 心理的 2. 肢体的 3. 社会的 4. 情绪的 5. 统整的

七、意义整合取向

台湾学者在综合了梅兹罗（Mezirow）等的转化理论之后，提出了能力要求转化整合取向，即意义整合取向。该取向包括五个意义转化顺序，分别是工具意义、沟通意义、解放意义、行动意义和回馈意义，核心内涵如表 2-6 所示。

表 2-6　意义整合取向的核心内涵

转化顺序	核心活动	活动内涵
工具意义	技术性的描述知识（理解意义）	寻找意义要求核心概念：找出能力要求的动词、名词，作为核心概念，并予以分类
沟通意义	实践性的延展知识（延续意义）	扩展或剖析能力要求核心概念：扩展动词、剖析名词、辨别重心及厘清领域关系
解放意义	批判性的融入领域知识（批判整合意义）	形成剖析图，参照各项要素对于暂时细分的能力要求进行批判性反思。反思学生、学校、社区需求，掌握领域精髓，区分能力要求关系，整体评价前后呼应，形成概念分析结果
行动意义	计划性的学习活动（展现意义）	研究拟定学习目标与活动：依据能力要求细分的结果研究拟定学习目标、设计学习活动
回馈意义	检核性的学习评价（评价意义）	实施学习评价：依据学习目标规划学习评价，教师实施学习评价直接依据学习目标，间接针对能力要求进行评价

资料来源：台湾地区教育管理部门. 2003. 九年一贯课程理论基础丛书——设计评析篇[M]. 台北：教育管理部门：142-169

八、系统设计取向

有研究者依据系统化教学设计理论来诠释能力指标如何被运用到社会领域的教学设计，以落实社会领域能力指标的教学设计。其虽然是一个教学设计模式，但从教学设计的要素与步骤中可以看出其从系统化因素之间的互动关系来诠释能力指标在课程与教学设计上的运用与分析转化。[①]

系统化教学设计就是将教师的教学活动视为一个系统化运作，教学设计要考虑的主要因素有教学目标、教材内容、教学活动、教学时间、教学资源、评价、学习者和教学者，除此之外，还包括能力指标。在进行教学设计时，教师必须考虑到这教学系统内的九个因素之间的相互关系。该转化取向主要分为十个步骤：①探讨能力指标的内涵以决定单元主题；②选择相关的社会领域、重大议题、其他领域的能力指标；③发展单元目标；④发展单元架构；⑤书写设计依据；⑥发展具体目标；⑦决定各节教学要点；⑧设计各节教学活动；⑨提供教学资源；⑩提供教学效果评价工具。从该教学设计的步骤可以看出，能力指标不直接转化为具体的教学目标，而是选择有相关性的数条

---

① 秦葆琦. 2002. 九年一贯社会领域教学设计探讨[M]. 南投：台湾暨南国际大学教育学程中心：1-21.

能力指标组成一个教学单元，再依据所选的能力指标设计单元主题，然后依据单元主题和能力指标概念原则及内涵发展单元目标和单元架构，此时才须将教学单元的能力指标予以分析转化，其强调能力指标的分析转化要涵盖在单元架构中，才能在进行教学设计时转化为具体的教学目标、教学活动和教材内容，并进行评价，使能力指标真正落实在教学中。该转化取向比较特别的地方是将教学目标分为单元目标和具体目标两个层次，先将能力指标依据选择的单元主题转化发展为单元目标（认知、技能、情感），再依据单元目标发展为具体学习目标，在这个过程中，也必须考虑到其他因素的相互影响的关系，包括教学时间的限制以及学生身心发展的特性，等等。以台湾地区的某能力指标为例，依据能力指标内涵逐条先发展可产生的单元，之后再依据单元来组织单元的能力指标，组成可教学的单元，然后再考虑其他领域能力指标的融入与统整设计，并依据单元主题和选择的能力指标，书写单元设计依据，从而发展单元目标及具体目标。具体见表 2-7 至表 2-9。

表 2-7 系统化教学设计的能力指标转化取向之一

能力指标	可产生的单元
7-2-1 指出自己与同侪参与的经济活动及其被满足的需求与动机	消费与储蓄
8-2-2 举例说明科学和技术的发展，改变了人类生活和自然环境	发明与生活
9-2-3 举出外来的文化、商品和资讯影响当地文化和生活的例子	生活中的外来文化

表 2-8 系统化教学设计的能力指标转化取向之二

单元主题	可对应的能力指标
消费与储蓄	指出自己与同侪参与的经济活动及其被满足的需求与动机； 了解从事适当的储蓄可调节自身的消费力； 说明各种关系网络的全球化对全球关联性造成的影响
发明与生活	关怀家庭内外环境的变化与调适； 举例说明为了生活需要和问题解决，人类才去从事科学和技术的发展； 举例说明科学和技术的发展，改变了人类生活和自然环境
生活中的外来文化	说出自己的意见与其他个体、群体或媒体意见的异同； 比较不同文化背景的人阐释经验、事物和表达的方式，并能欣赏文化的多样性； 举出外来的文化、商品和资讯影响当地文化和生活的例子

表 2-9 系统化教学设计的能力指标转化取向之三

单元主题	发明与生活
社会领域能力指标	举例说明为了生活的需要和问题的解决，人类才去从事科学和技术的发展； 举例说明科学和技术的发展，改变了人类生活和自然环境

续表

单元主题	发明与生活
六大议题或其他领域的能力指标	自然与生活科技： 认识传播设备，如录音、录影设备； 认识运输能源和运输工具； 了解科技在生活中的重要性； 认识家庭常用的产品； 体会科技与家庭生活的互动关系
教材纲要及相对应的能力指标	一、生活中的重要发明及其对生活的影响 （一）生活中的重要发明 1. 家庭用具 2. 交通工具 3. 传播设备 4. 生产工具 （二）人类从事发明的原因 1. 生活的需要； 2. 问题的解决。 （三）重要发明对生活的影响 1. 使生活更舒适、方便 2. 节省工作、交通的时间与体力 3. 缩短人与人的距离 4. 使知识与消息的传播更快速、准确 二、对智慧财产权的态度 1. 感谢创造发明的人 2. 尊重智慧财产权 3. 拒买仿冒品 三、善用发明与创造发明的能力 1. 妥善利用生活中的各项发明 2. 探究重要发明的原理和原则 3. 发掘生活中需要解决的问题 4. 尝试提出问题解决构想
单元目标	1. 认识生活中的重要发明及其对生活的影响； 2. 表现出尊重智慧财产权的态度； 3. 发展创造发明的能力
具体目标	1-1 能举例说出重要的家庭用具发明 1-2 能举例说出重要的交通工具发明 1-3 能举例说出重要的传播设备发明 1-4 能举例说出重要的生产工具发明 1-5 能说明人类从事发明的原因 1-6 能归纳重要发明对人类的影响 2-1 能对创造发明的人心存感谢 2-2 能尊重智慧财产权 2-3 能拒绝购买仿冒品 3-1 能妥善利用生活中的各项发明 3-2 能探究重要发明的原理和原则 3-3 能发掘生活中需要解决的问题 3-4 能针对生活中的问题提出解决办法

第四节　素养目标课程转化的载体

课程转化是指课程改革理想在各课程层级间的形态变化、传递线索、落实程度。国家人才培养目标核心素养在课程标准、教材、课堂中层层落实的过程就是课程转化的过程。[①]课程标准、教材是课程的重要载体，课程标准设计、教材设计就是培养目标的课程转化的重要环节。培养目标及核心素养需要落实到课程中，通过课程标准、教材这些载体体现出来，并在学校教育教学活动中得以实现。课程标准、教材是培养目标与教育教学活动的中介和桥梁，课程标准、教材能否承载培养目标的指向，是否具备育人功能，关系到教育教学实践的方向以及未来人才的规格与质量。课程标准、教材要坚持"立德树人"这一根本任务，积极探索新时代人才培养目标在课程中的转化。[②]

一、核心素养在课程标准中的转化

课程标准是依据人才培养的时代命题，体现国家意志、凸显学科理念、凝练学科体系的政策性文本，是国家育人方针的学科化表达。学科课程体系不同于学科体系，构建学科课程体系，除了要考虑学科自身的逻辑，还要考虑社会发展的需求、儿童成长的规律等。学科课程的功能不仅是传递学科知识，更重要的价值在于培养人。因此，课程标准的价值在于统筹规划学科课程培养人的必备品质、观念和关键能力、技能等，以形成学科间的合力、学段间的合力。首先，课程标准是培养目标的学科化分解，教材编写、教师课堂教学依据课程标准的理念与内容，可进一步落实培养目标的总体要求，让师生在学科知识的传递中对国家意志、社会价值观念、关键能力精准内化，以学科自身的方式践行立德树人。其次，课程标准统筹规划了 9 年乃至 12 年学科课程发展思路。多版本教材依据课程标准中的学科课程理念与性质选择、设计学科内容，保证不同版本的教材风格各异但目标指向相同。同版本各学段教材之间以课程标准中的学科素养为贯穿的

---

① 吕立杰，李刚. 2016. 核心素养在学校课程转化的层级分析[J]. 课程·教材·教法，36（11）：50-56.
② 吕立杰，李刚. 2018. 人才培养目标的课程转化路径探析[J]. 教育研究，39（12）：56-62.

主线，保证教材整体有序、逻辑衔接、梯度进阶。

（一）课程标准结构串联核心素养

核心素养、人才培养目标与教育目标等宏观性理念观点需要科学合理地渗透到课程标准中，连续性、顺序性、整合性是培养目标在课程标准中转化的线索密码。泰勒（Tyler）基于美国"八年研究"①课程改革的经验提出的课程编制原则给了半个多世纪的课程、教材研制重要启示。课程标准中的素养不是散点地聚合，而是有序、有机地组织，相互之间存在一定的结构关系。素养、目标、能力等在课程标准中不是单一线性地呈现，人发展的综合性、复杂性也超越了学科体系的边界，在不同学科间形成扩散与延展的网状结构，不同学科因应不同的学科特性相互配合、形成合力，给学生以整合的教育影响。

（二）课程标准内容负载核心素养

课程标准是教师设计教学的依据，是学业评价的依据，也是教材编写的依据。课程标准中的内容不是知识点的聚合，而是承载着育人指向的载体，不同的内容究竟可以培养学生哪方面的能力、观念、素养，在课程标准这样的指导性文件中应有设计与提示。对于设计教学的教师、教材编写人员、评价命题人员而言，不可回避的课程元素是课程内容，如果没有纲领性的文件直接规范、提示与内容相对应的育人目标，就需要这些课程标准的使用者在各自的工作过程中自觉地去规定内容的目标功能，不同人员的理解偏差将带来课程实施的成效衰减。抑或是课程的使用者没有自觉、系统地反思教育目的，则核心素养与培养目标形同虚设，教学、考试过程沦为教知识、记知识、考知识的过程。只有课程标准中系统思考并建立负载人才培养目标与核心素养的内容，才有可能使目标在教学、评价过程中得到落实。

二、核心素养在教材中的转化

教材是传输课程内容最主要的途径，也是理想课程最重要的载体。当

---

① 〔美〕Ralph W. Tyler. 2008. 课程与教学的基本原理[M]. 罗康，张阅，译. 北京：中国轻工业出版社：1.

核心素养经由教材达成时，教材便成为中小学教育最后成果的有利推手。[①]无论是对于教学繁忙的教师还是正处在发展阶段的学生来说，高品质且符合国家课程要求的教材都已成为最方便、最重要的工具。然而，在核心素养具体转化到教材层面的过程中出现了两个突出问题：其一，教材只呈现了知识性，并未体现能力与素养。客观来看，有些事实性知识需要凭借记忆，但更多的知识需要经由操作、实验、理解、分析等复杂方式获得。[②]建构主义强调，教学不在于教师如何呈现与示范，而在于如何提供机会让学生建构知识，在建构的过程中实现知识的获得与运用知识解决问题的能力的提高，即所谓既有"带着走的能力"又有"带得走的能力"。其二，教材编写的挑战在于一种素养无法只借由一个单元或一个教学过程而达成，通常需要在不同单元中以不同材料处理素养内涵，同时也要警惕，教材片段往往只是局部体现素养指标中的部分内容，有时未必能够真切落实素养指标中蕴含的知识与过程技能。

因此，教材层面的核心素养转化要着重关注教师与学生的能力和需求。

1）在教师层面，作为教师进行教学设计、组织课堂教学的主要依据，教材设计要为教师的"教"提供适切的依托。第一，教材选择的概念、命题、原理是课堂上师生互动的媒介，教材中提供的练习、实验、情境为教师设计课堂中的练习活动、实验活动、讨论活动、探究活动等提供了素材。第二，如何才能使教师更好地组织课堂活动，教材要对教学活动过程给予指导性提示，即教材设计者要能够对思维过程、活动过程、探究过程进行恰当分解并呈现，帮助教师获得相应的教学策略。第三，教材作为"育"的媒介，需要有综合育人的潜在功能，要能够帮助教师体会、挖掘学科知识背后的思想价值，提供培养跨学科能力的素材。[③]

2）在学生层面，教材的编写要体现学习过程的阶段性，为学习的发生提供支架，为深度学习提供助力。第一，教材编写的基本逻辑应与学生的认知发展规律具有内在一致性，依据儿童认知发展的阶段性特征，或进阶或螺旋上升地排列教材内容。儿童的认知特点、阅读习惯和审美需求决定了各学段教材有不同的呈现方式与风格特征。第二，教材编写要考虑学习得以发生的情境脉络。学习的发生过程是在情境中延伸经验、扩展及内化新知的过程。教材提供的情境能与学习者过去的知识串联起来，调动学习者的前概念，让学习者在情境中将新知的迷思与过去的经验"对质"。第

① 林郡雯. 2018. 几个关于以核心素养为导向的课程转化问题[J]. 中等教育，69（2）：40-56.
② 周淑卿. 2013. 课程纲要与教科书的差距——问题与成因[J]. 课程与教学，16（3）：31-58.
③ 吕立杰，李刚. 2018. 人才培养目标的课程转化路径探析[J]. 教育研究，39（12）：56-62.

三，教材应成为学生探究活动的指导。围绕新知，教材设计者可设计大量有深度、有广度的探究活动，教材中呈现的是探究活动的素材及关键步骤的要求，并为每一步行动的结果留白，让学习者在与教材文本的互动过程中产生有深度、有广度、有指导的探究学习。因此，教材承载的核心素养要求必须是经过系统转化的。

（一）核心素养在教材中的中介性转化

教材是课堂上教师设计教学活动的依据，是学生展开探索活动的"地图"，教材要承载、体现培养目标，但并非直接陈述这些目标的意图。核心素养是抽象的，需要通过各种内容要素的配合体现出来，以指导课堂活动、学生学习活动，最终实现目标。例如，思想的培养、价值观的养成是观念认知、情感共鸣、行动后体悟等共同作用的结果，教材的作用在于呈现可以承载认知、共鸣、体悟的素材，这一素材就是中介，故事就可以是这样的中介。这个故事应是学生熟悉的、生活中普遍存在的，同时故事情节可以引发其对明确的某一思想或道德信条的思考，而结论的判断则具有两难性。教材的编写不在于如何直接表述这些目标性道德条目，而是挑选、撰写出有承载力的故事。经由这些素材，学生在教师的帮助下辨析熟悉的生活事件，对比不同价值主体的诉求，从而厘清自己的价值观、学习价值建立的过程。再如，合作能力的形成不是简单地提出合作的要求就可以实现的，合作的前提是有目的的群体活动，是明确的分工。探究活动是形成合作能力的中介。依据单元内容设计探究活动，编写者应预设完整的探究过程，活动中处理的问题是单元内容的认知关键点，通过教材提示与留白，小组内分工收集资料，对比资料、行动记录，让文本引领学生的活动，在活动中合作，在合作中得出结论，在研讨、反思中建构新知。学生在这一过程中学会了探究方法，养成了良好的思维习惯，具备了合作能力。

（二）核心素养在教材中的多形态转化

不同学科可以有同样的核心素养，但因为学科特质不同，对某种思想、观念的呈现力不一样。可以把核心素养作为学习内容的背景呈现，或是散点状渗透，或是连贯的线状系统呈现，抑或知识与行为体验相互交错的立体形态等，从而对学生的认知、情感、行为意向等产生不同影响。简单来讲，同样的核心素养，在教材中可以有多形态的表现。例如，弘扬中华优秀传统文化这一素养在教材中的转化方式可以有多种形态：可以替换数学例题中的情境，用中国传统数学的"鸡兔同笼""以绳测井"，将文化元素作为学习内容的背景呈现；可以不改变主题内容，在语文、地理等教材的正文中提及中国古代四大发明、历史名人等名词，文化元素呈现散点状分布；也可以将唐诗、宋词、元曲、明清小说等不同时期中国文学的成就以教材内容主体的形式贯穿始终，形成文化元素的线状呈现形态；还可以在地理教材的练习中，要求学生收集自己曾游览过的中国各地名胜古迹的照片、图片、相关故事，展示、交流，感受、体验中华文化的厚重与丰富，形成与地理学科内容之间的相互交错的立体形态。

（三）核心素养在教材中的聚焦式转化

近些年，科学教育领域提出的"大概念"（big idea，也有人将其翻译成"大观念"）是核心素养在教材中转化的一种聚焦式思路。用科学观念的大伞，将该科学观念得以产生的信息、知识、技能等内容进行体系化覆盖与统整式处理。大概念是联结核心素养与教材的桥梁，是将宏观素养要求聚焦在教材中的锚点。首先，它是素养的一种具体表征，是以事实、知识为基础的态度、价值观、思维方式参与其中的高阶认知。[1]其次，大概念下有明确的知识、技能等内容体系，可以借助相关学科的内容范畴及逻辑顺序选择、编辑、有机地组织，统整学习历程。在教材设计中引入大概念理念，有助于学生通过对大概念的理解和运用把握该学科的关键脉络，同时简化内容体系中烦琐的知识点，减少内容量，纠正繁难、偏颇、陈旧等课程顽疾。以大概念思想促进培养目标的聚焦构建，明晰了教材体系设计的总体思路，可以借助大概念群组成的教材内容网络形成科学观念的联结体系。例如，以科学教育中的生命周期为例，学生在学习过程中可能会了解蝴蝶这一特定生物体四个发育阶段的具体内容。当父母问孩子在学习什么的时候，其可能只会回答说在学习蝴蝶的发育阶段，却没有意识到所有的生物都有一个由出生、生长、繁荣和死亡组成的生命周期这一科学大概念。繁冗的知识碎片掩盖了整个科学学习历程中的关键点，而使用大概念可以聚焦教材中的培养目标，避免内容繁复，进而重新构建学生核心素养的生成进程。

---

[1] Wiggins G, McTighe J. 2005. Understanding by Design[M]. Exp. 2nd ed. Alexandria: Association for Supervision & Curriculum Development: 66-78.

（四）核心素养在教材中的多层次转化

学生真实生活的世界是复杂与多元的。与之相应，核心素养也是综合与丰富的，包括知识、技能及价值等多方面的指向。因此，教材要让学习者与文本实现多层次互动。对于同样的单元内容，可以有多层次目标的设计。首先，教材要对学科内容进行清晰的表达，任何一个核心素养的起点都基于基础性的概念、知识与技能，技能须通过练习、实践习得，这些都是教材可呈现的工具性层面。其次，对于同样的学科内容，可以通过资料阅读、探究活动、研讨活动等设计，培养学生的学科思维与跨学科能力。此外，阅读、活动之后进行的体验和反思，可以帮助学习者思考个体价值、社会价值、历史价值。这些都应成为教材中有设计、有意图的"潜在课程"。例如，德国小学数学教材中的统计部分，先通过比萨饼的情境让学生回顾分数的含义，进行基础运算的练习；之后是活动设计，学生分组在全班进行调查，在班级生活中发现数学问题、收集信息、制作问卷、记录信息、整理资料，获得资料后，学生使用调查活动的结果，学习本单元核心数学知识，包括如何制作划记表、统计频率、制作多种统计图；接下来是数学知识的应用，应用的情境非常广泛，在地理、经济、天文等与科技、生活相关的领域使用习得的统计知识；最后是分层次水平测试。从教材的设计中我们不难看到，数学统计知识被统整在一个多层次的目标范畴中，问题解决、合作能力、财经素养等贯穿在数学知识、技能的形成与训练中。同时，在数学应用练习中，真实、复杂、有难度的素材使学生在练习新知的同时深切体会到了数学知识对于科技与生活的价值，从而领悟到新知的意义甚至数学的意义。不难看出，教材设计者的设计目标层次清晰、丰富多元。

保障教材质量，保证教材的方向性、科学性、适切性等是教材建设的核心议题。在教材编写过程中，教材编写者应吸收新时代人才培养目标的新要求、新结构，探索核心素养在教材中系统、科学地落地、转化的方式。教材建设的管理者要统筹规划，保证各学段、各学科教材能系统、有层次、整合地体现培养目标。教材编写者不仅要有明确的思想方向，有对学科本身高屋建瓴的把握，还需要研究教材编写的规律，尤其是为青少年儿童编写的教材应尊重其年龄阶段特有的成长规律。这是提升教材质量、实现核心素养、培养目标与教育目的最根本的专业化保障。

第三章
学校层面核心素养的转化路径

　　核心素养是学生应具备的，能够适应终身发展和社会发展需要的必备品格和关键能力，以全面发展的人为核心，分为文化基础、自主发展、社会参与三个方面，综合表现为人文底蕴、科学精神、学会学习、健康生活、责任担当、实践创新六大素养。核心素养的总体框架及其基本内涵呈现了新时期国家对于学生培养的基本要求。核心素养理念的落实是一项长期而艰巨的任务，是一项复杂的系统性工程，学校层面核心素养的落实尤为重要。[①]基于核心素养的课程转化研究能够为核心素养的具体实施提供循序渐进、严谨有序的思路，能够在取向和方法上给予参与人员更为精细化的指导和帮助，是核心素养引领课程改革的内生动力，是核心素养从理论到实践的纽带和桥梁。[②]

　　在学校层面，学生核心素养主要经历了从文件课程到理解课程、运作课程及经验课程的转化。这一过程中需要学校进一步明确课程标准及教材设计中承载的育人目标与素养要求、学校课程结构凸显的学生核心素养培养的均衡性与综合性、进行课堂教学设计时积极指向学生学科观念与思维

---

① 李刚，吕立杰. 2017. 课程转化的校域实践：核心素养落实的一种分析框架[J]. 现代教育管理，（9）：64-69.
② 李刚，吕立杰. 2017. 课程改革中的课程转化向度及分析[J]. 教育科学研究，（11）：12-18.

能力、校本课程开发过程中对学生个性的关注及学生学业质量评价标准制定时对学生素养多元性与发展性的重视。

第一节 学校课程结构：凸显均衡性与综合性

学校层面课程转化的第一个层级是基于学生核心素养的学校课程结构实现从意向到计划的转化，即从办学理念到学校课程计划的转化，转化之后获得的是学校规划的课程结构。逻辑思路是从学生发展素养出发，围绕学生核心素养的结构规划学校的课程结构，这是将理念分解为具体实现路径的思路，是让教育手段体现学校办学意图的思路。[①]

一、现实转化中存在的问题

尽管学校会在建立课程体系时酌情考虑学生的能力水平与考试评价的要求、学生未来发展需求等，也会借助于学校的传统仪式或活动课程予以实现，但是更应该将这些需求融入学校课程结构的主体思路中，从学校教育的根本使命和价值诉求出发构建课程。[②]2011 年义务教育各科课程标准颁布以来，很多学校都做出了努力，开设了很多校本课程，也形成了完整的学校课程计划，但是通过分析发现，一些学校在规划学校课程的时候存在一些问题。

（一）按照课程的现实功能规划课程

很多学校的课程体系是按照现实功能或者课程来源堆砌在一起的。例如，某校课程体系分为基础课程、拓展课程、德育课程、特长发展课程、大学先修课程，其中，基础课程是国家必修课程，拓展课程是围绕高考的选修及强化延伸部分，德育课程是传统的仪式教育以及新开设的生涯规划教育、劳动教育等，特长发展课程是指艺术体育特长课程以及竞赛、社团活动等，大学先修课程是指为申请国外大学而预修学分的课程。从开设的门类来看，课程内容较为丰富，但是这种课程归类方式与学校的办学理念

---

① 吕立杰，李刚. 2016. 核心素养在学校课程转化的层级分析[J]. 课程·教材·教法，36（11）：50-56.
② 吕立杰，李刚. 2016. 核心素养在学校课程转化的层级分析[J]. 课程·教材·教法，36（11）：50-56.

之间不存在一以贯之的整体思路，也体现不出学校办学理念如何在学校落实、如何通过教育的途径实现培养学生核心素养的诉求。

（二）按照课程的管理层级规划课程

有的学校的课程是按照国家课程、地方课程、学校课程的层级划分的，或者归为国家课程、地方及学校课程。这种划分能看出学校为课程开发所做的工作，但还是不能用结构化的方式表明开设课程的思路、预期的功能、为什么要开设这么多的校本课程、是要培养学生的哪类知识与能力、哪些课程是为什么类型学生开设的等。

（三）根据工作分工规划课程

有的学校按照校内工作管理的体系规划课程体系，比如，将课程划分为国家课程、德育课程、社团课程、教师课程，其中，教师课程指的是为学校教师专业发展开设的培训课程。这个课程体系是按照学校管理中的教学管理、德育管理、社团管理、教师管理部门工作划分的课程类型，虽然便于与管理者开展工作对应，但是课程的价值指向不清晰。该课程计划存在两方面问题。一方面，教师课程不适合被纳入学校课程计划中。学校课程计划是学校办学理念、培养目标的实现途径，学校的教育主体是教师、校长，学校的教育对象是学生，课程体系是针对教育对象——学生的发展而言的，所以教师课程应在学校规划中另行安排。另一方面，其他三类课程之间会存在内容重复的问题。

二、学校层面核心素养课程转化建议

学校课程规划既要结合现有的课程基础，也要思考办学理念、育人目标的要求，将已经开设并有很好基础的课程融入办学思路的体系中。"运用更系统且能永续的转化型方式尤其重要，那是能将学习经验和课程目标运动改变的方式。"[1]因此，这个课程体系应该是结构化的，以学生核心素养的诉求作为规划课程体系的依据，以学生核心素养体系作为模板，去集合、整理学校课程结构。

---

[1] Schwab J J. 1973. The practical 3: Translation into curriculum[J]. School Review, 81(4): 501-522.

（一）建构学校素养体系与课程类型二维图表

1. 构建学校素养体系

学校课程体系结构的建构与整理要考虑以下两点：第一，旨在达成核心素养的学习的领域。在国家高中课程八个领域的基础上，依据学校诉求的学生核心素养体系，形成"共通+特色"的课程内容领域，比如，人文素养、科学素养、艺术素养等共同素养加上生存能力、领导能力等学校特色类课程领域。第二，学校课程结构还要考虑一个维度——课程类型，比如，按照知识、能力的类型与融合的程度分为延展课程、拓展课程、整合课程、探究体验课程、自主课程。素养，尤其是基本素养、核心素养，是整合了知识、技能、态度等的品格与能力。课程类型不同，素养培养的功能也不同，综合性的知识体系以及融合了知识、技能、态度的探究经验，能更直接地促成素养的产生。

2. 课程类型二维图表

上述两个维度可以形成一个二维图：在纵向维度上，这个课程体系阐明了课程指向的学生核心素养内容类型；在横向维度上，其并不截然区分国家课程与校本课程，基础课程中也会有国家课程校本化处理的内容。但是，从左向右学校自主开发的含量逐级递增，同时课程实现的方式逐渐开放、综合，当然有些综合一定是跨学科领域的综合。学校所有的课程都划归这样的结构，有利于学校的教育主体——校长与教师反思自己提供给学生的课程内容是否均衡，是否反映了自己办学意图，以便改善偏差，增补缺失，延续合理。同时，可以给每个想要了解学校的相关人员提供一个清晰的课程地图，以体现学校课程的依据是什么、沿着某些实施路径可以培养学生哪方面的素养。

（二）注重学生共通素养与个性素养转化

学校层面的课程转化还应注意，要基于学生核心素养的学生发展规划实现共通到个性的转化。学生核心素养是学校提出的对学生发展的诉求，也是学校希望每个学生都应拥有的素养。共通素养不是说每个学生都获得均等水平的素养或同一素养，不同的学生会有不同的实现途径。学校课程的价值还在于将共通素养转化成适应学生特征与需求的个体素养体系。共通素养转化成个性化的素养体系要关注如下问题。

1. 落实课程的选择性

在新课程改革中，高中课程在文理分科的基础上增加了选修模块，以适应不同学生对课程的不同需求，高考制度调整后不再分文理科。对于高中学生来讲，他们原则上可以自由组合自己学习的科目，这对学生核心素养倾向性的关照又深入了一步。在我国香港地区的新学制课程中，除了传统的科目如化学、历史等，为了满足不同学生的需要，还增加了应用学习课程，包括以下六个学习范畴：创意学习，媒体及传意，商业、管理及法律，服务，应用科学，工程及生产。我国内地的高中学校可以以校本课程的形式为学生提供该类课程。对于高中学生来说，每人有不同的课程菜单是满足学生核心素养倾向性的主要途径，同时即便是相同的素养，不同的学生也可以通过不同的课程达成。

2. 分层次教学

分层次教学不仅是指将学生按照学习的水平能力分成班级或小组施以不同的教学内容，可以在教学中对于同一内容，针对学生的认知倾向、兴趣特征、经验特征，提供不同的表征方式、教学活动形式，还可以调整学习任务的顺序、学习步调和时间，根据不同科目或不同内容变换学生小组成员，要求、引导学生用多样化方式表达学习、研究的成果，给某部分学生更多的称赞，对于不同的学生给予不同的奖励等。

3. 提供学生支援系统

随着高中教育的普及，高中教育的功能与特征将会发生变化，会更加强调教育过程的公平性。社会学家罗尔斯（Rawls）著名的社会公平三原则强调[①]，在以平等作为第一原则的基础上，同时强调对差异的尊重、对短缺的补偿。高中教育的发展除了关注学生核心素养类型的差异，还要关注学生核心素养水平的差异，对于学业困难、发展障碍的学生给予个别化的支援。我国现有的学校制度中缺少个别课堂这一类型，也缺少特殊指导教师的体制。要建立这种体制，需要学校在教师数量及专业性资源丰富的基础上，对师资结构、教学管理上做出相应的调整。

---

① 〔美〕约翰·罗尔斯. 2009. 正义论（修订版）[M]. 何怀宏，何包钢，廖申白，译. 北京：中国社会科学出版社：50-57.

三、转化路径探索与实践应用

核心素养在学校层面的转化可称为课程转化的校域实践（curriculum transformation in the school，CTS），该实践是落实国家课程改革理念的有效工具。课程转化的校域实践是课程转化在学校水平的运用，是一项复杂的、系统的、基于现场的课程转化研究，其着重探讨正式课程（例如，课程标准）经过校长、教师等的理解和诠释之后，以课程、教学等各种措施为媒介，转化为学生经验课程的历程。课程转化的校域实践要达到的最终目的是促进核心素养在学校水平的高效落实。课程转化的校域实践为缩小核心素养在落实上的差异提供了一种分析框架，提供了一种较为可行的、科学合理的核心素养在学校中的落实路径，为发展水平较高的学校提供了参考，为发展水平一般的学校提供了指引，为发展水平较低的学校提供了改进策略。[①]

课程转化的校域实践分析框架则成为课程理念在学校层面落实的指导手册，是学校进行课程转化的操作说明。从整体性出发，课程转化的校域实践分析框架需要在学校层面上明确回答课程理念的落实路径、课程理念的落实策略、课程理念的落实支撑以及课程理念的落实效果四个问题，与其对应的则为路径目标分析、策略工具分析、要素支撑分析和效果评价分析四个功能系统，形成由无序走向有序的，由低级有序走向高级有序的自组织系统，不断复杂化和精细化。其体系结构如图 3-1 所示。

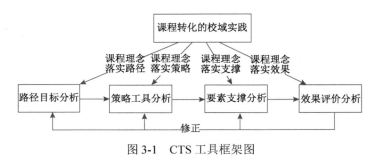

图 3-1　CTS 工具框架图

资料来源：李刚，吕立杰. 2017. 课程转化的校域实践：核心素养落实的一种分析框架[J]. 现代教育管理，（9）：64-69

其中，分析框架中的路径目标分析是课程理念融入校域实践的分析与

---

① 李刚，吕立杰. 2017. 课程转化的校域实践：核心素养落实的一种分析框架[J]. 现代教育管理，（9）：64-69.

解剖过程，策略工具分析是课程理念具体实现的方式方法，要素支撑分析是保证课程理念顺利落实、课程转化顺利进行的影响要素，效果评价分析则是对整个课程转化效果的判断与反思，四个功能系统共同构筑起了课程理念在校域实践的课程转化分析框架。

（一）路径目标分析

目标管理理论（management by objective，MBO）认为，设定具体而清晰的目标能够指引个体及组织注意并努力趋近与目标相关的行动，成为团体的内在推动力，不断唤起参与者各方面的知识和策略，最终达成目标。路径目标分析是课程转化校域实践的内在动机，路径分析关系到核心素养落实的具体指向，目标设定则会直接影响到实践过程及实践效果。

1. 课程转化校域实践的总体目标

课程转化校域实践的总体目标是核心素养在学校水平的落实，其包含课程转化的三个路径：理念课程到正式课程的课程转化、正式课程到知觉课程的课程转化、知觉课程到运作课程的课程转化。

2. 课程转化校域实践的分目标

课程转化校域实践的分目标包括三个层级：一是学校课程规划中的课程转化目标；二是教师目标设计中的课程转化目标；三是教师课堂教学中的课程转化目标。[①]其中，学校课程规划中的课程转化目标是指从核心素养理念、学校办学方案到学校课程计划的转化，是从教育理念、育人理念向系统、条理的学校课程体系的转化，转化之后获得的是学校课程结构，也是学校的课程图谱。[②]

（二）策略工具分析

策略工具分析是课程转化校域实践的运行机理，提供了学校课程规划达成的方式方法，为后续实现从理论到实践的转化提供了衔接桥梁。学校课程规划中的课程转化是指将核心素养融入学校课程规划中，其表现形式以校本课程为主，活动、讲座为辅，主要基于班克斯的四种课程转化策略。

---

① 吕立杰，李刚. 2016. 核心素养在学校课程转化的层级分析[J]. 课程·教材·教法，36（11）：50-56.
② 后两部分，即教师教学目标设计及课堂教学落实教学目标部分将在后文详细阐述，此处不再赘述。

班克斯基于多元文化教育视角提出了课程转化的四种策略，简明扼要，影响深远，经过改造后逐渐被引入课程与教学研究领域中，包括贡献方式、附加方式、转化方式和社会行动方式。[①]

1. 贡献方式

贡献方式是指将某一先进的核心素养通过讲座、展览、文化活动等让学生接触理解，从而融入现行主流教育中，其简单易行、方便快捷。就小学科学素养的培养而言，可举办物理学家人生讲座、科技文化节等科普活动。

2. 附加方式

附加方式是指在不改变现有课程结构的基础上，以一本书、一门课或一个单元的形式将某一核心素养的内容、观点附加到课程中，主要表现形式是校本课程，校本课程是在学校层面将目标纳入核心素养的主流途径。就小学科学素养的培养而言，可印发"3D 打印技术手册"等新兴科学技术手册。

3. 转化方式

转化方式是指基于某一核心素养对现有课程的基本目标、基本结构和基本性质进行重新规划，使不同文化背景、学习背景的学生都能够共同参与学习讨论。转化法需要大幅调整课程结构，基于我国三级课程管理体制的现实情况，学校独立进行课程规划尚有难度，但是从国家层面制定出科学合理的顶层设计，自上而下地再进行落实，就相对容易一些。以小学科学素养为例，历经十余年，《义务教育小学科学课程标准》于 2017 年颁布，该课程标准旨在将最新的核心素养理念融入课程之中。

4. 社会行动方式

社会行动方式是指在社会环境中找寻与核心素养一致的问题或争议，分析可能的解决办法并付出行动，使学生成为社会背景下的反思者、批判者、参与者与行动者，多以主题项目形式出现。从小学科学素养的培养来看，在培养学生科学、技术、工程与环境方面的素养时，可以积极找寻社会中的环保主题项目等。

---

① 李刚，吕立杰. 2017. 课程转化的校域实践：核心素养落实的一种分析框架[J]. 现代教育管理，（9）：64-69.

（三）要素支撑分析

要素支撑分析是课程转化校域实践持续运行的保证，强化核心素养的课程转化校域实践效果，主要是外部环境的创设和内部要素的提升，即从创设多元的支持环境和提升教师的转化意识两个方面入手，如图 3-2 所示，详细内容将在第六章具体阐释。

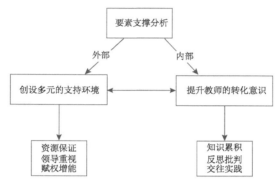

图 3-2 要素支撑分析

资料来源：李刚，吕立杰. 2017. 课程转化的校域实践：核心素养落实的一种分析框架[J]. 现代教育管理，（9）：64-69

（四）效果评价分析

效果评价分析是课程转化校域实践的重要组成部分，精确描述校域实践效果与水平需要确立科学合理的评价标准，构建系统完善的评价体系。课程转化的校域实践是持续性、渐进性的深入过程，过程诊断与终结评价都十分重要，基于可观察的学习成果结构（structure of the observed learning outcome，SOLO）分类理论建立的评价体系，能够对课程转化校域实践进行科学描述。[①]

SOLO 分类评价体系是由教育心理学家比格斯（Biggs）和科利斯（Collis）基于皮亚杰（Piaget）的认知发展阶段理论提出的学习质量等级描述评价模型，其核心思想在于根据具体任务的结构复杂性程度来解释和描述认知发展水平，并将其分为五种结构——前结构、单点结构、多点结构、

---

① 李刚，吕立杰. 2017. 课程转化的校域实践：核心素养落实的一种分析框架[J]. 现代教育管理，（9）：64-69.

关联结构、拓展抽象结构。[①]据此，从划分参照、水平描述、类型分析三个维度来对课程转化校域实践进行效果评价。

1. 划分参照

SOLO 分类理论依据反应表现进行等级描述，因此需要确定表征本质，将其作为水平划分的参照。课程转化校域实践主要表现在学校课程规划的课程转化上。由此，结合 SOLO 分类理论的方法，以课程转化校域实践的表征要素为标准进行课程规划的水平描述。

2. 水平描述

1）前结构。课程规划或者按照现实功能堆砌，或者按照管理层级分设，或者按照工作分工管理，使得课程之间没有清晰的结构思路，内容重复，缺乏一贯性脉络。

2）单点结构。学校课程规划能够结合现有课程基础并体现核心素养的要求，使得课程规划更加符合国家建设需要，但是执行生硬，没有结合当地发展水平与学校具体情况。

3）多点结构。学校课程规划既有效结合了现有课程基础，同时也纳入了核心素养的要求，但是执行起来无法有效融合，相互割裂，没能建立起有效的联系。

4）关联结构。学校课程规划基于课程基础、核心素养与办学特色等多方面考量，形成了完善、科学的结构体系。

5）拓展抽象结构。学校课程规划已经形成独具特色的课程模式，并且能够跟随时代发展进行有序调整。

3. 类型分析

课程转化校域实践包括三个表征要素，即课程规划、教学目标与教学过程。根据其不同的水平描述，我们可以将课程转化的校域实践发展水平分为三个层级类型，即独立跃进式、阶梯渐进式与齐头并进式。

1）独立跃进式是指在课程转化的校域实践中，只有一个表征要素发展水平较高，而其余要素几乎完全没有取得明显的成效。该类型往往出现在发展水平较低的学校中，因为师资等资源的不足，限制了其全面发展与进步。

---

① Biggs J B, Collis K F. 1982. Evaluating the Quality of Learning: The SOLO Taxonomy[M]. New York: Academic Press.

2）阶梯渐进式是指在课程转化的校域实践中，三个表征要素处于不同水平，有的实践效果水平较高，有的实践效果水平较低，使得学校课程转化呈现阶梯式。该类型往往出现在发展水平一般的学校，这类学校还处在不断地调整和成长中。

3）齐头并进式是指在课程转化的校域实践中，三个表征要素几乎处于同一水平，以统一步调稳步推进为特征。该类型往往在发展水平较高的学校中出现，这类学校大多已经拥有成熟的发展体系。

一般而言，阶梯渐进式类型出现频率较高，齐头并进式类型次之，独立跃进式类型并不常见，而达到高水平的齐头并进式课程转化校域实践是最终的目标和期望，这就需要整个工具框架共同发挥作用，实现跃进和发展。实践应用层面具体可参见辽宁省实验学校张丽文校长带领学校成员进行的课程转化校域实践探索。[①]

第二节　校本课程开发：关注个别性与补偿性

素养强调多方面的学习，课程设计旨在将核心素养适切地转化并融入课程之中，兼顾学习内容、学习过程与学习表现。为了培养学生的素养，学校教育不再只以学科知识作为学习的唯一范畴，而是要彰显学习者的主体性，重视学习者能够运用所学在生活情境中发展校本课程，聚焦规划跨领域素养导向的特色校本课程。[②]

人与生俱来是一个丰富的生命体，具有多方面的才能和禀赋。教育的个性化是世界各国共同追求的目标，是社会发展和人类进步的引擎和动力。校本课程开发的价值就在于提高课程的适应性，促进学生的个性成长。校本课程建设为学生个性发展提供了更多的时间和机会。从建构主义理论的视角来看，任何课程超出学生的个性和能力，都将是无益的。[③]学校应当给每一个学生表现和发挥个人才能的空间，如果不能给学生提供足够的自由支配的时间和机会，那么关于人才培养的各种观点都将成为空谈。因此，校本课程的设置要从学生的兴趣、爱好出发，尽可能提供多样化的课程，

① 张丽文. 2018. 课程转化的视角：校本化落实核心素养的思考与行动——以辽宁省实验学校为例[J]. 现代教育管理，（8）：124-128.
② 林志成. 2018. 素养导向特色学校发展之实践与建议[J]. 学校行政，（118）：111-125.
③ 王淑芬. 2018. 校本课程建设的困境和路径[J]. 课程·教材·教法，38（6）：105-110.

使每个学生都能在他们丰富多彩的学习活动中感受到生命的力量，找到自己感兴趣的事情，体验到情感上的满足，从而愿意成为最好的自己。此外，教师还要根据学生所处的学习阶段，提供与其心智发展水平相当的课程内容，注重培养学生应对变化的能力，将教育的重点放在如何提高学生解决实践活动中的问题的能力和经验上。

一、素养导向的校本课程开发学理分析

（一）核心素养与校本课程的内在逻辑分析

1. 核心素养引领校本课程的开发

核心素养内在地规定了校本课程开发的目标、方向及内容范畴，进一步明确了教育究竟需要培养什么样的人，即围绕培养学生的"文化底蕴、科学精神、学会学习、健康生活、责任担任、实践创新"六大素养组织开展校本课程的开发与实施。核心素养预设了校本课程开发过程中对"人"与"社会"的关注。核心素养关注的是学生及其生活的社会，在校本课程的开发与实施中，不能脱离学生个体及其所处的真实世界。"核心素养导向下的校本课程是要让学生生活得更好，而不是使其'人之为人'的本性不自觉地消失在人们美妙的谎言或口号之中。"①

2. 校本课程反作用于学生核心素养的发展

1）校本课程促进了学生文化底蕴的形成。校本课程开发不仅对学生参与课程开发的行为进行了规定，还给予学生根据个体需要对课程内容进行选择和组织的权利，因此校本课程内容承载的文化经验更切合学生的实际需要，更容易被学生已有的文化认知图式同化。②

2）校本课程促进了学生个性化的自主发展。学生在参与校本课程开发的过程中，不仅会根据自己的兴趣爱好和实际需要对校本课程开发的内容提出要求，还会根据自己在校本课程开发过程中的任务完成情况，如搜集、整理和组织资料等，对校本课程的最终形成产生作用。在这个过程中，学生学会了如何学习，形成了积极主动的学习态度。此外，校本课程有助于学生的社会参与，促进学生实践能力与创新能力的提升。

---

① 杜尚荣，王笑地. 2017. 基于学生发展核心素养的校本课程开发：内涵、特征及原则[J]. 中小学教师培训，（8）：42-46.
② 林志成. 2018. 素养导向特色学校发展之实践与建议[J]. 学校行政，（118）：111-125.

（二）素养导向的校本课程开发建议

基于上述分析，首先，素养导向的校本课程开发要充分考虑学生发展的共性与个性，努力实现学生基本要求与个性需求得到双重满足。学生核心素养的发展既是共性素养的发展，也是对自身个性化需求的发展。因此，校本课程开发要在培养学生展现自我、适应社会这类基本素养的基础上努力实现素养与学生个性需求的有机统一。其次，要遵循课程类型与学生素养相统一的原则。学生发展的核心素养不能简单地与课程开发形式一一对应，或者简单地把对学生核心素养的培养绝对地归结于单一的国家课程或单一的校本课程，更不能简单地认为校本课程只是培养学生一些非核心的素养。实现学生核心素养培养的途径是多样的，要积极利用并合理规划国家课程、地方课程和校本课程以培养学生不同核心素养的发展。[①]最后，校本课程的开发要提倡多元主体共同参与，形成教师主导与学生自主合作参与的新型开发模式。校本课程建设是学校依托校情、师情、生情，自主研发、实施并进行评价管理的过程。[②]校本课程开发要充分发挥教师和学生的积极性和主动性，不仅对培养学生核心素养具有积极性意义，同时学生在参与课程开发的过程中努力参与、团结协作、积极发挥自身效用，能在实践中促进学生自身的想象力与创新力的不断提升。

二、素养导向的校本课程开发实践探索

（一）校本课程案例分析 1：国家认同教育校本课程开发

学校是开展国家认同教育的主要阵地，课程是进行国家认同教育的最佳选择，深度开发与设计国家认同教育校本课程是解决国家认同危机、构架国家安全基础的一项重要举措，对于培养当代中小学生的国家认同感、归属感和使命感意义深远。[③]

1. 国家认同教育校本课程的目标

国家认同教育校本课程的目标如下：让学生了解我国国体政体、传统文化以及核心价值等基本内容；在主动探究和具身体验的基础上，让学生

---

① 杜尚荣，王笑地. 2017. 基于学生发展核心素养的校本课程开发：内涵、特征及原则[J]. 中小学教师培训，（8）：42-46.
② 刘启，黄娟. 2013. 从儿童发展的角度思考中小学校本课程建设[J]. 中小学教师培训，（9）：40-42.
③ 李刚，吕立杰. 2018. 国家认同教育校本课程的深度开发与设计[J]. 基础教育，15（1）：62-73.

形成身份意识、归属意识及其国家意识；能够从国家统一、和平发展的视角思考问题，具有自觉捍卫国家利益、主动弘扬国家传统、坚决拥护党的领导、为实现中国梦而不懈奋斗的信念和行动。具体而言，应该从"双基"层、问题解决层、学科思维层三个维度设计小学阶段国家认同教育的具体目标。

2. 国家认同教育校本课程的内容

国家认同教育校本课程的内容包括七大关键要素、三大学习领域，七大关键要素为地域认同、身份认同、语言认同、民族认同、文化认同、历史认同及行为认同，三大学习领域为国情常识教育、多元文化教育和社会主义核心价值观教育。

3. 国家认同教育校本课程的组织

国家认同教育校本课程组织设计采用"主题综合-螺旋契合"组织模式（表 3-1）。

表 3-1　国家认同教育校本课程"主题综合-螺旋契合"组织模式

"厉害了我的国"	主题综合	螺旋契合
一年级	国家符号	初段：认识我的国
二年级	国家宝藏	
三年级	国家记忆	中段：了解我的国
四年级	国家安全	
五年级	国家形象	高段：热爱我的国
六年级	国家梦想	

4. 国家认同教育校本课程的实施和评价建议

1）国家认同教育校本课程的实施建议围绕"六个基于"（基于理性、基于体验、基于反思、基于涉身、基于社区、基于媒介）的国家认同教育展开。

2）国家认同素养评价建议（兼论学生核心素养水平的评价建议）设计为核心素养的三维立体评价空间（图 3-3），即多元的评价（multiple evaluation，ME）、适切的评价（suitable evaluation，SE）、可见的评价（visible evaluation，VE）。

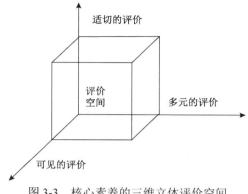

图 3-3　核心素养的三维立体评价空间

资料来源：李刚，吕立杰. 2018. 国家认同教育校本课程的深度开发与设计[J]. 基础教育，15（1）：62-73

（二）校本课程分析 2：基于校训的校本课程开发

校训是对核心素养的校本化解读，是核心素养（学生素养）校本转化的结果，代表了学校师生的精神追求。有研究者以宁波市海曙区镇明中心小学（以下简称 Z 校）为例，主要做了三方面的工作：一是依据校训建构学校课程框架；二是基于育人目标设计校本课程结构与类型；三是针对课程目标编制校本课程纲要。[①]

1. 解读校训

解读校训意在通过"镇心"（镇心向善、明智崇健）实现"三明"（明德、明智、明健）。据此，以"三明"结构统摄学校全部课程，形成总的课程框架（图 3-4）。其中，基础性课程是指国家和地方规定的统一学习内容；拓展性课程是指学校提供给学生自主选择的学习内容，包括综合实践活动、校本课程和学科拓展。也就是说，解读校训即将校训转化为课程功能，进而规约和涵盖三类课程。

2. 细化校训

Z 校进一步细化校训在"三明"上的具体指向，明确育人目标，聚焦"敦厚、明智、健康"。其进一步分析每项目标需要怎样的校本课程类型支持，提炼出校本课程总目标，分别是：实践磨炼，修"敦厚"之品；知行合一，成"明智"之事；体艺融通，做"健康"之人。以此目标为导向，

---

① 郑东辉. 2018. 基于校训的校本课程开发个案探究[J]. 课程·教材·教法，38（10）：131-136.

生成六大校本课程类型，具体为礼仪实践、主题活动、人文修养、科学探索、生活技艺、运动健康。每两类课程对应一项素养，如礼仪实践、主题活动对应"敦厚"。每类课程下设的课程数量和内容取向综合三方面因素确定：一是了解教师根据自身特长和能力可开设的科目，理清学校已开设的各类校本课程（包括由教师选择学生而组成的兴趣小组和社团），分别归入相应的课程类型；二是调查学生的兴趣爱好和课程需求，了解已经、能够和可能开设的受学生喜欢的校本课程类型与数量；三是细化"敦厚、明智、健康"的内容要素，"敦厚"包括诚实、知礼、宽厚，"明智"内含明理、善思、巧做等要素，"健康"涵盖心善、体健、艺美，以此作为课程选择的标准，并参照学校条件对拟定的校本课程进行筛选，确定最终的课程门类。

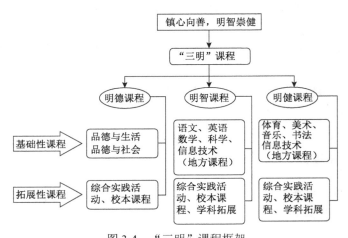

图 3-4 "三明"课程框架

资料来源：郑东辉. 2018. 基于校训的校本课程开发个案探究[J]. 课程·教材·教法，38（10）：131-136

3. 围绕九个要素开发每门课程的纲要

校本课程没有课程标准，需要设定相关目标才能设计出适切的课程纲要。相关目标来源于育人目标中的九个要素（诚实、知礼、宽厚、明理、善思、巧做、心善、体健、艺美），教师编制校本课程纲要就要以此为据，将对应的素养具体化为课程目标，再围绕目标设计课程内容，并开始实施与评价。

此外，还有许多优秀校本课程开发案例，如"高中生涯规划教育校本课程开发"[①]、"核心素养视野下的区域校本课程建设——以《厨房中的化学》

[①] 张岁玲，王晶. 2018. 高中生涯规划教育校本课程开发研究[J]. 课程·教材·教法，38（5）：128-132.

为例"①、"1+7 校本课程开发与实施——以兰州市七里河小学为例"②，以及"构建适合学生核心素养发展的校本课程体系——以唐山市小学校本课程开发为例"③等。

第三节　课堂教学设计：指向学科观念与思维能力

基于核心素养下的课程标准、教材及学校课程计划的层层转化，下一步即指向学生核心素养的教学理解，实现文本课程从运作课程再到经验课程的转化。这一转化过程涉及关于教师对课程的理解、教师的教学以及学生经验的课程。只有将理念转化为具体的学习内容，且通过教师的教学实践，真正落实蕴含核心素养的课程。④课程的教学转化不仅是实践层级间的层级转化，也是教师、学生、教材、活动与经验间的相互转化。⑤

近些年，我国的课堂教学发生了很大变化，出现了一些新的改革模式，但仍然存在一些问题。例如，教师仍习惯基于已有的教学经验或仅根据考纲的要求，将课程内容精简为知识点、定理与规则等的简单讲解与应用，并没有触及知识点背后的学科思想、方法与广泛的社会意义等。即便一些课堂在教学形式、教学方式上都做了变革和更新，但教师对课程内容本身价值的领悟并无变化。⑥在学生导学案的使用方面，原本应是学生依此预习，在课堂上自主练习，小组探讨及展示，但是分析导学案的内容我们会发现，一些所谓的导学案就是提前发给学生的练习题，分成预习阶段掌握的定理、课堂小组研讨完成的习题、演示发表需要得出的结论等。

在领悟、设计、实施的过程中，教师要基于课程文本，指向学生核心素养。在这一过程中，教师要思考怎样基于学生已有的经验，将物化

① 于飞. 2017. 核心素养视野下的区域校本课程建设——以《厨房中的化学》为例[J]. 上海教育科研，（9）：87-90.
② 王俊莉，谷专员，龚艳. 2015. "1+7"校本课程开发与实施——以兰州市七里河小学为例[J]. 课程·教材·教法，35（11）：123-127.
③ 王立宽，胡玉平，张翼. 2016. 构建适合学生核心素养发展的校本课程体系——以唐山市小学校本课程开发为例[J]. 课程·教材·教法，36（7）：108-115.
④ 蔡清田，陈延兴. 2017. 国民核心素养之课程转化[J]. 课程与教学，16（3）：59-78.
⑤ 吕立杰，李刚. 2016. 核心素养在学校课程转化的层级分析[J]. 课程·教材·教法，36（11）：50-56.
⑥ 吕立杰，李刚. 2016. 核心素养在学校课程转化的层级分析[J]. 课程·教材·教法，36（11）：50-56.

的文本课程转化成学生经验，这个设计过程要包含教师对文本课程的领悟及执行。[①]

一、教学层面转化的教师角色

教师面对核心素养课程转化，应该扮演什么样的角色呢？学者陆续提出了忠实观、相互调适观及课程落实观三种课程实施观点。忠实观即教师忠于原先的课程计划，将课程专家设计发展出的课程加以实施，并依据实际实施的结果和原来的目标进行课程评价，越接近预期的计划越忠实。此种模式是线性的过程，教师与学生只是被动的课程接受者。相互调适观认为，课程实施不是单方面的传输与接受，而是双方相互影响、改变的历程。学校教育人员可以在课程专家建议的基础上，根据学校环境、学习特质等，对课程专家的计划加以调整并实施。在这一过程中，需要专家、学校与教师相互沟通与合作，教师是课程的实施与调节主体，可以根据自身与学生的实际需要及时调整课程的具体实施进度。课程落实观认为，课程知识是个人建构的、个别化的、必须符合个人及外在的标准，学生的心灵不是容器，是等待被点燃的火炬。课程是师生之间共同创造教育经验，教材与教学策略只是一种手段，只有师生共同建构出来的教育经验才是课程。课程的教学转化是"开始关切教师个人实际的知识和课程制造者的责任角色，以及学生的特质，包括教师和学生如何在课堂中建构共同的意义"[②]。

（一）教师作为转化的知识分子

教师不再只是完成专家或上级交付的任务的技术执行者，而应该是一个有自觉、反省意识的知识分子。教师作为转化的知识分子，要对学校教育进行改造，让学校真正成为一个培植学生批判思维与民主开放态度的场域；[③]要在教育过程中将学生当成具有批判、反省素养的主体，使学生在学习过程中能够主动发声，表达自己的观点。教师作为转化的知识分子的最终目的在于，通过对教师角色或教师工作本质的转化完成教育意义的转化。

---

① 吕立杰，李刚. 2016. 核心素养在学校课程转化的层级分析[J]. 课程·教材·教法，36（11）：50-56.
② 郭至和. 2000. 小学乡土教学活动课程转化之个案研究[J]. 课程与教学，3（3）：49-72，164.
③ 蔡清田，陈延兴. 2013. 国民核心素养之课程转化[J]. 课程与教学，16（3）：59-78.

（二）教师作为教学实践的智慧者

"实践智慧"一词源自亚里士多德，希腊文为"phronesis"，该词被许多学者用来作为一种改进教学的概念，在教育领域被翻译为"实践理性""实践推理""实践判断""实践智慧"等。蔡清田和陈延兴指出，实践智慧是指行动者具有针对特定情境的感知能力、重视其深思熟虑的历程以及情感体验、通过想象力、依据长期积累的经验和智慧，以促进人类未来生活的幸福成长为目的，养成良好的品格并进行道德层面的考量，从而做出适当决定的智慧。①

教师作为教学实践的智慧者，应具有核心素养课程转化的教学实践智慧，敏锐地觉察特定教学情境与教育环境，运用教学实践智慧考量学生与教师的发展目标，进行核心素养课程转化的教学实践。在多元价值观的影响与多方观点的冲突中，教师要能够不受先前经验或看法的影响，预想各个问题可能的解决方法，透过从各方获得的不同经验审慎思考与洞察在面对各样的教学情境中如何做出抉择。②

二、教学转化策略

进行以学生核心素养为目标的教学设计，需要挖掘课程文本中的育人潜能。作为人的品格与能力，素养具有综合性，素养在学生与环境的交互作用中形成。指向学生核心素养的课程应具有体验性、综合性。教师要尽量调动学生各方面的能力，在学生的体验中将课程从文本形态转化成学生的经验形态。形成学生核心素养，不仅要在教材中析出学生需要学习的知识内容与知识内容的梯度，还需要在具体课堂教学过程中，从目标、内容、方法等方面入手，全面分析课程可能给学生带来的多维度、多层次经验增长，并与预期的学生核心素养模板相匹配。值得注意的是，教师在分析课程时要有一个共同的目的性指向，即通过自己的教学要培养学生的哪些核心素养。学生核心素养体系在教学设计层面未必能与教学内容及方法一一对应，但作为一种目的性指向，其可以帮助教师摆脱窄化课程内容、简化处理教学方式等不良习惯。③

---

① 蔡清田，陈延兴. 2013. 国民核心素养之课程转化[J]. 课程与教学，16（3）：59-78.
② 蔡清田，陈延兴. 2013. 国民核心素养之课程转化[J]. 课程与教学，16（3）：59-78.
③ 吕立杰，李刚. 2016. 核心素养在学校课程转化的层级分析[J]. 课程·教材·教法，36（11）：50-56.

（一）指向与文本的深层互动，分析教材

教师的教学设计常常是从教材分析开始的。如上文所述的课程实施的三种观点，在教学设计中，教师对教材的使用也会呈现出不同的方式。

1）有的教师对教材的使用方式是完全依赖教材，把教材内容全部复制为教学内容，简单地将文本内容转化成有声内容，如此学生只会凭借自己的认知水平理解教材内容。

2）有的教师依托教材，进行内容增减，或者调整顺序，将教材内容生动地表征出来，将固态的文本激活，使其变成学生的经验。

3）有的教师超越教材文本的浅层表达，与文本开展深层互动，以学科专家的立场思考文本承载的深意。这些教师会借助文本中的素材，联结起学生的经验，引导学生体会、挖掘素材背后的思想，进而将学生鲜活的体验、经验升华为沉思的智慧，表现为前后原理的融会贯通，使学生获得从认识现象到顿悟一般规则的通达。①我们所追求的就是教师对于教材的创新性使用，以及教师与教材之间的深层次互动。

（二）指向知识的本质与意义，设定教学目标

指向知识本质与意义的教学目标设定是指基于教材的批判性使用，进行课堂教学目标的设计。教学目标设计是教师正式课程到知觉课程转化的重要联结，是教学设计的核心。当前课程变革强调超越简单的知识灌输、技能训练，建立各学科观念与思维。对于学生而言，将知识、素质上升为核心素养，就是要把知识置于历史、当下和未来生活中，用联系的和发展的思维去认识、理解、把握、体验与应用，也就是要与知识的本质和意义相遇。同时，还要能够用系统的知识解释大千世界，由此建立一种对待自然、社会以及他人的态度。核心素养关乎知识本身，关乎知识的逻辑与意义。

1）教学目标旨在建立学生已有认知与新知之间的联结，教师要思考学生基于已有认知会接纳哪些新知，因为新知是更广阔的世界图景，是那些与自我相关的自然、社会及他人，是学生需要认识的，也应该是其想要认识的，学生因为感受到了新知对自我的意义而想要探寻新知。

2）教学的归宿在于引导学生对知识的来龙去脉以及本质、规律、价值

---

① 吕立杰，韩继伟，张晓娟. 2017. 学科核心素养培养：课程实施的价值诉求[J]. 课程·教材·教法，37（9）：18-23.

和意义的全然认识，帮助学生建立知识与历史、当下和未来生活的联系，让学生感受到如何在生活中灵活地运用知识来解决实际问题。正如怀特海所说："不能加以利用的知识是相当有害的……相互关联的知识要从整体上加以利用，各种各样的命题按不同顺序可反复使用……儿童在证明和利用某个知识的时候，应该毫不怀疑地知道什么时候是在证明，什么时候是在利用。"[①]

（三）挖掘课程潜能，选择教学内容

课程潜能是蕴含在学科内容之中的、有助于学生成长发展可能的课程。[②]挖掘、领悟课程潜能是教学设计的前提，只有这样才可能集合有价值的课程元素，指向对学生核心素养的培养。

有学者根据课程本文内容的特征提出了阐释课程潜能的四条线索，分别是探究线索、社会文化线索、心理–认识论线索和教育转化线索[③]。

1)在探究线索下，教师应该澄清课程内容中蕴含的主旨和主题是什么，每个主旨下的核心观念是什么，这些观念如何与其他内容的主旨相联系，有没有其他值得探究的相关主题。

2）在社会文化线索下，教师要思考的问题是课程内容中蕴含的主题和观念对学生、社会及世界有什么意义，这些主题如何在不同的社会文化背景下发生，讨论这些主题时可以采用哪些不同的观点，这些主题如何能培养学生的批判精神、能培养学生什么样的态度和价值观。

3）心理–认识论线索提示教师应该思考：学生在学习这些主题和概念前需要具备什么知识和技能；课程内容中的主题和概念与学生在其他科目中的学习或其他课程的体验有什么关联；关于要学习的主题和概念，学生已经知道了什么，如何利用已有的知识和经历进行新的学习。

4)教育转化线索关注的问题是：哪些教和学的活动能开阔学生的视野，为他们提供解决问题、独立学习、跨学科学习和培养批判思维的机会，可以利用什么资源和工具达到教育目的，如何利用评价去促进教学，等等。

（四）明晰教学起点，确定教学方法

教师在教学活动中要运用策略和方法帮助学生学习，搭建与学生相联

---

① 〔英〕怀特海. 2012. 教育的目的[M]. 庄莲平，王立中，译. 上海：文汇出版社：7.

② Ben-Peretz M. 1975. The concept of curriculum potential[J]. Curriculum Theory Network, 5(2): 151-159.

③ Deng Z Y. 2011. Revisiting curriculum potential[J]. Curriculum Inquiry, 41(3): 538-559.

系的桥梁。在选择教学方法上，首先要确定教学的起点，即唤起学生的兴趣，与学生经验相关联。每个学生心中都有一个世界图景，所有的学习与发展都是这个世界图景的扩展、延伸与改造。当代学习研究者认为，"在进行概念和方法学习时，一个新信息很少会插入已掌握知识的行列。已有知识会排斥一切与其不能形成共振的观念……当接收到的信息严重动摇了他对世界的感知时，他宁可放弃它。学习者还可能录入这一信息，但永远不去调用"①。因此，有效的教学不仅是教师建立了"关联"，更需要让学生感受到这种关联，让解决问题的老办法与新办法之间、新概念和眼前的现象之间产生关联，只有建立了这种关联，"才能让个人的想法同客体或经验或其他学习者的先有概念进行直接对质"②。对质的过程就是原有概念解构的过程，也就是新知增长的过程。③

　　杜威（Dewey）把教材内容比喻成地图，认为"地图是一种摘要，是一种先前经验的有序安排，可作为未来经验的指引"④。地图虽然便于"记忆"和"观察"，但在使用时往往脱离了地图制定时的原有情形，所以真正的学习应该是一种参照地图而进行的探险。因此，教师在教学中要有意识地引导学生依托"地图"开展对未知世界的积极探险，如有学者分析了三位教师同课异构"鸡兔同笼"问题。⑤①教师 A 照本宣科式地讲授例题，学生的思维是辨别例题中的逻辑关系，记住其中的知识点，并在之后的练习中不断重复这种固定的、有限的逻辑关系，以加深对知识点的记忆。通过这样的学习过程，学生难以实现对知识的迁移，无法用所学的知识解释、解决问题。为此，教师 A 让学生做大量的练习题，应对不能迁移的问题，这使学生在练习中自发地建构了知识体系，以应对不同的考题。②教师 B 在教学过程中清晰地表征了例题代表的一类问题的特征、选择方法的缘由以及解决技巧，相当于为学生呈现了完整的"地图"。学生理解了"地图"的全貌，学会了使用"地图"，但学生的思维仍然局限在"地图"上这些被抽象出来的结果，实际上，学生只是在表面上进行了"通透"的学习。③教师 C 引导学生围绕问题体验所有解决问题的方式，在前后贯通的思维脉络中让学生体会、反思方法的连续性与跃迁性，感悟面对问题的思考空

---

① 〔法〕安德烈•焦尔当. 2015. 学习的本质[M]. 杭零，译. 上海：华东师范大学出版社：29.
② 〔美〕约翰•杜威. 1989. 学校与社会•儿童与课程[M]. 台北：五南图书出版公司：78.
③ 吕立杰，韩继伟，张晓娟. 2017. 学科核心素养培养：课程实施的价值诉求[J]. 课程•教材•教法，37（9）：18-23.
④ 〔美〕约翰•杜威. 1989. 学校与社会•儿童与课程[M]. 台北：五南图书出版公司：119.
⑤ 吕立杰，韩继伟，张晓娟. 2017. 学科核心素养培养：课程实施的价值诉求[J]. 课程•教材•教法，37（9）：18-23.

间和张力。此外，教师 C 将教学的重点定位在找到等量关系这一方程思想上，如此学生便超越了"地图"的摘要元素，集中地体会了绘制"地图"过程的探险经历。教师 C 还让学生自己绘制了关于方程问题的"地图"，这一过程是产生学科核心素养的过程。那么，素养何以产生？学生不仅要有思想，还要建立起对这些思想的认识。[①]

（五）审慎处理多重关系，应对教学挑战

怀特海（Whitehead）将如何选择教学方式比喻成教学的"节奏"，节奏包含教学中各种方式、方法、活动安排的顺序、时间、频率，也包含方式、方法、活动使用的艺术性，即它们是在什么节点上产生的，与内容是否契合，与教师的风格及学生的需求是否一致。[②]

1. 知识与发展思维能力

知识与思维能力哪一个更重要，在教育领域并不是一个新的争议问题，二者的关联性以及相互构成性决定了二者在教育、教学中都应成为中心目的。在怀特海看来，一方面，学生的心智不是可以被人无情地塞满各种陌生概念的"匣子"，另一方面，有序地获取知识，对学生正在发育的心智来说则是天然的食品，即学生获得的知识很重要，那是充实心智的天然"食品"，但学生不是简单地收纳各种食品的"匣子"。怀特海将智力教育的主要目的表述为传授知识和发展智慧，智慧是掌握知识的方法，涉及知识的处理、选择和运用，即学生获得"食品"固然重要，但习得智慧更重要。怀特海又将智慧与知识的获得比喻成自由和训练，他认为这是教育的两个要素，教育的节奏就是对自由和训练的调节。因此，自由与训练，也就是在教学中发展思维能力与夯实知识基础都是必要的，"在一个完美的具有理想结构的教育体系中，其目的应该是使训练成为自由选择的自发的结果，自由则因为训练而得到丰富的机会"[③]。自由与训练包含在同一教学活动中，没有对问题本质的探寻，就不可能夯实知识基础，不面对知识的本质属性，也就无从训练思维。如同我们谈到的，三维目标不是一节课中先训练知识与技能、再强调过程与方法、下课前五分钟烘托情感态度形成价值观，而

---

① 转引自：吕立杰，韩继伟，张晓娟. 2017. 学科核心素养培养：课程实施的价值诉求[J]. 课程·教材·教法，37（9）：18-23.
② 〔英〕怀特海. 2002. 教育的目的[M]. 徐汝舟，译. 北京：生活·读书·新知三联书店.
③ 吕立杰，韩继伟，张晓娟. 2017. 学科核心素养培养：课程实施的价值诉求[J]. 课程·教材·教法，37（9）：18-23.

是同样的教学活动包含不同维度的目标指向。

2. 学科本质与学习者中心

当前的课堂变革强调从"教"走向"学",这一理念有合理性和进步性。从广义上讲,教学过程其实也是学生在教师计划、指导下有序学习过程的一部分。这一过程需要教师按照学生学习的心理逻辑安排课堂中的学习内容,并选择合适的学习方式。然而,为响应变革的号召,当前很多学校的教学改革都强调学生的自主学习、合作学习,一味地弱化教师的讲解。有些学校甚至要求教师尽量少讲授,而让学生多讨论,教师的讲授一定要在学生的讨论之后发生,一定是对学生自主学习的总结。这些做法确实对改变根深蒂固的灌输式教学习惯有一定的作用,然而这是否就是理想的课堂学习样态呢?从理念上讲,教师的教学是帮助学生建构自我的知识结构。教师完美地演绎不等于学生就会有良好的学习,那么打破教师演绎的完整性,就一定能保证学生优质、高效地学习吗?这样的命题当然是不合理的。课堂上,教师可以安排大量的时间让学生自主学习、合作讨论,但首先要考虑学生在学习什么、讨论什么,学生学习和讨论的是不是知识的本质问题,学生建构的新知是否指向了学科观念,是否使用了学科特有的思维方式?学习者中心与学科本质是教师在设计教学时都应该考虑的,二者的关系就如同杜威所说,儿童与课程仅是教育历程之两极,而在两点之间可有一条直线。有儿童目前的程度或立足点,有学科中的事实及真理,便可以决定教学法了。[①]课堂从教转向学,并非从学科中心转向学生中心。教学的核心是学生的学习,目的是学生核心素养的提升,但这里的学习与提升不能是空洞的,也不可以是表面的、肤浅的。学科本质与学习者之间不是谁决定谁的关系,也不存在谁为先、谁为后的问题,而是要在教学中统一起来。[②]

第四节 学业质量评价:体现多元性与发展性

教育改革逐渐从全民教育走向全民学习,从课程中心走向学生中心,从能力导向走向价值导向,从知识授受走向创新精神的培养,从信息工具

[①] 〔美〕约翰·杜威. 1990. 儿童与课程[M]. 林宝山, 康春枝, 译. 台北: 五南图书出版公司: 112.
[②] 吕立杰, 韩继伟, 张晓娟. 2017. 学科核心素养培养: 课程实施的价值诉求[J]. 课程·教材·教法, 37(9): 18-23.

到教学模式，从单一测评到综合评价。[①]学业质量是教育质量的重要组成部分。学业质量评价是指评价者依据一定的教育教学标准，使用科学、系统的方法，收集学生接受各学科教学和自我教育后在认知以及行为上的变化信息，并依据这些信息对学生的能力和发展水平进行判断的过程。

学业质量评价是核心素养落地的制约与保障。"经验表明课程中被有效评价的部分往往更加受到教师和学生的重视，更有可能被教和学。"[②]在实施基于素养的教育系统工程中，评价尤其是学业质量评价切中肯綮，它可以在教育实施的进程与节点提供形成性和结果性信息，以检测和评估学生相关素养的发展，为课程与教学提供反馈及建议，敦促课程与教学不断改革，以指向核心素养。

同时，核心素养是学业质量评价的重要指向。核心素养为学业质量评价提供了方向与指引，即从关注课程到重视人，从反映结果到关注过程，从注重学生各学科知识体系完备到重视学生跨学科、全面发展的素养提升的转变。可以说，核心素养通过教学目标、内容及教学建议、相关内容和表现标准与学业质量评价紧密相关。一方面，核心素养需要进一步转化为清晰的、具体的学科核心素养，并融入学业质量评价，实现核心素养的真正落地；另一方面，它不仅是教育目标的反映，也预示着课程、教学尤其是学业质量评价和改进的重大方向。

一、当前学业质量评价面临的问题与挑战

（一）评价立场功利、偏狭

在我国教育教学现场，大多数评价者"把可计测、可量化的学绩（考分）当作学力的唯一表征，片面地以可量化、客观、可比的学绩方式来代表学力的水准"[③]。这样的评价"是服从于、服务于应试教育需要下的'成绩评价'"[④]。从评价目的与立场来说，它"充其量不过是借助学生知识点的巩固程度，来检验教师教学行为的效果而已"[⑤]，这种功利的立场难免偏狭，因为它并没有立足于学生发展，主要出于教育管理需要，即为了鉴别

① 陶西平. 2019. 涌动的潮流[M]. 北京：教育科学出版社.
② RSA. Opening Minds: An Evaluative Literature Review[EB/OL]. (2012-07-01). http://www.thersa.org/reports/opening-minds-an-evaluative-literature-review[2018-06-01].
③ 杨向东，黄小瑞. 2013. 教育改革时代的学业测量与评价[M]. 上海：华东师范大学出版社：201-211.
④ 杨向东，黄小瑞. 2013. 教育改革时代的学业测量与评价[M]. 上海：华东师范大学出版社：201-211.
⑤ 杨向东，黄小瑞. 2013. 教育改革时代的学业测量与评价[M]. 上海：华东师范大学出版社：201-211.

或评定学生知识掌握程度的高低，再由此对教师教学进行绩效管理。学生发展核心素养导向下的学业质量评价必须改变评价立场，要立足于学生的发展、促进学生的发展、为了学生的发展开展评价。

（二）评价内容单一、表面

从评价内容看，"传统学业成绩评价存在着重课内轻课外、重知识轻思维、重结论轻过程、重智力因素轻非智力因素、重闭卷笔试轻实际运用的严重弊端……它迫使学生整日穷于应付各类机械练习和记诵……严重抑制了学生思维能力、创造能力等能力素质和动机、兴趣等非智力因素的发展"[1]。这种评价着重考查学生在一个阶段学习后对知识的掌握情况（甚或只是知识的记忆多少），从而给出一个简单乃至武断的评分或等级，难以反映学生的学习能力发展、进步过程，更忽视了学生学习情意的发展，不符合核心素养的评价要求，这样的评价有待从多个层面进行扩展及深化。

（三）技术应用简单、武断

在评价方式方法上，其主要是将学生作答与标准答案加以对比后人为赋值并进行简单求和，得出一个分数或"对学生进行分等排队"[2]，即百分制或等级制。然而，人为赋值叠加的方式过于粗糙，并不适合全面质量观引领下的学业质量评价：一是它不能反映分数或等级相对差异背后学生与教育目标的真实差异，更难以追溯学生学习后发生的变化或增值；二是无法解释"同分不同质"的现象，不能深入分析分数相当的学生之间内隐的差异，从而难以为教师全面、深入了解学生的思维水平、风格特点和需求提供测评依据，也无法使教师探析教与学的问题症结并针对性地调整、补救。评价内容与方法的简单化致使评价结果粗略，对评价结果的解释停留在表层，进而导致"实际教学中，大量形成性、诊断性评价常常只剩下了总结性评价的'等级'外壳，而失去了诊断、反馈和矫正的本质因素，既没有对错误原因的分析和反思，也没有提出矫治错误的策略和措施"[3]，这使得评价无法有效发挥诊断反馈与改进提升的作用。

---

[1] 宋秋前. 1999. 论传统学业成绩评价制度的缺陷及改进——兼谈对"取消百分制、实行等级制"的一些看法[J]. 教育理论与实践，（12）：25-27, 35.

[2] 宋秋前. 1999. 论传统学业成绩评价制度的缺陷及改进——兼谈对"取消百分制、实行等级制"的一些看法[J]. 教育理论与实践，（12）：25-27, 35

[3] 宋秋前. 1999. 论传统学业成绩评价制度的缺陷及改进——兼谈对"取消百分制、实行等级制"的一些看法[J]. 教育理论与实践，（12）：25-27,35.

二、核心素养视域下学业质量评价思路

指向核心素养的学业质量评价必然应从学生核心素养的结果表现中探寻。对此，有研究者提出"素养无法观察，只能通过观察到的行为表现进行推测；而表现可观察，它是在给定的情境下做事，显示出某种素养或能力以及行动的倾向或潜能"[①]。美国教育部在 2002 年发布的"学习结果的层次结构模型"中对素养与表现的关系做出了进一步诠释和论证："素养是相关工作中知识、技能和能力与个体特质相互作用的结果，是个体学习经验的整合；表现是素养引起的外在结果，在这一水平上表现可以被评价。"[②]

核心素养下的学校教育逐渐发展为指向"教-学-评"一致的教育教学体系。"教-学-评"一致性是研制课程标准的重要内在逻辑结构。一致性是目标、教学与评估之间的对应程度。若教学与评估不一致，那么即使高质量的教学也不可能在评估中影响学生的成绩；若评估与目标不一致，那么评估的结果将不能反映目标是否达成。"教师只需回答一个问题，我期望学生去参加（或完成）这项活动后学到什么。"[③]"教-学-评"一致还主张根据学生学业水平的不同层级了解学生的学业质量。学业质量是对课程实施之后学生学业水平的评估参照，也是课程建设和管理的重要依据。各国的课程标准都尤为重视提炼学生的学习能力表现，致力于建构一套基于学段统整、年级进阶及年龄增长的不同水平层级的、科学合理的学业质量标准体系。美国、德国、澳大利亚、新西兰均明确描述了学生的学习能力（成就标准）层级表现。

（一）素养导向下的学生评价范式从监督、问责到立足学生发展

莱恩（Ryan）[④]提出的经验-分析范式（empirical-analytic paradigm）、解释范式（interpretive paradigm）、批判-理性范式（critical-theoretic paradigm）是三种基本的学业评价范式，分别指向整体问责与认证、促进

① Hutmacher W. 1996. Key competencies for Europe: Report of the symposium[R]. Berne, Switzerland: Council for Cultural Cooperation: 4.
② U.S. Department of Education, National Center for Education Statistics. 2002. Defining and assessing learning: Exploring competency-based initiatives[R]. Washington, American, 8.
③ 熊雪梅, 梅国红. 2017. 实现目标、教学、评价一致性的有效策略探讨[J]. 地理教学，（14）：19-21，18.
④ Ryan, A. G. 1988. Program Evaluation Within the Paradigm: Mapping the Territory[J]. Knowledge: Creation，Diffusion, Utilization, (1): 25-47.

教与学以及发展学生终身学习能力三个目的。[1]核心素养导向下的评价范式在兼顾实证性测验结果的前提下逐渐走向情境式、统整性、积累性、形成性与过程性，例如国际学生评估项目（Program for International Student Assessment，PISA）[2]策划并组织的义务教育高年段（15 周岁）学生的阅读、数学、科学素养及问题解决能力的测评。该项目旨在评价学生是否具备了未来生活所需的知识与技能，以及在现实生活中运用这些知识和技能解决问题的能力。它关注学生是否准备好去应对未来的挑战，是否具有有效地分析、推理与交流自己的思想观点及终身学习的能力；强调在真实生活情境中考查学生运用知识和思维能力的表现，来反映学生掌握关键能力的状态。再如，新西兰学习故事（learning stories）项目[3]指向的核心素养包括健康与归属感、团队奉献、沟通、探究，评价目的在于发展学生的终身学习能力，评价性质定位于形成性评价。在具体评价过程中，教师、学生、家长一起对学生创作的真实故事进行评价，学生被赋予了很大的评价权，而教师、家长通过收集学生多方面信息分析评鉴学生的学习背景、学习过程、特定阶段的学习结果。

（二）评价理念从"对教学"转向到"为教学"与"作为教学部分"

从评价功能进行分析，教育评价主要呈现出三种发展观念，即从"针对教学的评价"（assessment of learning and teaching）到"为了教学的评价"（assessment for learning and teaching），最后到"作为教学一部分的评价"（assessment as learning and teaching）[4]，也就是从只针对教育教学的、用于甄选与鉴定的刚性测验，到促进教师教学与学生发展的诊断性评价，再到素养导向下的"诊断学生的需要、能力与兴趣""监测学生的学习过程""基于反馈的再提高"。核心素养评价的过程就是学习的一部分，每一次测验都搭建了学习的支架，同时评价结果构成了学习轨迹。因此，学习和评价的核心素养内容要不断调整，以促进素养生成与教学之间实现良性互动。例如，新加坡提出"促进学习"的评价理念，其在教学大纲中提到，教师应审视和监控学生不断变化的学习需求、能力和兴趣，及时修改或调整自己的教学方法帮助学生提高学习成绩，及时给予学生有效的反馈，并给学

① U.S. Department of Education, NCES. 2002. Defining and assessing learning: Exploring competency-based initiatives[R]. Washington: 8.
② OECD. 2004. Problem solving for tomorrow's world: First measures of cross-curricular competencies from PISA 2003[R]. Paris, French.
③ Ministry of Education. 2004. Assessment for Learning: Early Childhood Exemplars Book 2[R]. Wellington: Learning Media Limited.
④ 辛涛，姜宇. 2017. 基于核心素养的基础教育评价改革[J]. 中国教育学刊，（4）：12-15.

生机会基于反馈提高自己的学习成绩。①需要注意的是，核心素养作为一种复杂性表现，其评价要超越认知领域，不仅要关注学科内核心素养的评价，还要关注学科外、超越学科的表现，关注人际领域、个人内省领域以及信息领域的多种素养发展与评价。

（三）素养导向下的学生学业评价注重学生的多元性与评价的过程性

素养是学生学习经验的整合。学生发展核心素养作为一种复杂性表现，其水平可以通过可观察的表现推论出来，即通过创设适合学生的各种学习情境与任务，系统搜集学生在任务完成过程中及最终状态的信息，拓展评价主体，充分运用诊断性、过程性与真实性评价，注重评价的公平性和透明性，呈现并鉴定其复杂性表现。至此，评价方式从过去的复杂性表现推延至素养，从终结性赋分走向发展性增值。②素养导向下的学生学业评价有多种方式，可以根据现代教育测量理念设置能够考查学生高层次复杂素养的传统纸笔测试题，还可以借助高科技信息技术，尝试构建计算机自适应性测评体系，革新测试测评机制，以完成纸笔测试无法完成的实验模拟、情境转换、信息技术呈现等。例如，英国的学习评价倡导多样化的评价方法，如重视定性评价与定量评价、过程性和结果性评价相结合。③在具体评价方式方面，强调以学生为主导的评价，综合运用同伴评价、自我评价、反馈、视频、体育日志、全班讨论和教师评价、移动技术、学生日志、图片证据、学生实际表现及教师观察等。再如，美国于2014年修订的《国家核心艺术标准》综合运用基石性评估、学习档案袋式评估等方式，让学生在参与各种艺术活动过程中通过真实的、相关的情境学会运用学到的知识与技能，让核心素养教育真正落到实处。

---

① Ministry of Education, Singapore. 2014. Science Syllabus: Primary[R]. Singapore: 18.
② 恽敏霞，彭尔佳，何永红. 2019. 核心素养视域下学业质量评价的现实审视与区域构想[J]. 教育发展研究，39（6）：65-70.
③ Ministry of Education SINGAPORE. 2021. Primary School Subjects and Syllabuses[EB/OL]. http://www. moe.gov.sg/primary/curriculum/syllabus[2020-10-09].

第四章
分解与呼应：学校课程体系的构建

课程转化在课程改革中发挥着关键性的工具作用，是核心素养实现从理论到实践的纽带和桥梁。核心素养的校域转化以学校课程体系的建构为载体，其核心是学校课程目标体系的构建。基于目标管理理论，学校课程目标分为宏观、中观、微观三个层级。宏观上指学校围绕核心素养目标和办学理念整体规划学校课程目标，中观上指教师依据课程标准和教材系统设计学科教学目标，微观上指教师聚焦某一单元或课时具体设计课堂教学目标。

第一节　确立学校办学理念：为学生素养"画像"

确立学校办学理念是转化学生素养目标的首要条件，也是课程转化的起点。2013年，教育部颁布《义务教育学校校长专业标准》，明确要求校长要在尊重学校传统和学校实际的基础上提炼学校办学理念①，欧美和中国港澳地区的学校称之为"学校教育哲学"。一般来说，办学理念是全体学

---

① 教育部. 关于印发《义务教育学校校长专业标准》的通知[EB/OL].（2013-02-16）. http://www.moe. gov.cn/srcsite/A10/s7151/201302/t20130216_147899.html[2019-12-10].

校成员创造并共享的对学校的理性认识、理想追求及教育观念或哲学观念，它建立在对教育规律和时代特征的深刻认识的基础之上，集中体现的是学校的办学理想和基本规律。办学理念包括学校是什么、学校有什么使命、发挥什么作用等一些对学校基本问题的价值判断和识别。[①]对这些问题的回答最终都指向对"培养怎样的学生"的阐明。换言之，核心素养背景下的学校办学理念蕴聚着该校学生应具备的素养，勾勒出了该校毕业生的形象。

办学理念具有独特性，是特定的教育主体对共同的教育方针个性化的理解或者对教育意义个性化的价值期待，会以特定群体文化的形式表现出来。不同的学校会有不同的特色文化，其不同的办学理念潜在并有力地指引着学校教育者的教育行为，甚至形成了明确而独特的对教育意义的追求。办学理念不是对学校具体工作的论述，它不仅反映了一所学校的主体信仰、精神气质和文化特征，而且构成了一所学校绵延流长、繁荣发展的理想支撑和精神动力。确定学校的办学理念应从以下三个方面展开。

一、依据时代需求

全球经济和社会史无前例的数字化转型加剧了现代世界的复杂性以及变化的速度，这意味着教育在塑造我们生活的世界方面将起到更重要的作用。[②]时代变化要求教育必须不断发展，以继续履行其支持个人发展为个人、公民和专业人员，以及融入社会、改造社会的使命。学校是培养人的主阵地，其办学理念是学校发展的灵魂、纲领、思想体系和学校哲学，也应当根据内外环境的变化，把握时代特征，审时度势，与时俱进，确立前瞻性的办学理念和明确的办学思路。

与时俱进的"时"是具体的，既指社会变化与时代需求，也指现实的国情，即国家方针政策的导向；"进"就是发展和创新。换言之，与时俱进的学校办学理念应当对社会政治、经济发展的时代要求具有独特的认识和敏锐把握，可以基于以下两方面加以发展和创新。

一方面，教育的社会性决定了教育必须为社会培养人才，对于培养什么样的人、怎样培养人这些问题的回答，都必须放在宏大的社会背景中去考察，从经济、政治、文化、社会、生态等多角度去考虑。当前，我们正处于信息时代、工业 4.0 时代，处于充满复杂性、模糊性、波动性和不确

---

① 陈如平. 2005. 学校办学理念的"二元结构"现象剖析[J]. 教育发展研究，（10）：60-63.
② OECD iLibrary. Trends Shaping Education 2019 [EB/OL]. （2019-01-21）. http://doi.org/10.1787/22187049 [2021-11-01].

定性的时代，在这样一个时代，我们需要怎样的人才，或者说能够适应未来复杂多变的社会的人应具备何种素养，就是一个非常重大的问题。如果不能正确认识时代变化背后的深层含义，不能全面、正确、深入地认识当前社会发展的状态及其劳动力结构需求，就会导致办学理念和时代发展背道而驰。所谓对社会变化和时代需求的独特认识，更多体现在超越当前时代、面向未来的认识。当然，并不是所谓的独到就一定是前所未有的，其更多是体现为一种更深入、更具体的认识。认识到当前社会正处于信息时代并不难，但如果只是人云亦云地提出培养人工智能人才，然后配备更多的信息技术设备、开设较多的信息类课程，这并不能够形成符合时代需求的办学理念。只有认识到信息时代是对工业时代宏大叙事、科层管理、整体主义的一种颠覆，认识到一个碎片、互联、自组织、基元化、去中心的时代到来了，从这样一个层面去思考今天的人应该如何生存、如何成长，才能真正产生更为真切、具体、独到的办学理念，再加上一定办学实践的探索、反思、调整，才能够形成比较成熟的办学理念。

另一方面，在构建学校办学理念时，应当遵循国家政策要求，符合党和国家的教育法规、政策、教育方针、教育目的、教育任务，包括对教育的本质、功能、目的、原则等的规定。教育方针明确了教育目的、教育途径和培养目标，回答了为谁服务、如何培养人和培养什么样的人的问题，党和国家的教育方针是所有学校必须坚持的根本指导方针。中小学校办学理念要体现出全面贯彻党的教育方针，落实立德树人根本任务，培养德智体美劳全面发展的社会主义建设者和接班人的思想。除此之外，还应当梳理当代学生的共同点。不同时代、同一时代不同年段的学生，其身心发展特征不同。在确定学校办学理念时，应当关注教育学、心理学等相关领域的前沿研究成果，把握当代学生的共同点，构建促进本校学生素养培育的、适合学生长远发展的办学理念。

以辽宁省鞍山市烈士山小学为例。烈士山小学始建于 1952 年，是一所具有优良教育传统和丰厚文化底蕴的学校，1978 年就被评为辽宁省重点小学。烈士山小学是东北师范大学与鞍山市铁东区教育局 U-A-S（university-administration-school，大学-教育行政部门-中小学）合作项目的参与学校之一，于 2009 年、2012 年开展了两期合作。第一期合作主要凝练出了"尊重童心，培养具有民族情怀的现代人"的办学理念。[①]"尊重童

---

① 袁秋红. 2015. U-A-S 合作下校本课程开发模式研究——以 L 小学《涵养阅读》校本课程开发为个案[D].
长春：东北师范大学.

心"，即让孩子保持一颗童心，也就是在遵循生命发展的规律、遵循儿童天性的前提下，在教育活动中尊重并培育儿童与生俱来的善本性、好奇心、想象力、开放态度、灵活性和创造力等。2004 年，中共中央宣传部、教育部印发《中小学开展弘扬和培育民族精神教育实施纲要》，提出在每年 9 月开展"小学弘扬和培育民族精神月"相关教育活动。烈士山小学紧扣培育民族精神的国家政策导向，将培养学生的民族情怀作为学校办学理念的重要组成部分。不仅如此，因应时代变化，烈士山小学将培养现代人作为学校办学理念的落脚点，以国家课程及培养现代人应具备的素养与知识结构的"涵养阅读"校本课程为依托，描绘出该校毕业生形象。

然而，依据时代需求并不意味着不断更改办学理念，而是根据学校的定位，结合国家政策的指导思想、时代变化和社会发展的需要，不断深化、丰富理念的内涵，并将理念融入办学的实际行动，使理念变成一种行动力，成为全校师生共同的精神追求。

二、结合学校特有资源

办学理念沉淀了学校的历史传统，是学校在发展过程中形成并积淀下来、获得广泛认同的学校核心价值观念体系。这一核心价值观念体系使一所学校呈现出稳定、有个性的精神气质，使一所学校得以区别于另一所学校。因此，确定适合本校的特有办学理念，不仅要符合时代的意志和精神，遵循事物发展的内在规律性，还应当体现学校特色，正确地处理好需要与可能、改革与发展、继承与创新之间的关系。换言之，办学理念作为一种彰显学校办学特色的文化的存在，具有一定的传承性，应在总结学校发展历史、评估学校办学资源（如历史资源、物质资源、当地文化资源、教师资源甚至特殊文化符号资源等）方面，反思学校发展过程中积累的经验与存在的问题，并在客观分析学校发展现状及需求的基础上提出办学理念，以增强办学理念对学校的适应性。办学理念是学校的精神之所在、观念文化之根基。一所学校的办学理念须在学校的土壤中生长起来才具有生命力。对于一些有一定办学历史的学校来说，其已经形成了学校自身的办学历史资源、物质文化资源、教师资源和特色，至少也呈现出学校的传统和优势，办学者不能忽视这些重要的资源。当然，这些长期以来形成的传统和优势更多是无意识的，这种传统和优势潜移默化地影响着学校的办学，往往会导致特色不明等问题。只有将学校的传统和优势通过提炼、总结、提升的方式用一定的语言表征出来，才能形成一所学校独有的、自适的办学理念。

换言之，确定学校办学理念既要立足既有的办学资源，又要在此基础上发展；既要传承办学传统，又要在此基础上创新。

学校的地理位置、历史传统、文化沉淀及学校特色、资源等具体情况是学校个性化存在的鲜明烙印，其在学校文化中的分量和在教育界中的认可度都是无与伦比的。在自主建构本校教育哲学和办学理念时，学校除了应充分考虑上述具体情况，还应从学校特有资源入手进行拓展，反思资源承载的丰富的育人价值，拓宽它的外延、丰富它的内涵，从而形成富有个性和特色的理念。辽宁省鞍山市风光小学的办学理念就是这样形成的。

辽宁省鞍山市风光小学始建于 1957 年，办学历史悠久。学校从 2002年起确立开展了"棋类教育"的特色教育活动。学校"三棋"（围棋、中国象棋、国际象棋）的开展从无到有，至今已走过了十余年的发展之路。不仅获得多项省市级棋类奖项，多次承办和参与棋类比赛，获奖颇丰，而且被包括中央教育电视台等在内的众多媒体争相报道。可以说，"棋"已经成为风光小学的一个标志，该校棋类教育特色在区域内外的影响力和认可度都非常高。2012 年，风光小学参与东北师范大学与鞍山市铁东区教育局 U-A-S 二期合作项目，东北师范大学课题组教授与学校校长商议的第一件事就是先提炼学校的办学理念，因为课程是实现办学理念的载体，学校无论是进行整体课程结构的研究还是校本课程开发都需要先明确学校的办学理念。课题组经过与校长、教师座谈，通过深入调研学校发展与"棋"特色，认为风光小学"棋"特色工作已经发展到一定阶段，形成了丰富的实践经验，应该将其深化为文化积淀。反思风光小学今天的"棋"特色教育，意在培养学生的自信心、乐观精神，对于生活与自我的多样化的追求，同时也使他们养成了应对困难的良好心态以及自我调节的技能等。这些既提高了儿童的现实生活质量，也为他们的未来发展奠定了基础；既为学生未来的幸福生活做准备，同时学生接受教育过程本身也是享受生活、体验幸福的过程。"棋技"课堂教学中的探究与对话是开启学生智力的校园活动，能够开阔学生的视野，激发学生的求知兴趣和学习欲望，增强学生的创新意识，培养学生的创新思维，提高学生的创新思辨能力。

小学阶段是学生身体和思维发展的关键时期，依托课程、活动等培养并提升学生的智慧品质，也是风光小学"棋"特色的应有之义。通过研讨，结合学校发展的历史和学校特色活动，课题组与学校共同提炼出"幸福生活，智慧人生"的办学理念。"幸福生活，智慧人生"，即今天的教育是为了儿童现在与未来的幸福生活，开发潜能，完善人格，陶冶心性，用智慧点亮人生。该办学理念有两方面的内涵。一方面，在棋类教育特色中，对 1～3 年级学生普及棋类教育，培养每名学生学会三棋（中国象棋、围棋、国际象棋）的常识性技法，培养其对棋的兴趣，使之成为将来的生活情趣——"幸福生活"；3 年级以后，喜欢下棋并且有这方面天分的学生，在前期培养的基础上能力不断提升，感悟棋道，运筹帷幄——"智慧人生"。另一方面，学校开设的所有课程、做的所有工作，都是为了学生的"幸福生活，智慧人生"。这一办学理念的提炼既是对学校发展历史、传统的浓缩和升华，又是立足学校资源和学生发展需要，兼顾学校特色与教育思想而提炼的办学理念的典型。[①]

三、调研师生意愿

学校办学理念是学校全体成员办学理念的复合体，包含校长、教师、学生、家长和社区居民等的办学理念。[②]在我国，校长在学校办学理念的形成过程中起着关键性的作用，学校办学理念通常是通过校长的言行表达出来的。一方面，这反映了校长的教育理论水平、办学思想、教育良知甚至教育信念；另一方面，校长的办学理念并不等于学校的办学理念。办学理念是为学校成员创造并共享的核心教育观念，[③]而校长的办学理念只是学校办学理念的重要组成部分，学校办学理念是否能成为全体学校成员共同的理念，关键在于它能否取得全体学校成员的认可和支持。美国学者萨乔万尼（Sergiovanni）指出，现代学校强调学校成员广泛共享学校共同体的价值观、理念、理想并负有相应的义务和责任，这是学校管理的目标。[④]因此，在确立学校办学理念时，学校应当进行广泛研讨与深入论证。近年来，我们强调教师的专业发展和教学自主权，教师对学校办学理念的形成有着重要的作用，因此学校必须重视教师的意见、愿望、志趣，将教师对办学的意见和建议置于一个合理的位置，征求广大教师的意见，并组织其开展教育思想的讨论，以达成共识。同样，学生对学校尤其是课堂教学的感受、看法和建议也非常重要，学校更应予以重视。此外，家长的教育理念和对学校的期盼也是学校办学理念的重要组成部分。在现代学校中，学校管理者应重视家长的作用，主动听取家长有关教育的愿望、意见与建议。此外，

---

① 吕立杰，胡淑波，李宇伦，等. 2016. U-A-S 合作下校本课程开发的实践探索：来自鞍山市四所小学的经验[M]. 长春：东北师范大学出版社：37-71.
② 陈如平. 2006. 如何提出和提炼学校的办学理念？[J]. 中小学管理，（10）：4-6.
③ 罗欣，郑金洲. 2011. 办学理念：问题探寻与改进策略[J]. 上海教育科研，（6）：30-32.
④ 〔美〕托马斯·J. 萨乔万尼. 2002. 道德领导：抵及学校改善的核心[M]. 冯大鸣，译. 上海：上海教育出版社.

学校还可以组织由教育行政部门领导、教育专家和社区代表等人员参与的论证会，或采用张榜公示，问卷调查，举办各种座谈会、研讨会、恳谈会等方式，广泛征求意见，逐步提炼和提出学校的办学理念。

例如，辽宁省鞍山市湖南小学在确立办学理念时，进行了学校需求评估、资源调查，对学生和家长进行了问卷、摸底等工作，对学生的发展需求、家长的期望以及学校发展规划等因素做了深入、细致的了解和分析，并与相关教师展开座谈、研讨，征求教师对学校办学理念的意见或建议。不仅如此，湖南小学还于 2009 年 5 月参加了所属辖区与东北师范大学合作的 U-A-S 项目，积极寻求专家的评估与论证，最终确立了"阳光教育"的办学理念，以及培养"知书达理、乐学乐群、身心两健、德智双慧"的自信、阳光少年的办学目的。[①]办学理念的落实需要以学校课程为载体，换言之，实际上，学校课程目标体现了学校的办学理念。

四、学校办学理念分析

（一）高中校训意蕴及其与办学理念的关系[②]

高中校训是学校教育理念的集中体现，是学校办学特色的彰显，是学生素养的凝练表达。《中华百科辞典》中将校训解释为"学校为训育上之便利，选若干德目制成匾额，悬之校中公见之地，是为校训，其目的在使个人随时注意而实践之"[③]。校训凝聚了学校的办学宗旨、办学理念，是学校文化建设的重要内容。校训一般是从校风、学风的精神中提炼出来的，反映了全校师生的意志和追求，指导着学校的办学方向和师生的行为。校训是一种文化产物，具有强烈的文化属性。陈桂生将校训解释为"学校规定的对学生有指导意义的词语"，"即是学校着意建树的特有精神的表征"[④]。

高中阶段是学生形成正确的世界观、人生观和价值观的重要阶段，是学生发展的重要时期。高中阶段的校训是高中学校基于学校核心理念与办学特色，用简明扼要的词句表述、镌刻在学校醒目之处，用以指导师生言行规范、指引师生发展方向，要求全校师生共同遵守和执行的基本准则。[⑤]

① 吕立杰，胡淑波，李宇伦，等. 2016. U-A-S 合作下校本课程开发的实践探索：来自鞍山市四所小学的经验[M]. 长春：东北师范大学出版社：110-148.
② 李刚，吕立杰. 2016. 高中学校学生发展核心素养的现实关照——百所高中校训的静态分析[J]. 上海教育科研，（10）：22-26.
③ 舒新城. 1930. 中华百科辞典[M]. 北京：中华书局：971.
④ 陈桂生. 1998. "校训"研究[J]. 宁波大学学报（教育科学版），20（1）：29-33.
⑤ 李继星. 2009. 中小学校训初论[J]. 教育理论与实践，（7）：27-30.

校训不能与办学理念、办学特色、校风、学风、教风等同，而是与其存在一定的逻辑关系。其中，校训与办学理念的逻辑关系如图 4-1 所示。高中校训不仅仅是学校精神的浓缩，同时也是该校师生特点的缩影，并且能够在一定程度上折射出当前我国高中阶段教育价值观的取向。

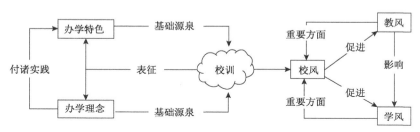

图 4-1 校训与办学理念逻辑关系图

校训是学校的灵魂，是学校教育理念、办学特色、历史积淀、价值追求与培养方向的表征。高中校训是一所高中的校园文化的重要组成部分，是高中德育的重要内容，是该所高中办学理念和价值追求的理性抽象与概括。校训具有导向、规范的特点，对全校师生的思想行为、意志品质有着潜移默化的影响，是高中育人无形的积极力量。一所高中的校训内含了学校特色发展的教育理念，渗透了学生言行举止的准则规范，融合了当地传统文化的历史积淀。高中校训既涵盖了祖祖辈辈对于学生培养的不懈追求，又整合了时代发展对学生的多方面要求。校训的丰富内涵对于学生未来发展的影响是潜在的、悄然的，却是深刻的、长远的。校训是一所高中办学理念的集中体现，是学生培养目标的最终追求。

将校训纳入高中阶段学生素养考察对象是十分必要的，主要体现在两个方面。一方面，校训是高中阶段学生发展核心素养的缩影。校训语言凝练但内涵丰富，寥寥数字便将高中阶段学生发展的素养展现无遗。这些素养并非全部素养，而是关键素养，是学生应对未来时代发展、社会进步的终身素养。校训中的素养虽不能覆盖学生全部生活成长的技能，却成为辐射其他素养、联结其他素养的中心素养，起到提纲挈领的作用。这些关键素养几乎能够渗透到学生发展的方方面面，是学生发展的"灵魂"。另一方面，高中校训是对高中阶段学生发展基础素养的提炼。高中校训是高中阶段学业结束后获得的基础素养，是学生未来成长的奠基素养。这些素养不是专一性、独立性素养，而是基础性、奠基性素养。这些素养是学生获得其他素养的基础，是生成其他素养的必要成分。

（二）高中校训内容分析

1. 样本选择

研究分析的样本为 2021 年中国百强中学名单中高中学校的 100 条校训。校训内容是通过查阅学校校史资料、访问学校官方网站等途径获得的。笔者使用 2021 年中国百强中学百条校训作为分析样本的依据主要有两个：一是权威性。"中国百强中学"评选是国内最早和权威的针对国内最具声望中学（高中阶段）的全国评选活动。评选上榜中学在学校声望、教学管理、学生素质培养、校园文化及环境、校友资源及服务五项指标中的成绩优异。二是全面性。百强中学覆盖全国 31 个省（自治区、直辖市），分布均衡，各具代表性，大大提升了研究的科学性。笔者所得百所中学千字校训如表 4-1 所示。

表 4-1　百强中学校训名单（2021 年）

省份	学校	校训
安徽	马鞍山二中	厚德、励学、敦行
	淮北市第一中学	团结、求实、勤奋、进取
	安庆一中	诚毅
北京	中国人民大学附属中学	崇德、博学、创新、求实
	北京四中	勤奋、严谨、民主、开拓
	北京师范大学第二附属中学	笃志、博学、质朴、方正
	清华大学附属中学	自强不息、厚德载物
重庆	重庆市巴蜀中学校	公正、诚朴
	重庆市第八中学校	诚、勤、立、达
	西南大学附属中学	行己有耻，君子不器
福建	福州三中	励志、笃学、力行
	厦门外国语学校	进德修业
	福建省泉州市第七中学	爱国、感恩、勤奋、卓越
	福建省莆田第一中学	进德、力学、求实、超越
甘肃	西北师范大学附属中学	勤、慎、诚、勇
广东	华南师范大学附属中学	进德修业、格物致知
	广东省实验中学	爱国、团结、求实、创新
	中山纪念中学	祖国高于一切，才华贡献人类
	深圳外国语学校	爱国、求知
	广东仲元中学	德，毅，博，健

续表

省份	学校	校训
广西	南宁三中	敦品力学
	柳州铁一中学	立德、启智
贵州	贵州师范大学附属中学	仁、智、勇
海南	海南中学	尚德、睿智、唯实、创新
	海南省文昌中学	团结、守纪、严教、勤学
河北	河北衡水中学	追求卓越
	邯郸市第一中学	学会做人，学会做学问
	河北定州中学	厚德、笃学、创新、自强
	正定中学	明德、笃学、强身、报国
	张家口一中	孜孜以求、锲而不舍、慎独自砺、兴国益民
河南	河南师范大学附属中学	厚德博学、止于至善
	鹤壁高中	朴实沉毅，自强不息
	北大附中河南分校	孝敬、诚信、勤奋、创新
	南阳市第一中学校	博文约礼、成德达才
	漯河市高级中学	公、诚、爱、严
	林州市第一中学校	功崇惟志、业广惟勤
黑龙江	哈尔滨三中	敦品励学、严谨求是
	大庆铁人中学	朴实、负责、求是、创造
	鹤岗市第一中学	勤奋、守纪、求实、创新
湖北	湖北黄冈中学	弘德尚学、笃行致远
	华中师范大学第一附属中学	厚德、博雅、笃学、敏行
	襄阳四中	勤奋、严谨、团结、进取
	荆州中学	崇尚科学、关心社会
湖南	湖南师范大学附属中学	公、勤、仁、勇
	衡阳市第八中学	忠信笃敬
	湘潭县第一中学	祖国在我心中
	宁乡市第一高级中学	诚、信、勤、朴
云南	昆明市第一中学	诚敬勤朴、公勇严毅
	曲靖市第一中学	知行合一、止于至善
吉林	东北师范大学附属中学	志存高远、学求博深
	长春市第十一中学	立德、拓智、健体、尚美
	吉林省实验中学	笃学、践行、求是、创新

续表

省份	学校	校训
江苏	南京师范大学附属中学	嚼得菜根、做得大事
	江苏省苏州中学	诚、思、信、勇
	江苏省海门中学	敦品、力学、大气、卓越
	江苏省靖江高级中学	弘大刚毅、任重致远
江西	江西省临川第一中学	厚德、播学、体健、创新
	新余市第一中学	团结、奋斗、求实、创新
	南昌市二中	勤、朴、肃、毅
	江西省九江第一中学	严、实、诚、勇
辽宁	辽宁省实验中学	明心知往、力行求至
	大连市第二十四中学	明德、笃志、博学、慎行
	阜新市实验中学	爱国、立志、崇学、尚美
	葫芦岛第一高级中学	积极存在、追求卓越
内蒙古	包头北重三中	勤学、敬业、求实、创新
宁夏	银川一中	尚德、远志、求是、笃行
青海	湟川中学	严谨、求实、文明、创新
山东	山东师范大学附属中学	爱校、爱学、爱教
	青岛第二中学	敬教、乐学、育人、报国
	山东省莱州市第一中学	诚、勇
	济宁市第一中学	惟精惟一 允执厥中
	东营胜利第一中学	诚、勤、立、达
山西	太原市第五中学校	诚、正、明、毅
	山西省平遥中学校	坚定、团结、求实、创新
	忻州市第一中学校	勤、慎、敏、爱
	康杰中学	学会认知、学会做人、学会竞争、学会生存
陕西	西安市铁一中学	责任、荣誉
	西北工业大学附属中学	重德、博学、崇实、创新
	西安交通大学附属中学	弘德、广识、励志、笃行
	西安高新区第一中学	为实创新、人尽其才
	陕西师范大学附属中学	励志、笃学、慎行、创造
上海	上海中学	读书、明理、做人、成才
	华东师范大学第二附属中学	卓然独立、越而胜己
	上海师范大学附属中学	让每一个师生都得到充分和谐发展

续表

省份	学校	校训
上海	复旦大学附属中学	博学而笃志、切问而近思
四川	成都七中	审是迁善、模范群伦
	成都外国语学校	爱国、勤奋、求实、创新
	绵阳中学	乐学修德 卓行天下
	四川绵阳东辰国际学校	崇尚科学、弘扬人文、发展个性、创造卓越
	四川省阆中中学校	精诚 团结 奋起
天津	南开中学	允公允能、日新月异
	天津市新华中学	艰苦必胜、争创一流
	耀华中学	勤、朴、忠、诚
西藏	拉萨中学	立志成才、卓越发展
新疆	乌鲁木齐市第一中学	厚德、励志、博学、笃行
	新疆生产建设兵团第二中学	自强不息、高攀不止
浙江	宁波市镇海中学	励志、进取、勤奋、健美
	宁波效实中学	忠、信、笃、敬
	浙江省衢州第二中学	务实求真
	浙江省湖州中学	自强不息、厚德载物

2. 静态分析

高中校训的静态分析，是指仅从文本角度对校训进行分析，包括对高中校训的结构分析与内涵的分析，暂不考虑校训对于学校管理、教师态度、学生教育以及社会环境等动态因素的影响。

（1）文本结构分析之句式分析

"言"是以标点符号为分隔符，分隔符中有几个字即为几言；"字"则指一条校训中所包含汉字个数的总数。[1]汉语单字即能成义，双字即能成句。一言校训大多源自我国古人表达思想的文化传统，言简意赅地反映了其对于学生的基本要求。样本中一言结构的校训总计16条，占总数的16%。二言结构较一言结构涵盖更多的思想和理念，往往既包含传统文化，又包含时代精神。样本中二言结构的校训总计42条，占总数的42%，数量最多。四言结构的校训多来自经典古文中的名言警句，规范整齐。样本中四言结

① 高琪. 2013. 我国中小学校训研究[D]. 北京：首都师范大学.

构的校训总计 30 条，总数居第二位。其他格式的校训则更多融入了学校发展的特色，使用数量相对较少。分析数据如表 4-2 所示。

表 4-2　校训句式分析

句式	一言二字	一言三字	一言四字	二言四字	二言六字	二言八字	四言八字	四言十六字	五言十字	其他
数目（条）	1	1	14	5	3	34	28	2	1	11

（2）文本结构分析之字词分析

统计校训中字词使用频率，是了解当前高中学校学生培养侧重点的突破口。较高的字词使用频率则表示该素养是当前高中阶段培养学生的主要关注点。单字与词语在所有 100 条校训中出现的频次如表 4-3、表 4-4 所示。不难发现，"学""德""创新""爱国"等字词出现的频次较高。

表 4-3　单字使用频次表

汉字	频次	汉字	频次	汉字	频次	汉字	频次	汉字	频次	汉字	频次
学	36	实	17	志	13	严	8	崇	7	朴	8
德	24	新	15	爱	10	厚	8	结	5	团	5
求	20	诚	14	博	11	明	6	进	6	一	5
勤	20	笃	15	奋	11	尚	7	立	7	勇	7
创	18	行	14	国	10	越	8	励	7	卓	8

表 4-4　词语使用频次表

词语	频次	词语	频次	词语	频次	词语	频次	词语	频次	词语	频次
创新	14	团结	5	励志	5	止于至善	2	创造	3	诚信	1
求实	9	笃学	6	求是	4	崇尚科学	2	笃行	4	致远	2
勤奋	8	爱国	5	进取	3	自强不息	4	勤学	2	立志	2
厚德	8	卓越	6	笃志	3	进德	3	明德	2	尚德	2
博学	7	严谨	4	敦品	3	力学	3	弘德	2	立德	2

（3）文本内涵分析

基于 QSR 公司开发的 Nvivo 8 质性数据分析软件，运用其强大的编码功能进行百条高中校训的编码、分析、探索与挖掘的循环工作，直至获得高中阶段学生发展关注的主要素养。在进行文本内容导入后，进行自由节点创建，分析自由节点内涵并对其进行归类，再进行树状节点创建，经不断调整，形成高中阶段学生培养素养谱系表（表 4-5）。数据显示，高中阶段学生培养素养主要集中在五个方面，即道德修养、知识真理、卓越品质、创新实践和家国情怀，相对而言，团结合作、强身健体、审美体验等较少被提及。

表 4-5 高中阶段学生培养素养谱系表

序号	节点	节点参考数（个）	参考点内容举例
1	道德修养	87	厚德、诚信
2	知识真理	51	博学、求实
3	卓越品质	49	卓越、致远
4	创新实践	30	创新、创造
5	家国情怀	16	爱国、兴国
6	团结合作	5	团结
7	强身健体	4	健体、健美
8	审美体验	2	尚美

（三）高中阶段学生发展核心素养的现实关照

立足不同思考角度阐述核心素养内涵会衍生出不同版本的核心素养框架。高中阶段学生发展核心素养研究既需要来自教育理论的支撑，同时也需要来自教育实践的诉求，不可偏废。高中校训承本土历史积淀，是特定教育时间与特定教育空间对于特定受教育个体共同作用的产物。基于高中校训文本分析考察高中阶段学生发展核心素养，能够全面揭示当前高中阶段学生素养的培养现状，描绘学生素养现实图景。

1. 高中阶段学生核心素养的特点

高中阶段学生素养呈现出两方面的特点：至简至繁的东方智慧和相辅相成的积聚思想。前者主要反映为高中校训句式与内容的简繁对应关系，后者则主要体现为学生素养之间的相互作用。

1）至简至繁。根据统计数据，高中校训表达简练，惜字如金，但内涵丰富、意义深远，至简至繁的东方智慧一览无余。字至简，反复推敲，仔细斟酌，易牢记，易传播；意至繁，内涵丰富，寓意深远，适沉思，适揣摩。总体来看，颇有道家"一生二，二生三，三生万物"（《道德经》）的意味。综观当前我国高中阶段学生发展核心素养研究，在对素养条目的陈述中，虽逻辑严密却有失简约风范，虽"高大上"却不"接地气"，这对于核心素养的具体落实将带来莫大的困难。因此，我国高中阶段核心素养的研制应汲取我国传统文化中的至简至繁智慧，以至简的描述表达至繁的内涵，于传诵中而不是背诵中、于理解中而不是费解中落实核心素养理念。

2）相辅相成。当前不少研究者在有关高中阶段核心素养的研究中，将已有研究涉猎的素养全部集中起来，形成了"核心素养合订本"，误以为只要将全部素养纳入框架中，就不会遗漏和偏颇，而这恰恰偏离了核心素养的初衷，忽略了素养之间的关系。我国高中阶段学生发展核心素养不应杂糅兼并，而是应该凸显本土特色。道德修养、知识真理、卓越品质、创新实践和家国情怀五种素养，如同有机化学中的碳、氢、氧三种元素。三种化学元素按照一定比例组合就能形成具有一定性质和一定功能的新型有机物，不同的素养组合在一起就形成了能完成不同类型任务的能力，五种核心素养之间也是勒斯的关系，各素养之间相辅相成，其相互关系如图4-2所示。这一点对于当前高中阶段核心素养研究具有一定的价值。学生发展所需的能力涉及方方面面，但能力不是素养，更不是核心素养。能力是核心素养组合匹配的结果，而核心素养是构成能力的基本要素。因此，在遴选核心素养内容时，不能西瓜、芝麻一把抓，而是要找到处于中心位置的关键点，并将其置于核心素养的"篮子"里。核心素养的遴选是一项复杂的工程，须经历"淘尽黄沙始到金"的过程。遴选出的高中阶段学生发展素养是高中阶段学生培养的点睛之笔，在层次上统领全局，在功能上全面渗透，最终形成以点带线、以线带面、以面带体的高中阶段学生发展核心素养体系。

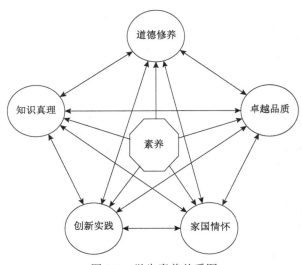

图 4-2　学生素养关系图

2. 高中阶段学生发展的五大素养

高中阶段学生发展主要关涉五大素养。高中校训兼具历史传承与现实意义，是传统文化与现代文明的结晶。笔者以百强中学校训为研究对象，其集中反映的道德修养、知识真理、卓越品质、创新实践和家国情怀五种素养是源自现实社会生活的深切呼唤。

1）强调道德修养是高中学生培养的核心内容。道德修养是人之所以为人的根本所在，强调学生道德养成始终是高中阶段教育的首要目标。注重学生道德养成是我国传统文化的要求，也是新时代对于学生正确价值观的呼唤。培养学生高尚的道德品质，对学生思想行为进行规范和导向是校训的核心价值所在。例如，河南师范大学附属中学的校训为"厚德博学，止于至善"，其中"厚德"出自《易传》之"地势坤，君子以厚德载物"，意指培养人宽厚高尚的德行。

2）重视知识真理是高中学生培养的主要内容。知识真理是跨越愚昧与文明的唯一工具，高中阶段是学生知识积累的关键时期，同时知识传授也是高中学校的最基本功能。高中以传递知识为核心，是知识的传播者，同时高中也以甄别知识为己任，强调学生对现有知识的批判、对真理的追求。培养有智慧、有思想、有追求的高中生是当前高中阶段学生发展的大趋势。例如，中国人民大学附属中学的校训为"崇德，博学，创新，求实"，其中"博学"意为广博的学习，"求实"意为实事求是，以获得符合客观实际的正确认识。

3）关注卓越品质是高中学生培养的重要方面。卓越品质是挑战未知的动力源泉，是学生长远发展必备的素养，是使学生能够在当前以及后续学习生活中拥有幸福的积极品质。高中阶段着力培养学生勤奋努力的意志、积极进取的品格、志存高远的态度等卓越品质。这些品质是学生应对社会生活各种挑战（除专业技能）必不可少的因素，承载着明确目标、疏通心理等重要功能。例如，江苏省靖江高级中学的校训为"弘大刚毅，任重致远"，出自《论语·泰伯》之"士不可以不弘毅，任重而道远"，旨在培养学生宽广、刚毅、坚持的卓越品质，以面对未来的挑战。

4）引领创新实践是高中学生培养的关键任务。创新是国家和民族发展的支柱，实践则是对创新成果的直接转化，创新实践是改变人类生活的必经之路。高中阶段是学生创新意识、创新思维与创新能力发展的重要阶段，是创新人才培养的关键时期。这一时期的学生思维水平趋于成熟，抽象思维、批判思维与辩证思维得到大力发展，因而在这一时期培养创新思维、引导学生从事创新活动是最有效的。例如，天津市南开中学的校训为"允公允能，日新月异"，其中，"日新月异"意同《大学》所述"苟日新，日日新，又日新"，强调对不断进取的创新精神的培养。

5）弘扬家国情怀是高中学生培养的历史使命。家国情怀是我国传统文化中不可缺少的民族精神。国家兴亡，匹夫有责。家国情怀一直以来都是我国传统文化的核心。随着经济全球化的到来，世界各地的思想文化交汇融合，冲击着高中阶段学生的价值观养成。高中时期是学生价值观形成的重要时期，重视培养高中生的国家意识与民族情怀，既是历史使命，又是现实需要，具有重要意义。例如，中山纪念中学的校训为"祖国高于一切，才华贡献人类"，将家国情怀教育放在了首位。

基于"百强中学校训"的文本分析是对全国范围内高中阶段学生素养的统计描述，具有一定的科学性与代表性。研究高中阶段学生素养的基本情况是对研究高中学校学生发展核心素养的现实关照。高中阶段核心素养研究需要参考并吸纳其中的重要内容，同时找寻其背后的理论基础，从而对其进行深刻的阐述与解释。笔者相信植根于高中校训发展学生核心素养的诉求能够在新时期、新阶段焕发新的光彩，承载新的理念，积淀新的文化。

学校办学理念是在继承办学历史传统、发掘办学优势资源的基础上，学校成员共创共享的、应因时代需求的、面向未来的核心价值观念体系，它集中回答了这所学校"要培养怎样的人"这一问题。换言之，学校办学理念的实质就是为学生素养"画像"。把握社会变化与时代需求、考察学校特有资源以及调研师生和相关群体的意愿，可以确立具有前瞻性的、学校特有的、适合学生发展的办学理念。

第二节 学校课程规划：素养的结构化与可操作化

课程承载着国家意志和教育理想，是落实立德树人根本任务的重要路径，也是实现学校办学理念、教育目标的基本途径。当前，国内外课程改革中的核心素养已成为许多国家教育改革的支柱性理念，一个明晰的趋势是：教育目标直接指向学生核心素养的发展。因此，核心素养理应是课程发展的中心与起点，所有课程共同承担学生核心素养的培育，每门课程承担了适合各自课程特征的部分核心素养要求（如学科核心素养），而课程对应的学科或学习领域除了指向自身的课程目标，还需要指向作为整体的核心素养，并作为核心素养培育的载体。①学校发展必须以学生素养目标为引领，合理规划本校课程，以更好地发挥学校课程的育人作用。学校课程规划是在对国家课程和地方课程有一定的认识、理解及调适的基础上，结合学校自身实际，学校对本校课程（包括国家课程、地方课程和校本课程）的设计、实施和评价进行全面的规划。②规划课程的过程就是把核心素养框架分解为具体实现路径的过程，将素养目标融合到课程目标的筛选与确定、课程内容的选择与组织、课程实施与评价等各个环节中，建立与素养结构相适应的课程体系结构的过程。围绕学生素养结构建立的课程体系是从理念课程到正式课程的转化结果，既可以缩小课程转化过程中的课程落差，也是推进学生素养目标真正落地的重要一步。

一、学校课程规划：内涵、价值

许多学者都对学校课程规划的相关问题进行了有效探讨。有学者认为，学校课程规划就是以学校自身为主体对本校课程的设计、实施、评价等工作进行的全面规划。学校课程规划作为一种活动，是学校管理和课程领导的核心要务；作为一种结果则是学校课程设计、实施和评价的重要依据。③还有学者指出："学校课程的规划是指学校以本校为基础，对学校课程（包括国家课程、地方课程和校本课程）的设计、实施与评价等进行整体设计和安排，其实质是学校课程的校本化过程。"④这两种认识为我们厘清了学校课程规划的基本内涵。从学校整体发展的范畴来看，学校课程规划属于学校发展规划的一部分，因此学校课程规划不仅仅关涉课程建设本体，也包含课堂教学、文化制度、教师专业发展等外围体系的完善。

笔者认为，学校课程规划是学校共同体为实现学生、教师、学校的全面发展，基于自身实际情况和发展愿景，充分调动各种因素，对学校课程工作，包括课程目标、课程内容、课程结构、课程实施、课程评价等进行全面设计和实施的永续过程。

---

① 崔允漷，邵朝友. 2017. 试论核心素养的课程意义[J]. 全球教育展望，46（10）：24-33.
② 崔允漷. 2005. 学校课程规划的内涵与实践[J]. 上海教育科研，（8）：4-6, 20.
③ 崔允漷. 2005. 学校课程规划的内涵与实践[J]. 上海教育科研，（8）：4-6.
④ 靳玉乐，董小平. 2007. 论学校课程的规划与实施[J]. 西南大学学报（社会科学版），33（5）：108-114.

（一）学校课程规划的内涵阐释

1. 学校课程规划源于课程管理体制的变革

在以往国家课程开发模式和课程管理体制下，学校课程体系呈现出单一、封闭的特点。学校应该开设什么样的课程，完全由国家说了算，课程内容的选择也是由教育行政部门组织课程专家决定的，各级各类学校的核心任务就是认真执行国家课程计划。1998 年，教育部颁布了《面向 21 世纪教育振兴行动计划》。2001 年，国家基础教育课程改革项目正式启动。新一轮的课程改革进一步推动了课程管理体制的变革，此后，我国确立了国家、地方、学校三级课程管理体制，学校被赋予了课程管理和课程开发的权利与义务。

2001 年颁布的《基础教育课程改革纲要（试行）》指出："学校在执行国家课程和地方课程的同时，应视当地社会、经济发展的具体情况，结合本校的传统与优势、学生的兴趣和需要，开发和选用适合本校的课程。"三级课程管理体制的建立带来了课程决策权的下放，学校拥有了创生课程的空间。在这种体制的影响下，一方面，学校需要研究和解读国家课程方案，了解当地教育行政部门制定的课程政策，做到开足、开齐国家课程和地方课程；另一方面，学校必须根据本校的实际情况、教师的专业能力及学生的发展需要开发校本课程，因地制宜，利用当地的教育资源，弥补国家课程和地方课程在适应学生差异性上的不足。三级课程管理体制的安排使得学校成为实践层面上课程的第一责任主体，无论是国家还是地方，都无法代替学校进行课程规划工作，因此，学校需要通过整体的课程规划行动确保国家课程、地方课程和校本课程互生逻辑，共同构成本校课程体系，更好地服务于办学目标。

2. 学校课程规划是课程建设的发展蓝图

课程根植于学校，是实现学生成长的跑道，是学校核心竞争力的重要标志，对学生的个性成长和学校的可持续发展起着促进作用。三级课程管理实施十几年以来，学校层面的课程意识逐步树立，课程建设作为一项专业实践越来越受到重视。学校的发展离不开学校课程的建设，尤其是在新课程改革深入的今天，以系统的、全局的思路构建学校课程体系，为学校的发展提供了有效的抓手。但在现实的教育实践中，仍有许多学校没有进行有效的课程规划，或是将课程规划文本束之高阁，只在应付上级检查的时候拿出来做做样子。这使得学校的课程建设零敲碎打，缺乏系统性，存在课程开发与教师的教学实践相剥离，课程的设置与学生的素质提升和学业水平提高缺乏关联，课程的校本化实施不到位，课程方案不接地气，课程目标、课程内容、课程实施、课程评价等课程要素之间存在错位等问题。

学校课程规划作为一种未来导向的目标设定和行动方案，发挥着行为导向、资源分配、决策协调、参与动员和效率评价的作用，是学校课程建设的基石和保障，要想提高学校课程品质，就要科学地进行课程规划。首先，学校课程规划能够在课程管理中发挥信息收集与政策导向的功能；其次，学校课程规划能确立学校课程的发展方向和优先发展的领域；最后，学校课程规划能够转变学校课程管理中内部权力的分配方式，使校长发挥对学校课程的领导作用，使全体师生积极参与课程建设。总之，学校课程规划的制定与实施有助于学校形成一种系统、理性的课程发展哲学，并有助于学校形成一套全员主动参与的课程管理理念，还有助于学校形成注重效率的课程发展观，从而保证学校课程建设工作的顺利实施。

3. 学校课程规划是对学校课程的顶层设计

顶层设计源于工程学的概念，强调运用系统论的方法，从全局的角度对某项任务或者某个项目的各方面、各层次、各要素统筹规划，以集中有效资源，高效、快捷地实现目标。[①]学校课程的受众是学生，如何使学校课程成为学生心目中最满意的产品？这就要求学校站在高位规划适合学生发展的课程，把握对学校课程的顶层设计。作为完整的学校课程规划必然包括课程愿景、组织制度、课程方案、行动方案、评价方案五个方面的内容。首先，学校的课程愿景是对学校课程应该是什么的构建与描述，具体地讲，是指学校作为课程规划的主体，从课程理论和学校现状出发，对自身课程未来发展的有远见的预测与期待。课程愿景是在分析学校现状的基础上提炼而成的。学校现状主要体现在两个方面：一是学校外部环境，如学校在整个教育系统中的位置、与他校或机构建立的联系、学校的社会声誉以及占有的社会资源；二是学校内部环境，如学校目标与组织、学校文化与师生素质、学校资源与硬件设备等。通过学校现状调查，将与课程密切相关的内部优势因素、弱点因素、机会因素和威胁因素依次按矩阵形式予以排列，然后运用系统分析的思想把各种因素匹配起来，从中得出一系列相应的结论。其次，学校应创建相互支持和制约的双界面学校组织系统，即由

---

① 李臣之. 2015. 学校课程顶层设计[J]. 教育科学研究，（7）：53-58.

校长、中层管理人员、教师组成的自上而下的行政组织界面和以研讨、学习、课题研究为主的学习型组织界面。再次，如果说学校的课程愿景与组织制度是学校课程规划的前提与依据，那么课程方案则是学校课程规划的核心内容。学校课程方案主要包括各年级的课程门类、课时分配、课程实施要求与评价建议等内容。再其次，为保证学校课程方案的落实，学校还必须制订相应的行动方案，具体回答如何有效地执行课程方案的问题。最后，学校应该认识到课程评价在学校课程规划中所起的监控和评估作用，确立发展性的评价理念，制订关于学校课程的评价方案。

4. 学校课程规划是课程共同体的协作过程

传统教育观念的转变以及课程改革在学校层面的不断推进使得课程民主化意识深入人心，并逐渐转化成学校内部的一种文化和实践。从学校组织的内部来看，凡是追寻学校课程愿景、关心学校课程使命或参与学校课程规划与发展的学校内部人士，包括学校行政人员代表、教师代表、学生代表等，都可以成为学校课程规划共同体内的一员。研究表明，在实践中他们起着主体性、能动性或创造性的作用。首先，学校校长作为学校课程的领导者和规划者，必须具有全局观念，把学校课程规划提上日程，主动学习在课程规划方面做得比较好的学校的实践经验，深入发掘本校的文化传统，基于自己的办学理想提出符合学校实际的课程理念。其次，校长还要不断动员学校教师，鼓励教师勇于创新、相互学习，组织培训，培养骨干教师，优化教师队伍，成为学校课程规划的领军人。教师作为学校课程在课堂教学方面的转化者，要基于教学实践探索符合学生身心发展规律的校本课程，主动提升自身的专业素养，在课堂层面落实学校课程规划方案。学生作为课程改革的直接受益者，需要基于学习兴趣和需要，为学校课程规划建言献策，成为学校课程规划的参与者。从学校组织的外部来看，课程理论专家及学生家长往往以一种隐性主体的身份出现，通过影响显性主体进而影响到整个学校的课程规划。例如，家长往往是通过影响学生而影响课程规划；课程理论专家一方面通过为学校管理者提供理论支撑，另一方面通过为实施者提供专业指导而影响学校课程规划。课程专家要帮助学校分析自身的实际情况，更新课程理念，明确学校的课程目标、愿景和发展方向；帮助学校进行课程体系的建构，变革教学内容、方法和模式，对课程和教学实践活动进行具体的设计和改进；通过听课、观看教学视频、实际观察等方式对学校的课程和教学实践活动的开展进行具体指导；帮助学校建立合理有效的课程评价体系，对学生学习、教师教学以及整个课程规划实施过程进行评价方案的设计。学校课程规划要通过在课程规划的显性主体和隐性主体之间建立起互相沟通的协作模式，打造课程共同体，才能在最大程度上发挥不同主体的优势，群力群策，实现学校课程建设的可持续发展。

（二）学校课程规划的价值

1. 有利于课程理想从模糊走向清晰

在教育实践中，我们不得不面临学校要培养什么样的人、怎样培养人等诸多问题，将学校教育的这些问题诉诸课程就形成了每所学校独特的课程理想。在宏观层面，学校教育的目标必须追随国家的教育方针和政策。但在微观层面，每所学校又要着眼于学生的个性发展，因此学校必须通过整体的课程规划使得课程理想逐渐明晰，从而构筑学校课程建设的"上层建筑"。学校课程规划可以使学校从办学定位、办学理念、培养目标、办学方略等角度明确课程理想。学校的办学定位也就是未来要办成一所什么样的学校。学生毕业一波，又新来一波，而学校却一直存在，那么学校未来应该成为一个什么样的存在就成为学校必须思考的问题。学校的办学理念就是实现上述办学定位应该秉持的理念。人是教育的对象，学校的办学理念离不开育人，当前有明确办学理念的学校大都选择用几个基本的育人命题来描述和框定学校的办学理念。学校的培养目标是对学校培养育人工程"出口"的一种描述，它是学校课程的指向和依据，其内涵就是要厘清学校认同的毕业生形象。学校的办学方略，也就是要达成上述目标，学校要确定什么样的实施原则、策略，要研究什么样的内容、载体、途径，要制定什么样的制度，要进行什么样的评价、管理与保障等，办学方略的核心是确定学校的基本育人模式。学校课程规划的过程必然伴随着厘清上述基本问题的过程，这就使课程理想从模糊走向清晰。例如，上海市风华初级中学在课程规划过程中围绕课程哲学进行了专题研究，提出让学生做最好的自己，以提供满足学生个体差异性发展需求的教育资源作为学校发展的方向，并以"做最好的自己"作为学校整体课程规划的起点，将"做最好的自己"具体化为以最好为要求、以自己为标准、以发展为前提三个维度，明确了学校的课程理想。

2. 有利于课程结构从碎片走向整合

在当前课程改革的背景之下，一个有序而高效的学校课程体系应当是以学校为主体，国家课程、地方课程和校本课程的有机统整，其中一个重要方面就是进行学校课程的结构设计。学校课程建设的重点不是盲目地增加课程门类，而是整体变革学校的课程结构。当前，学校课程结构存在的最主要的问题如下：第一，缺乏整合，各部门、各学科之间缺乏交流和相互配合，导致很多课程交叉、重复；第二，课程的丰富性、选择性不够，过于单一；第三，课程的综合性、开放性不够，基本以分科课程为主，与生活贴近的综合型课程相对较少，实施起来困难重重；第四，探究性和活动性课程不够，更多的是学科课程，学生的学习方式比较被动。

许多学校既要实施国家课程和地方课程，又要发展校本课程，而国家课程、地方课程和校本课程之间存在较严重的断裂甚至相互冲突，这不仅导致学生课业负担更加沉重，而且已经影响到学校教育的质量。学校的课程结构对应的是学生的素质发展结构，只有在课程规划的过程中整体变革和优化学校课程结构，才能够最终实现学生身心的协调发展和个性发展。以北京大学附属小学为例，学校秉承"以人为本，快乐和谐发展"的办学理念，构建了"生命发展课程体系"，设计了"三层五类"的课程模型结构。三个层次分别为基础类课程、拓展类课程、研究类课程，分别面向全体、部分和个体；五类领域分别为人文素养、科学素养、健康艺术、社会交往、国际理解，其中前三类领域体现了学校独特的办学实践和发展定位，而后两类领域凸显了学校对未来教育发展的战略眼光。

3. 有利于学生发展从统一走向个性

基础教育领域中所有学校都遵循着统一的人才培养目标，这就是党的教育方针规定的坚持教育为社会主义现代化建设服务，为人民服务，与生产劳动和社会实践相结合，培养德智体美劳全面发展的社会主义事业的建设者和接班人。这个教育方针是国家在一定时期内，根据社会发展和个体发展的需要而确定的，是具有全局性的教育工作根本指导思想或行动纲领，体现了人才培养的普适性需求，但这并不排斥每一所学校应该有它自己的个性化培养目标。现代社会的急速变革和发展要求学校教育必须以史为鉴、适应当下、服务未来。理想的办学应该走向个性化办学，让每个学生成为自己，实现个性成长，让每位教师形成鲜明的教学个性，让每所学校走向自主发展；沉淀自我的文化含量，提升自我的文化品位，成就自我的文化特色。[①]学校课程历来是学校教育改革的切入点，社会需要各种各样的人才，

---

① 程红兵. 2008. 避免千校一面就要培育学校文化个性——上海建平中学个性化办学的实践与思考[J]. 中国教育学刊，（4）：11-14.

需要学校教育培养个性鲜明、才能各异的学生，这就昭示着学校课程应该从一元走向多元。只有通过专业的学校课程规划，学校课程才能逐渐适应地方经济、文化的发展，适应学生的实际需要，使学生的发展从统一走向个性。

二、怎样规划学校课程方案

要想实现核心素养在学校层面的落地，应当基于核心素养进行学校课程规划，即考虑核心素养如何通过课程落实，课程体系如何与核心素养目标也就是学生的整体发展目标保持内在一致性。具体来说，就是核心素养如何与课程目标、课程内容、课程实施和课程评价等课程系统内部诸要素结合，以更好地发挥课程的育人作用，服务于学生核心素养的形成。

（一）目标分解与综合

核心素养不仅仅作为课程发展的目的或意图，还是一种可实现的、多层级的教育目标体系，是个体适应未来社会生存与发展所需的关键能力、必备品格与价值观念。在制定学校课程目标时，学校需要对学生素养目标做两方面的分解。

1. 将核心素养目标分解为各学科的核心素养

培育学生的核心素养离不开具体的学科课程或综合课程，核心素养是这些课程目标的来源。从逻辑上讲，这种来源存在如下三种关系：一是分离关系，即通常所说的"两张皮"，或者说核心素养是上浮的，高高挂起，但未落下。二是交集关系，即核心素养与课程目标存在着部分交集。三是包含关系，其中有两种情况：一方面，如果核心素养过于抽象，那么核心素养包含课程目标；另一方面，如果核心素养过于具体，停留在知识、技能或一般能力层面，课程目标就有可能包含或等同于核心素养。从课程目标的系统建构来说，核心素养与课程目标在外延上应该是相当的，只是在抽象程度上不一样，核心素养相对抽象，课程目标是用学科的话语来陈述核心素养，故相对具体一些。

2. 将核心素养目标细化为各年段目标和关键指标

进行学校课程目标制订时，要将核心素养分解到不同学段、年级，并进一步细化为年段目标和关键指标。学习的循序渐进性、成长的阶段性要求素养目标在不同的学习时期持续、连续地引领学生的发展。换句话说，每一项目标的达成、每一项能力的培养都需要在每个学段的课程目标中由浅入深地、连续地体现出来，以实现对学生的影响，因此学生素养目标须进一步细化为不同年级学生的素养目标。

学校课程目标的设计有多种方式，可以是结合不同学科的性质、功能将学生素养目标分解形成相对应学科的不同学段目标、不同年级及学科目标，也可以是不同段、不同学科依据本年段学生的特点、本学科内容特征、学习重点"认领"素养目标，形成纵横交错、连接互构的目标结构。

需要注意的是，核心素养各个维度不能分解过多，它们需要整体、综合地被课程设计者和实施者理解，以避免产生零碎的目标或结果。就实际而言，不同学年或学期对核心素养某个维度的描述会有差异，但这种差异是基于该核心素养维度内容的不断复杂化，而不是将其分解之后通过教学得到的累加结果。

（二）内容的依据与负载

学生素养目标在课程中的转化不仅体现在目标体系中，更应体现在内容体系中。换句话说，在确定课程目标之后，接下来就是选择与组织课程内容，并把教学方案付诸实践。课程内容不是知识点的聚合，而是承载着育人指向的载体，不同的内容（包括学科知识、技能、价值观念等）究竟可以培养学生哪方面的素养，如何组织这些内容以促进学生的学习，在这一过程中，核心素养不断指引着教学进程的方向。学科内容中的知识与技能既不是课程发展的起点，也不是终点。课程发展的起点或终点是核心素养，核心素养把持着知识与技能进入课程现场的"入口关"，监控知识与技能的作用方向，确保其育人功能的实现，即核心素养的养成。当然，在这一过程中，知识与技能发挥着核心素养培育的载体功能，而核心素养的养成又增加了知识储备、促进了技能发展。在很大程度上，特定的知识与技能的习得也代表着核心素养在某种程度或水平上的具体体现。可以说，核心素养和学科知识与技能既各自扮演不同角色，又形成了互为手段、目的的复杂关系。学校在设计课程方案时，必须系统思考并选择、组织负载了学生素养目标的内容，才有可能使素养目标在教学、评价过程中得到落实。

（三）实施导向与要求

教学活动是学校课程实施的中心环节和基本途径。基于核心素养的课程实施，一方面要变革课堂教学，另一方面要建立多元课程类型及其他支持系统。

1. 变革课堂教学

从教学的角度看，核心素养是关于教学目的的新思考，它具有综合性、基础性、主体性和时代性等特征。要实现培养核心素养的任务，必须实行深度教学，即进行"有限教导"，让学生充分地参与教学；进行"多元教导"，让学生生动活泼地学习；进行"情感教学"，激发学生积极的情感体验①；提供"思维教学"，让学生形成自己的理性。

2. 建立多元课程类型及其他支持系统

学生核心素养指向在复杂情境中综合运用知识、技能及价值观解决现实问题。因此，让学生在综合课程和跨学科课程中进行跨学科学习，是实现学生素养目标的应有之义。但需要注意的是，跨学科、综合性学习的前提和基础是对学科基础有大概的了解和掌握。因此，学科课程仍不能忽视。另外，为保障课程的有效实施，须建立相关的支持系统，如教师专业发展、学习空间与环境等。

（四）评价参照与指向

学生学习质量是课程实施质量的最终体现。核心素养关照下的课程评价是对课程能否满足学生核心素养发展的价值判断，是提供课程与学生核心素养发展关系信息的过程。传统上，评价基本上被用于判断学生到底掌握了多少学科内容，而指向核心素养的课程发展要求评价还应该聚焦于学生在多大程度上掌握了一种或几种核心素养，以学生素养目标为指向建立课程、教学评价体系。走向核心素养的课程评价呈现出从关注课程到重视人、从关注学业成就到重视素养的特征。显然，这将会改变评价主体、形式和类型的选择，也是推进指向核心素养的课程变革面临的最大挑战。具体而言，在评价主体上，可以采用学生自评与教师评价结合；在评价形式上，可以利用纸笔测试与技术手段或相关教育质量监测平台；在评价类型

① 罗祖兵. 2017. 深度教学："核心素养"时代教学变革的方向[J]. 课程·教材·教法，37（4）：20-26.

上，可以采用表现性评价与结果性评价相结合等方式。与此同时，面向学生、家长或监护人的学业成就报告同样要发生变化。报告不仅要聚焦于学科或学习领域，还要描述出核心素养的发展情况。例如，可以通过模拟情境中的问题解决、主题汇报、学生档案袋评价等表现性、形成性的评价方式来评价，这些评价方式能够展示学生在正式与非正式学习情境下的核心素养发展情况。

三、什么是好的学校课程方案

对于一所学校而言，学校课程方案是非常重要的文本资料，是一所学校课程的"总开关"，对学校课程具有基础性的调节作用，它规定了学校的培养目标以及课程开设的种类、结构、顺序与时间等。那么，质量好的课程规划方案应该是怎样的呢？

在已有研究的基础上，笔者结合我国当前课程规划的现状，经多轮讨论、试评等环节，开发了学校课程规划方案质量评估工具，包含 4 个维度、28 个条目（表 4-6）。

表 4-6 义务教育阶段学校课程规划方案质量评估工具[①]

维度	指标
方向性和目的性	1.1 全面贯彻党的教育方针，坚持社会主义办学方向，坚持立德树人
	1.2 体现新课程的理念，符合当今时代国家对人才培育的要求
	1.3 结合学校办学传统和实际提出明确、清晰的办学理念和培养目标
	1.4 课程目标符合办学理念，强调学生的综合素质和个性发展
	1.5 课程结构设计与课程设置安排聚焦课程目标
	1.6 课程组织与实施的基本策略指向课程目标
	1.7 课程评价活动体现对课程目标实现程度的评估
科学性和专业性	2.1 学校课程规划方案结构完整、要素全面、内容翔实
	2.2 学校课程规划方案体现课程结构与设置、实施与管理、评价之间的内在一致性
	2.3 整体安排学校课程，按规定开设各级（课程层级）、各类（课程门类）课程
	2.4 课程背景分析真实、简洁、明确，突出办学优势和劣势，科学定位课程发展需求
	2.5 课程内容注重学科知识、社会生活、学生经验的整合，突出综合性和选择性
	2.6 课时安排和课程实施灵活、开放，具有一定的弹性空间
	2.7 课程评价有系统的评价体系、具体的操作程序，同时兼顾过程评价与结果评价

---

① 王文婧. 2019. 义务教育阶段学校课程规划方案评价研究[D]. 长春：东北师范大学.

续表

维度	指标
操作性和可行性	3.1 学校课程规划方案实施建议清晰、具体、可操作
	3.2 国家课程实施有具体建议，且可操作
	3.3 地方课程实施有相关指导，且可操作
	3.4 校本课程实施有统一规定和管理措施，且可操作
	3.5 课程实施策略整合可利用的人力、物力、财力、时空、信息等资源
	3.6 课程管理设立相应的组织机构，职责明确，分工有序，有效统筹学校课程的开发、实施、评价等工作
	3.7 课程保障制度和措施全面、合理、可落实（包括组织保障、机制保障、人员保障、经费保障等）
特色性和创新性	4.1 积极开展各级各类课程的整合与创新
	4.2 结合区域发展特色及学校办学优势，推进地方、校本课程特色化建设
	4.3 注重发挥隐性课程的育人价值，推进校园文化建设，主动挖掘和调动学校内外潜在的课程因素
	4.4 充分、合理地利用现代化信息技术，推进学校课程实施方式的改革创新
	4.5 注重教师教学理念、教学方式的改革创新
	4.6 注重学生学习方式的变革创新（强调体验、合作、交流、探究）
	4.7 注重课程评价、教师评价、学生评价方式的改革创新

资料来源：王文婧. 2019. 义务教育阶段学校课程规划方案评价研究[D]. 长春：东北师范大学

义务教育阶段学校课程规划方案质量评估工具一共设置 4 个维度，分别是"方向性和目的性""科学性和专业性""操作性和可行性""特色性和创新性"，每个维度下设置 7 条具体评价指标。为了保证方案评价的科学性，本部分将会对每个维度及每条具体评价指标的内涵做出详细规定。

1. 方向性和目的性

方向性和目的性是指学校课程规划方案要符合国家教育政策的指导方向，明确办学理念和育人目标，学校课程结构与设置、课程实施与评价应该能够指向课程目标。

1）全面贯彻党的教育方针，坚持社会主义办学方向，坚持立德树人。
释义：学校要遵循党和国家的教育方针、政策，坚持教育为社会主义现代化建设服务，培养德智体美劳全面发展的社会主义建设者和接班人的目标和方向；要坚持党对教育事业的全面领导，坚定不移地走中国特色社会主义教育事业发展道路；学校要坚持立德树人，把社会主义核心价值体系融入学校教育全过程，引导学生形成正确的世界观、人生观、价值观。

2）体现新课程的理念，符合当今时代国家对人才培育的要求。释义：学校要遵循基础教育课程改革的基本理念；培养目标体现时代要求，使学生具有爱国主义、集体主义精神，热爱社会主义，继承和发扬中华民族的优秀传统和革命传统；具有社会主义民主法制意识，遵守国家法律和社会公德；逐步形成正确的世界观、人生观、价值观；具有社会责任感，努力为人民服务；具有初步的创新精神、实践能力、科学和人文素养以及环境意识；具有适应终身学习的基础知识、基本技能和方法；具有健壮的体魄和良好的心理素质，养成健康的审美情趣和生活方式，成为有理想、有道德、有文化、有纪律的一代新人。

3）结合学校办学传统和实际提出明确、清晰的办学理念和培养目标。释义：学校的办学理念和培养目标是对"学校要遵循什么样的价值观办学"以及"学校要把学生培养成什么样子"的构建和描述，其可以称得上是学校精神文化的核心，是学校各项工作的主线。学校应该认真梳理学校发展的历史、研究学校已经形成的独特文化，结合学生发展、教师发展和社会发展对教育提出的时代要求，经过提炼、加工、培育形成明确的办学理念和培养目标；学校应该用深刻、简明、概括的语言表述办学理念和培养目标。

4）课程目标符合办学理念，强调学生的综合素质和个性发展。释义：课程目标是学校课程设计与实施的出发点和归宿，它是一定教育阶段的学校课程力图促进该阶段学生身心发展要达到的程度，是学校办学理念和教育哲学在学生身上的具体落实。课程目标是指导学校课程规划方案其他部分最为关键的准则，体现了课程开发与设计的价值取向。课程目标要与学校提出的办学理念相协调，体现对办学理念的落实，以及对学生综合素质和个性发展的追求。

5）课程结构设计与课程设置安排聚焦课程目标。释义：课程的整体结构设计与课时安排要体现对课程目标的落实。

6）课程组织与实施的基本策略指向课程目标。释义：课程组织与实施的策略、方式要体现对课程目标的落实。

7）课程评价活动体现对课程目标实现程度的评估。释义：学校课程目标是否实现关系着学生的成长以及学校课程的进一步发展，因此，课程评价活动要体现对课程目标实现程度的评估。

2. 科学性和专业性

科学性和专业性指学校课程规划方案要结构完整、内容充实，文本要素之间的匹配关系要恰当合理，整体设计要体现学校课程规划的专业性。

　　1）学校课程规划方案结构完整、要素全面、内容翔实。释义：完整的学校课程规划方案应该包括课程背景、课程目标、课程结构与设置、课程实施与管理、课程评价五大部分，各部分的内容详细，对所涉及的主题有充分的规定和解释。

　　2）学校课程规划方案体现课程结构与设置、实施与管理、评价之间的内在一致性。释义：学校课程规划方案中课程结构、课程设置、课程实施与管理、课程评价之间要有内在一致性并体现一定的逻辑关系。

　　3）整体安排学校课程，按规定开设各级（课程层级）、各类（课程门类）课程。释义：学校课程要体现出整体规划的趋势；按照国家和地方教育行政部门的规定，开足、开齐国家课程和地方课程；根据当地和学校实际情况，开发一定数量的校本课程；要做到课程门类齐全，不随意删减和增设课程。

　　4）课程背景分析真实、简洁、明确，突出办学优势和劣势，科学定位课程发展需求。释义：课程背景分析是学校课程规划方案编制的基础和逻辑起点，只有全面、科学、合理地分析学校课程背景，学校课程规划方案才会更加具有针对性和实效性。学校应该对学校的校情、学情、教情及现有的课程资源等方面进行深入剖析，进而归纳学校的办学传统、办学理念、办学优势与劣势、物资与师资条件、办学环境、生源状况等相关问题，归纳总结学校的办学优势和不足，进而定位学校课程的发展需求。课程背景分析要具有真实性，且使用简洁、明确的语言进行概括。

　　5）课程内容注重学科知识、社会生活、学生经验的整合，突出综合性和选择性。释义：学校课程内容应该将学科知识与社会生活、时代发展相联系，注重学生的兴趣、需要、能力，加强课程内容对学生身心发展特点及学校教育特点的适应性，为使学生能够更好地适应社会和改造社会提供必要的知识、技能。

　　6）课时安排和课程实施灵活、开放，具有一定的弹性空间。释义：学校课时安排和课程实施要灵活、开放，如根据学校实际情况设置大课时、小课时、长短课时等，体现课程的弹性。

　　7）课程评价有系统的评价体系、具体的操作程序，同时兼顾过程评价与结果评价。释义：课程评价作为学校课程建设和课程发展的有机组成部分，在整个课程系统中占有重要地位，没有课程评价的学校课程规划方案是不完整的课程规划方案。通过课程评价，可以诊断课程方案的设计与实施是否具有科学性、客观性和可行性，同时对诊断之后的课程方案做进一步的补充与完善，进而为决策者提供充足的信息与参考。学校应该规定课程评价的主体、内容、方法、标准、实施步骤，建立系统的评价体系，倡导发展性评价，评价主体要多元，评价内容应该包括学生、教师、课程三大部分，每部分都应该规定相应的操作程序。

3. 操作性和可行性

操作性和可行性是指学校课程规划方案要有较强的实际操作性，能够分层分步，引领学校课程建设工作，促进教师有效地开展教育教学实践。

1）学校课程规划方案实施建议清晰、具体、可操作。释义：学校课程规划方案实施建议需要清晰、具体，且具有可操作性。

2）国家课程实施有具体建议，且可操作。释义：国家课程实施有具体的建议，明确、清晰，且具有可操作性。

3）地方课程实施有相关指导，且可操作。释义：地方课程实施有具体的建议，明确、清晰，且具有可操作性。

4）校本课程实施有统一规定和管理措施，且可操作。释义：校本课程的实施要有具体的建议，明确、清晰，且具有可操作性。

5）课程实施策略整合可利用的人力、物力、财力、时空、信息等资源。释义：课程资源充当着学校课程实施的媒介，承载着知识、信息、经验。在课程实施中，学校要注意利用可得到的人力（教师、学生、家长、课程专家等）、物力（教材、教具、仪器、设备、场地、媒介等）、财力（地方财政、学校资金等）、时空（课程实践基地、公共图书馆、科技活动中心、少年宫、博物馆等）、信息（电视、广播、报刊、网络技术等）等资源。

6）课程管理设立的相应组织机构职责明确、分工有序，有效统筹学校课程开发、实施、评价工作。释义：课程管理具有组织、追踪、监督、评估、反馈等功能，旨在通过对课程建设和课程实施过程中的人物、事物等各种关系进行协调并使之达到预定目标。学校应该设立相应的课程管理组织机构，规定各部门小组的职责分工，全方位统筹学校课程的开发、实施、评价工作。

7）课程保障制度和措施全面、合理、可落实（包括组织保障、机制保障、人员保障、经费保障等）。释义：在学校课程规划中，学校要明确保障课程顺利实施的人、事、物、时间、空间、资源等，从而形成一定的组织保障、制度保障、经费保障等课程保障制度，还要形成相应的策略和措施，以推动学校课程建设的螺旋上升式发展。

4. 特色性和创新性

特色性和创新性是指学校课程规划方案要能够通过学校课程的顶层设计实现学校的个性化发展，形成学校课程特色，回应时代需求，推进课程实施方式、教师教学方式、学生学习方式的改革创新。

1）积极开展各级各类课程的整合与创新。释义：学校应该立足本校实际和学校课程的实效性，注重三级课程的互补与融通，开展各级各类课程的整合，积极推进国家课程的校本化实施。

2）结合区域发展特色及学校办学优势，推进地方、校本课程特色化建设。释义：学校要注重结合区域发展特色及学校办学优势，围绕特定的办学特色，开发相应的特色课程群，推进地方、校本课程特色化建设。

3）注重发挥隐性课程的育人价值，推进校园文化建设，主动挖掘和调动学校内外潜在的课程因素。释义："隐性课程"的概念与"显性课程"相对，关涉观念、物质、制度、心理等方面，具体是指学生在学习环境中习得的非预期、非计划、无意识的知识、经验、态度等。隐性课程可以分为物质性隐性课程、观念性隐性课程、制度性隐性课程、心理性隐性课程等，不同类别的隐性课程有不同的表现形式。物质性隐性课程主要包括学校的建筑风格、教室的布置等校园环境建设；观念性隐性课程主要包括学校育人理念、校风、学风等；制度性隐性课程主要包括学校管理体制、组织方式等；心理性隐性课程主要包括学校内部成员之间的关系，如行政关系、师生关系、生生关系等。学校要注重发挥隐性课程的育人价值，推进校园文化建设，使学校课程找到文化根基。

4）充分、合理地利用现代化信息技术，推进学校课程实施方式的改革创新。释义：信息技术作为现代社会变革的重要支撑，在学校课程建设中发挥着不可估量的作用。学校应该推动信息技术在教师教学、学生学习、师生互动等方面的应用，丰富学生的学习环境，为学生的健康成长提供有力的工具支持。学校要充分利用信息技术的便捷性、时效性等特点，促进学校课程实施方式的改革创新。

5）注重教师教学理念、教学方式的改革创新。释义：学校应制定有效、持续的师资培训计划，促进教师专业化发展，转变教师的教学理念、教学方式。教师要重新树立以学生为主体的教育观，尊重学生的身心发展规律，积极引导学生发挥自身在受教育过程中的主观能动性，提高学生对教学过程的参与度，注重学生的经验的生成和师生之间的交流互动。在教学过程中，教师还应注重对教学方式进行改革创新，探求适合学生心理发展特点的教学方法，关注学生个体之间的差异，因材施教，以满足不同学生的学习需求。

6）注重学生学习方式的变革创新（强调体验、合作、交流、探究）。释义：学校要充分适应社会发展的需要，注重对学生的学习方式进行变革创新，实现学生学习方式由"离身"到"具身"的转变。在课程的实施过程中，强调体验、合作、交流、探究；培养学生收集信息、处理信息、分辨信息的能力；培养学生将学习到的知识和技能应用到生活实践中的能力，提升学生的综合技能；注重培养学生对社会发展和人类生存的责任感，增强学校生活与社会生活之间的联系。

7）注重课程评价、教师评价、学生评价方式的改革创新。释义：学校要注重课程评价、教师评价、学生评价方式的改革创新。学校应建立旨在用于课程改进的课程评价体系，注重诊断实施学校课程前的问题，监督学校课程实施的过程，提高学校课程实施的效果。学校要采用多元方式促进教师的专业发展，在强调教师自主反思的同时，引入外部评价制度，实现多方主体参与，使教师从多方面获取评价信息，进而促进教学水平的提升。学校要转变学生评价理念，实行发展性评价，发挥评价的教育功能，注重过程评价和结果评价相结合，促进学生在原有水平的基础上不断成长。

学校进行课程规划方案评价是为了改进，因而在评估工具建构的过程中，除了课程专家的意见外，还需要参考一线校长以及教师的意见，还要运用专业且规范的方法对评估工具的效度和信度进行充分验证，从而使其更具效用性。

第三节　国家课程的校本化开发：素养的再分解

国家课程的校本化开发实际上是校本课程开发的一部分，是指在坚持国家课程改革纲要基本精神的前提下，学校根据自身性质、特点和条件，将国家层面上规划和设计的、书面的、具有计划性的面向全国所有学生的学习经验转变为适合本校学生学习需求的、实践的学习经验的创造性实践，包括教材的校本化处理、学校本位的课程整合、教学方法的综合运用和个性化加工及差异性的学生评价等多样化的行动策略。[①]国家课程的校本化开发既由我国区域经济发展和教育水平失衡决定，同时也受课程改革的理想与我国学校教育的现实之间的距离和矛盾影响。校本化课程实施强调学校在国家的框架之下做自己的事，即在坚持国家课程改革的基本精神和总体方向的前提下，研究自己的学生、自己的教师、自己的家长和所在的社区，积极争取地方政府及外部专家的支持和帮助，有特色、创造性地实现国家

---

① 徐玉珍. 2008. 论国家课程的校本化实施[J]. 教育研究，（2）：53-60.

课程的共同要求。《教育部关于全面深化课程改革落实立德树人根本任务的意见》中明确指出，要"研究提出各学段学生发展核心素养体系"。随后，普通高中新课程标准中也明确提出了各学科核心素养。核心素养已经成为国家落实立德树人、引领课程改革的关键因素。国家课程的校本化开发既是更好地落实学生核心素养的有效途径，也是将学生素养目标再分解的过程。学校的课程规划应当以国家教育方针为指导，以学校办学目标为追求，以培育学生核心素养为使命。依据各学科核心素养，进一步厘清学科的素养价值，将素养目标分类、分解，再依据相应的目标要求设计相应的课程项目，形成目标明确、层次清晰的课程体系。上海市桃李园实验学校建构的语文、英语课程群即是一例。

上海市桃李园实验学校是一所九年一贯制学校。学校秉承"让每一位师生拥有一片芬芳"的教育理念，围绕"营造卓越文化，追求资优品质"的办学愿景，致力于坚持向服务要效益，不断优化办学环境，推进课程改革。学校积极推进体验式教育，形成了基础型、拓展型、探究型的课程群体系，即"核心课程""外围课程""综合实践活动"的课程群，致力于对学生核心素养的培养。

一、利用资源，拓展延伸

初中学段，学生的语文和英语学习现状如下：面对一位教师、一本教材，围绕一个考试目的。这种状况已经不能满足学生多样化、个性化的课程选择需求，更不能使学生在知识与技能、过程与方法、情感态度与价值观等方面协调发展，核心素养的培育往往得不到有效落实。为改变这一现状，上海市桃李园实验学校通过建构语文课程群和英语课程群，①让学生在其整合与开发的基础型、拓展型和探究型三类课程的学习过程中，提高综合素养，为发展核心素养奠定坚实基础。

上海市桃李园实验学校在课程设计上采取一本多维的 1+X 模式：1 为核心课程，即国家基础课程；X 为学校自行开发的课程，包括外围课程和综合实践课程。

1. 核心课程

核心课程是指语文、英语等国家规定的课程，教师根据学生实际进行

---

① 路光远. 2019. 学科课程群建设：课程品质提升的一种路径[J]. 上海教育科研，（8）：66-69.

合理的增选和顺序、进度上的重新编排。在核心课程的建设上，课程群主要强调教学理念和教学策略的改变，主要抓住课前导练、课中自学导读、课后导练三方面来落实教学计划。

2. 外围课程

外围课程即围绕核心课程教材中涉及的知识点及学生语言能力拓展与提升的需要而形成的多元创生课程，是学科知识点和学科素养的课程化。在教法上，强调情境教学，激发学生的学习兴趣，重在引导学生进行体验式、参与式学习。上海市桃李园实验学校在6～7年级共开发出12门课程（表4-7）。

表4-7　上海市桃李园实验学校开设的核心课程和外围课程

核心课程	外围课程
语文	朗诵技巧、演讲技巧、论辩技巧、生活作文、经典诵读、绘本阅读、魅力文字
英语	原声剧场、趣味英语、单词巧记、口语交际、西方习俗

3. 综合实践课程

综合实践课程是语言学科的学习延伸，与学生社团紧密相关。其功能是从语言学习的角度，引导学生在各种社团实践中运用已经掌握的语言知识，直接感悟自己的语言综合素养，培养自己的参与意识、合作意识、竞争意识和责任感，并在自我探索中发现自己的潜力与优势（表4-8）。

表4-8　上海市桃李园实验学校开设的综合实践课程

年级	综合实践课程
6年级	经典朗诵欣赏会、词汇记忆比赛、双语合唱团
7年级	未来职业畅想演讲、人类与环境演讲、英文朗诵比赛、英语课本剧
8年级	中学生大讲堂、论辩竞赛、英语故事大王竞赛、听力能力比赛
全校	古诗文大赛、生活作文竞赛、英语小义卖

在这三类课程中，核心课程和外围课程属于"知"，综合实践课程属于"行"。先知后行，再以行促知，最终达到知、行相互促进。后期的问卷调查、测试等表明，语文课程群和英语课程群的建设对于提升学生语言综合素养、学习能力，以及促进学校教育特色的形成有较为明显的效果。

二、指向学科核心素养的大单元教学设计

世界的基础教育理论研究和实践变革表明，课程改革的核心环节是课堂教学改革。核心素养的落地也在于课堂中实际运作的课程。在指向核心素养的课堂教学变革研究中，国内最具代表性的是崔允漷教授提出的"指向学科核心素养的大单元教学设计"。不同于学科教科书中的主题单元——以某个主题组织课文而形成的主题内容，这里的大单元是指以学科核心素养统摄下的课程目标、课程内容（知识点）、课程实施（学习过程）、课程评价等整合而成的一个学习事件，或者说是一个微课程，是一种学习单位。崔允漷曾用建筑的比喻来解释大单元："单元，也许用建筑语言来解释更清楚一些。单元不是水泥、钢筋、门、窗等建材，而是将各种建材按一定的需求与规范组织起来并供人们住的房子。它是一幢楼的一个部分，是水、电、煤、路等相对独立的建筑单位，有一单元，至少还有二单元。"①大单元设计能够改变学科知识点的碎片化教学，再分解学科核心素养，明确单元教学目标，实现教学设计与素养目标的有效对接。

普通高中新课程标准的出台，明确了学科目标从知识点的了解、理解与记忆转变为对学科核心素养的关键能力、必备品格与价值观念的培育，教学目标的改变要求教师必须提升教学设计的站位，即从关注单一的知识点、课时转变到大单元设计。崔允漷从三个方面分析了如何开展指向学科核心素养的大单元设计。

1. 如何依据课程标准、教材、学情确定大单元？

至少要考虑以下 4 个问题：一是研读本学期的相关课程材料，特别是教材的逻辑与内容结构、与教材内容对应的课程标准的相关要求、学生的认知准备与心理准备、可得到的课程资源等，按照规定的课时判断本学期大致可以划分为几个大单元。二是依据学科核心素养的相关要求，厘清本学期的大单元逻辑以及单元命名，如到底是以大任务或大项目来统率，还是以大观念或大问题来统率？按照一种逻辑还是几种不同的逻辑来进行？三是一个单元至少要对接一个学科核心素养，依据某个核心素养的要求，结合具体的教材，按某种大任务（或观念、项目、问题）的逻辑，将相关知识或内容结构化。四是综合考虑单元设计的要素，包括名称、课时、目

---

① 崔允漷. 2019. 指向学科核心素养的教学即让学科教育"回家" [J]. 基础教育课程，（13）：4-9.

标、情境、任务、活动、资源、评价等，并以相对规范的格式呈现出完整的设计方案。①

2. 如何设计一个大单元的学习？

以往的教案主要包括教学目标、教学过程以及课后反思等部分。其中一个常见错误是，教师撰写的教案往往以教师为主语，教师要做什么，而非学生要做什么。然而，最终衡量教学效果的标准是学生的学习获得，而非教师的输出。显然，这种教案是低效的，是孤芳自赏式的。指向学科核心素养的大单元教学设计要把 6 个问题说清楚：一是单元名称与课时，即为何要花几课时的时间学习此单元；二是单元目标，即此单元要解决什么问题，期望学生学会什么；三是评价任务，即何以知道学生已经学会了；四是学习过程，即要经历怎样的学习才能够学会；五是作业与检测，即学生真的学会了吗；六是学后反思，即通过怎样的反思让学生管理自己的学习。②大单元教学设计基于学生立场，从期望学生学会什么出发，反向思考学生需要被提供何种经验、需要怎样的学习过程，这有利于学科核心素养的真正落地。

3. 如何在大单元学习中介入真实情境与任务？

学生学科核心素养的表现程度需要通过真实情境中运用所学的知识并能完成某种任务来衡量，其真实意旨如下：①把真实情境与任务背后的"真实世界"直接当作课程的组成部分，以实现学生的"真学习"。②要衡量关键能力、必备品格与价值观念，最好的做法是让学生"做事"。因为通过做事可以考查学生所学的知识、展示出来的技能、表现出来的情感与态度、推论行为背后的价值观念等。③当然，课程离不开知识学习，但中小学生对于知识的意义的感受与理解往往是通过真实情境中的应用来实现的。③

指向学科核心素养的大单元设计是落实立德树人、深化课程改革的必然要求，也是学科核心素养以至于核心素养落地的关键路径。在理论探讨逐步深入的同时，一些学者基于这种大单元教学设计理念，开展了数学④、

① 崔允漷. 2019. 如何开展指向学科核心素养的大单元设计[J]. 北京教育（普教版），（2）：11-15.
② 崔允漷. 2019. 如何开展指向学科核心素养的大单元设计[J]. 北京教育（普教版），（2）：11-15.
③ 崔允漷. 2019. 如何开展指向学科核心素养的大单元设计[J]. 北京教育（普教版），（2）：11-15.
④ 熊梅，董雪娇，孙振涛. 2019. 学科核心素养视角下的小学数学大单元设计[J]. 教学与管理，（35）：51-53.

地理①等学科的教学设计。

第四节　校本课程开发：补充、聚焦与串联

　　课程是教育思想、教育目标和教育内容的主要载体，集中体现了国家意志和社会主义核心价值观，是各级各类学校开展教育教学活动的基本依据，是学校人才培养质量的基础保障。在统编教材实施的基础上，国家积极鼓励各地各校依据地区和学生的特点研发校本课程。可以说，校本课程的开发是完善教育教学的重要保障。校本课程开发既可以是校本课程的开发，又可以是校本的课程开发。前者是指在指定范围内实行的课程开发，把校本课程看作和国家课程、地方课程相对应的课程板块，它是由学校根据国家课程计划预留给学校自主开发的实践和空间，开发出的自己学校的课程，其重心在校本课程上；后者是指学校依据自己的实际情况对学校课程进行的开发，学校里实施的课程全都是或者部分是由学校自主开发的，②在这种理解方式下，校本课程开发包括国家课程和地方课程的校本化。本节论述的校本课程开发属于前者，即把校本课程看作与国家课程相对应的课程板块，把校本课程开发活动限定在允许的有限课程范围之内。在此前提下，校本课程作为国家课程和地方课程的补充，既可以作为助力学科核心素养有效落实的工具，也可以作为聚焦特定素养目标培育的途径。

一、校本课程开发的指向

　　校本课程的目标需要符合学校的理念及办学特色，要因应学生的兴趣与需求以及社会发展的时代需要。其中，学生的兴趣的确是校本课程开发的逻辑前提，但这种前提也应该是一种底线前提，或者叫基本前提、必要但不充分的前提。儿童的兴趣广泛、多元，变动性强，在不同的情境条件、方式条件中，同样的一个问题，既可能产生也可能消除学生的兴趣。因此，在确定校本课程目标与内容的时候，儿童的需要也应该是值得强调的前提性因素。如何考量儿童的需要，泰勒给出了答案，学习者目前的状况与公

---

① 张书涵, 朱雪梅, 陈仕涛. 2020. 指向"教-学-评"一致性的大单元教学设计案例研究[J]. 中学地理教学参考, （19）: 9-13.
② 崔允漷. 2000. 校本课程开发理论与实践[M]. 北京: 教育科学出版社: 50.

认常模之间的差异①即需要，也就是说儿童的需要即儿童目前的缺失，这是需要课程设计者来判断的。当然，对儿童兴趣与需要的认识，需要在校本课程实施之后不断完善，实施者——教师会对课程是否满足了儿童的兴趣与需要有更深刻的体会，课程内容的选择与组织自然应该在课程实施、课程评价之后不断完善。

二、校本课程多元组织的原则

仅就某一门校本课程的组织来讲，内容元素中的知识、信息、活动等如何排列成连续的、顺序的体系，除了要考虑内容元素自身的逻辑顺序，还需要考虑几个相关的结构。①儿童的认知能力、认知特征的纵向结构。课程内容的深度与广度要符合儿童认知的可能性。②儿童发展的素养结构。任何一门课程都不是仅仅增加儿童的知识，或仅仅提升儿童的某种技能，所以课程元素的排列要考虑是否有利于学生知识、技能、情感、能力等素养结构的改善与发展。③媒介结构。所谓媒介结构就是这门课程要通过什么教学方式、利用什么资源实施。不同的教学方式、课程资源直接作用于儿童发展的素养结构，因此媒介结构需要多元化，需要自成结构，影响课程内容的取舍与排列。④课程的时间结构。创编一门校本课程，要考虑学校可能的时间资源，以及各年级恰当的课程时间，所以必然存在一门课程的时间结构，课程元素的排列还要纳入这个时间结构中。⑤与学校其他课程的相关性综合结构，在我国基础教育的课程体系中，国家课程仍然是学校课程的主体，校本课程的性质是辅助国家课程实现育人目标，实现办学理念，如果校本课程的内容能够与国家课程相配合，形成课程间的相关性，必然会产生综合效应，给学生一个整体的认知。

三、校本课程组织的方式

关于课程组织的共同原则，泰勒称之为有效组织的标准，并最早提出了连续性、顺序性、整合性的观点。之后，研究者不断丰富课程组织的原则标准，林智中教授将其总结为范畴、顺序性、继续性、统整性、均衡性、衔接性以及学习脉络。②总的来说，课程组织要关照学科自身的逻辑，也要考虑学习者的认知特征、兴趣需要以及环境中课程资源的可能性。

---

① 〔美〕Ralph W. Tyler. 2008. 课程与教学的基本原理[M]. 罗康，张阅，译. 北京：中国轻工业出版社：6.
② 林智中，陈健生，张爽. 2006. 课程组织[M]. 北京：教育科学出版社：2.

　　对于课程组织的方式，大体上可以分为垂直组织和水平组织。在垂直组织中，根据内容间的逻辑关系可以有分割、分层、单线、螺旋等样态的组织方式。

　　水平组织表现为不同程度的统整课程。在课程的统整组织中，组织的形态更为丰富，德雷克（Drake）和伯恩斯（Burns）根据研究经验中人们从不同的基础、不同起点来综合课程，将综合的课程组织的方法定义为多学科、跨学科和超学科三种。[①]显然，课程统整的方法是多种多样的，很多研究者都将统整理解为一个连续的概念。雅可布斯、瓦尔、埃里克森[②]及德雷克（Drake）[③]等都试图把一系列课程统整方法按照一定的逻辑顺序排列，形成一个连续的、综合程度不断加深的课程统整过程。例如，福格蒂（Fogarty）用各种镜面作为比喻，以潜望镜、歌剧眼镜、3D眼镜、普通眼镜、双筒望远镜、望远镜、放大镜、万花筒、显微镜和棱镜分别代表十种逐渐趋向综合的课程组织方式。[④]其具体是指学科分立零散组织、学科内部主题并列、关注学科中多方面的知识技能、不同学科中一致概念安排、不同学科共制教学计划、围绕主题广泛组织要素、以更大概念串联要素、科际整合形成新模式、以学习者的经验兴趣过滤学科内容、以学习者学业视域建立经验间及学科间的内在联系。

① 〔加〕Susan M. Drake，〔美〕Rebecca C. Burns. 2007. 综合课程的开发[M]. 廖珊，黄晶慧，潘雯，译. 北京：中国轻工业出版社：9.
② 转引自：林智中，陈健生，张爽. 2006. 课程组织[M]. 北京：教育科学出版社：107-108.
③ Drake S. 2007. Creating Standards-based Integrated Curriculum: Aligning Curriculum, Content, Assessment, and Instruction[M]. Thousand Oaks: Corwin Press: 27, 28-30.
④ Fogarty R. 1991. Ten ways to integrate curriculum[J]. Educational Leadership, 49(2): 61-65.

第五章
附加式的课程转化：补充议题的
课程开发

  课程转化是关系课程改革成功与否的重要因素，是课程改革进程各个阶段之间的重要联结，也是课程改革理念在各个课程决定层级之间的传递过程。课程转化将课程改革理念步步具体化、层层精细化，直至最终落实。基于课程转化的理论分析，我们围绕课程标准理念目标转化至课程设计这一过程构建了附加模式、网状模式和聚焦模式三种转化模式，以促进课程标准理念在课程设计与开发层面的推行。

第一节　附加模式课程转化的含义与类型

一、附加模式课程转化的含义

  附加模式课程转化是指在已有课程体系的基础上，将素养目标加到原有体系中，或者增加、替换原有的内容，或者增加一个主题单元、一门课程，以实现培养目标，凸显核心素养。

二、附加模式课程转化的主要类型

附加模式课程转化主要有两种类型：一种是在原有的课程中增加或凸显素养目标；另一种是增加一门课程或在原有课程体系保持不变的基础上，增加一个单元，使原来的课程目标增加一个新的素养目标。

1. 附加模式的第一种类型——"内容"的附加

第一种附加模式是以添加元素的形式把素养目标融入已有的学科教学目标之中，虽然不改变原有的课程结构，但能够使目标素养与原课程有机融合，通过凸显素养目标，以达到真实育人的教育目的（图 5-1）。

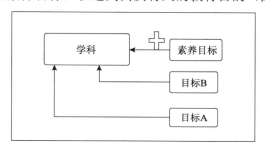

图 5-1　附加模式之增加素养目标

2. 附加模式的第二种类型——"单元"的附加

第二种附加模式是根据素养目标确定校本课程的主题，使原来的课程目标增加一个新的素养目标，进而综合课程资源、学生已有学习经验、学生生活等多方面因素开发新的课程，以增加一门课程或一个单元的形式，最终服务于素养目标的达成（图 5-2）。

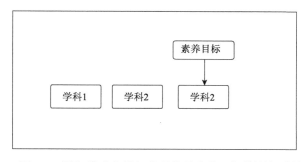

图 5-2　附加模式之增加体现某种素养目标的课程或单元

第二节　附加模式课程转化的选择依据

一、以原有课程目标为依据

若选择附加模式课程转化，需要素养目标与原有目标能够高度融合。素养目标既来源于三维目标，又高于三维目标。可以说，素养目标是对三维目标的提炼和整合，是通过学科知识学习之后内化的关键能力和内在品格。

二、以原有课程结构为依托

选择附加模式课程转化时还要考虑，在实际课程设计和资源开发过程中是否引发了课程结构的变化。往往这种课程转化是一种比较简单的情况，在不改变原有课程结构的情况下，通过素养目标的渗透原则，设计好教学方法、学习方式、教学顺序、教学资源、评价方式等，就能够有效地落实素养目标。

以素养目标为核心设置课程和单元，在学科目标亟待提高、补充和强化的情况下作用显著。从下文道德与法治学科"安全教育"系列单元课程开发与实施的案例（见第四节第二种附加模式的案例分析）可以看出，在素养目标没有加入之前，原有目标对安全教育的要求站位不高、维度不广、缺乏对教学的具体指导作用。如果以素养目标作为教学指导，形成对原有目标的提升和扩展，更符合学生自身发展的需要。

例如，语文学科以素养目标附加模式开发与实施的"经典诵读"课程，就是对原有课程标准的补充，也是对原有教材的深化。通过落实"具有文化自信，尊重中华民族的优秀文明成果，能传播弘扬中华优秀传统文化和社会主义先进文化"的素养目标[①]，厚植学生对民族文化精神的尊崇。在课程实施的过程中，通过阅读丰富的、积淀着智慧结晶、映射着理性光辉、浓缩着丰富的情感、蕴含优美意向的经典语言作品，中华民族优秀文化在学生心灵里扎根，使其生发了新时代的爱国情感。

---

① 核心素养研究课题组. 2016. 中国学生发展核心素养[J]. 中国教育学刊，（10）：3.

第三节　附加模式课程转化的目的和意义

一、促进原有课程目标的改进、强化和补充

（一）促进原有课程目标的改进

附加素养目标会使得原有课程目标进一步改进。从教育育人的根本价值来看，素养目标指向的是从人的内在需求视角来界定课程的内容和要求。三维目标不是终极的目标，而是核心素养形成的要素和路径。只有在明晰三维目标，聚焦学科的精神、意义、文化的基础上，才能更好地附加素养目标。素养目标附加式课程转化的前提是要确保素养目标与三维目标有较高的融入和契合。素养目标融入三维目标的过程，实际上是一个三维目标在学科课程中的深度挖掘和角度转换的过程。

例如，关于数学学科 4 年级"用字母表示数"单元，强调让学生经历数学知识产生的过程，感受其产生的必要性。教材编写将知识目标的达成作为教材编写的明线，将蕴含的数学思想方法作为暗线。这条暗线需要在教学目标中被挖掘出来，以培养学生通过运用数学思维解决生活问题的能力。在融入"科学精神"素养目标后，教学目标重在发展学生的理性思维，渗透函数思想、符号化思想以及代数思想。其不再是对国标教材编写的知识目标的达成，也不仅是对数学思想的暗示，而是让学生明确地感受到函数思想，使其发展数学思维，具备数学观念。"用字母表示数"单元的教学目标调整如图 5-3 所示。

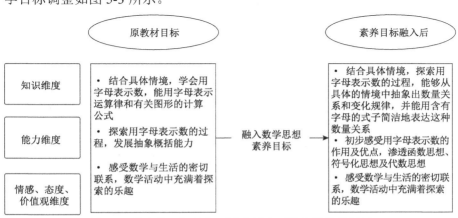

图 5-3　将素养目标融入"用字母表示数"的教学目标

（二）促进原有课程目标的强化和补充

素养目标的加入能够对原有课程目标进行强化和补充。例如，道德与法治学科现行课程标准是 2011 年修订的，在培育和践行社会主义核心价值观、继承和发展中华优秀传统文化的要求方面虽有体现，但明显不足。所以，在课程实施中需要融入国家认同的素养目标——文化自信，尊重中华民族的优秀文明成果，这样能弘扬中华优秀传统文化和社会主义先进文化，以此形成对原有教学目标的强化和补充。

二、促进原有学习方式的改变

学生的学习方式的变革是达成素养目标的保障，被动、机械、孤立、肤浅的学习是无法落实素养目标的。素养目标是以知识和能力为载体，促进学生情感、态度、价值观的升华，并内化成品格与能力。

在学科教学中融入了素养目标之后，学生通过教师搭建的学习平台，借助自主学习、体验学习、探究学习等一系列学习活动，从学习者向体验者、探究者、实践者、省思者转变，陶冶情操、磨炼意志、增强责任担当意识。

三、促进评价方式的多样化

素养目标的融入推进了评价方法的多样化发展。素养目标的实现实际上是一种潜移默化的隐性渗透过程，需要关注个体在学习过程中的感受与体悟，以形成性评价和增值性评价为主。形成性评价和增值性评价是相对于终结性评价而言的，它更关注学生的发展状态，尊重个体差异，尊重以人为本的思想，从而实现因材施教和全面育人。

实际操作中需要将宏观的核心素养要素细化为适合于每一个教育活动的元素，例如，科学学科落实"科学精神"素养目标时，在实验观察课程中采用过程性评价，要求学生运用所学的知识和技能去完成科学实验任务，运用观察记录卡片、成长记录袋等方式评判学生在学习过程中知识与技能的结合、科学素养的形成情况。

第四节　附加模式课程转化的案例分析

一、内容附加式案例分析："古老的中国"主题单元课程①

（一）课程开发的背景和意义

东北师范大学附属小学在道德与法治学科 5 年级"古老的中国"主题单元课程开发的过程中，以素养目标统领和完善原有单元目标，突出了历史教学中的文化性。在小学阶段的道德与法治课程中，涉及的历史内容教学不以传授知识为目的，而在于使学生在了解历史知识的过程中整体感知国情历史、升华爱国主义情感。2017 年 1 月 25 日，中共中央办公厅、国务院办公厅印发了《关于实施中华优秀传统文化传承发展工程的意见》，指出："迫切需要深化对中华优秀传统文化重要性的认识，进一步增强文化自觉和文化自信；迫切需要深入挖掘中华传统文化价值内涵，进一步激发中华优秀传统文化的生机与活力；迫切需要加强政策支持，着力构建中华优秀传统文化传承发展体系。"而在实际教学中，教师多以讲授历史知识为主，忽略了对学生兴趣和情感的培养，也没有对历史主题教育中的中华优秀传统文化内涵进行深度挖掘，难以落实"对中华优秀传统文化的认同和传承"这一素养目标。

（二）"古老的中国"主题单元课程教学目标调整

2011 年版《品德与社会课程标准》中将情感、态度、价值观的目标表述为"珍视祖国的历史与文化，具有中华民族的归属感和自豪感"。教学内容要求为"知道我国是有几千年历史的文明古国，掌握应有的历史知识，了解中华民族对世界文明的重大贡献，珍爱我国的文化遗产"。②

1. 原有单元目标

本单元的原有教学目标：①萌发民族自豪感和自信心；②初步学会阅读简单的史料，初步具有对所掌握的史料进行简单的探究、概括和归纳的能力，初步学会评价历史人物；③了解一些中华民族古老的历史和传说，

---

① 东北师范大学附属小学. 2016. 东北师大附小个性化教学研究[M]. 长春：东北师范大学出版社：176-203.
② 中华人民共和国教育部. 2012. 品德与社会课程标准（2011 年版）[S]. 北京：北京师范大学出版社.

知道四大发明的内容，知道中国古代科学技术和文化在世界的领先位置以及它对人类文明发展的促进作用，知道孔子、孙武、郭守敬、李时珍等文化伟人的主要成就及其对世界文明的影响。

原有单元目标存在的问题：课程内容的系统性、整体性明显不足；重知识传授、轻精神内涵阐释的现象比较普遍。

2. 附加素养目标

附加素养目标是将素养目标融入原有单元目标，要求学生不仅拥有民族归属感和自豪感，更要树立中华民族文化自觉与自信，并能够积极投身于优秀传统文化的传承与弘扬中。在主题单元的开发与设计过程中，融入以下三个素养目标：①国家认同。具有文化自信，尊重中华民族的优秀文明成果，能传播和弘扬中华优秀传统文化。②人文积淀。具有古代人文领域基本知识和成果的积累；能理解和掌握人文思想中蕴含的认识方法和实践方法等。③信息意识。能自觉、有效地获取、评估、鉴别、使用信息。

附加素养目标后的教学目标调整为：①情感、态度、价值观维度，感受中华民族优秀的文明成果对世界文明的重大贡献，珍爱我国的文化遗产，产生传承中华历史文化遗产的意识。②技能与方法维度，能自主确定学习内容，对所需信息进行搜集、筛选、甄别、梳理；根据学习成果来确定汇报的形式。③知识维度，知道我国是有几千年历史的文明古国，了解科技、人文、军事、医学等领域的优秀成果。

（三）"古老的中国"主题单元课程逻辑结构

"古老的中国"整个单元以培养学生信息意识的素养目标为结构线索，以历史上的人、历史上发生的事、历史留给我们的遗产三个历史元素为内容线索，拉近历史与学生的距离。学生通过自主确立学习内容、对中国古代优秀传统文化资料的处理、作品的制作、展示与交流等来真实感受我国古代文明的领先地位和对世界文明的贡献。"古老的中国"主题单元设计框架如图 5-4 所示。

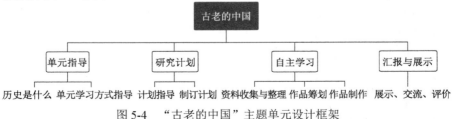

图 5-4 "古老的中国"主题单元设计框架

（四）"古老的中国"主题单元课程教学设计

"古老的中国"主题单元课程教学设计如表 5-1 所示。

表 5-1 "古老的中国"主题单元课程教学设计（共 12 课时）

课时分配	教学目标	学生学习活动	教学资源
单元学习指导（第 1 课时）	1. 感受泱泱大国五千年历史的雄魂与魅力 2. 了解历史学习的方法 3. 了解本单元学习的内容和流程	1. 通过观看短片，初步梳理出历史要素：人物、事件、文化遗产 2. 阅读单元学习导图，了解单元学习流程： 1）计划与准备 2）自主学习 3）展示与评价	1. 视频短片（历史上著名的人物、事件、文化遗产） 2. 学习卡片： 单元学习导图； 中国历史年代表； 历史上的人物； 历史上的事件； 历史留下的遗产
制订研究计划（第 2 课时）	1. 对历史与现代产生对接 2. 学会制订学习计划的方法 3. 了解学习计划的制订过程	1. 通过现有历史遗迹的文图资料，引发探究历史的兴趣 2. 根据学习卡片，确立自己感兴趣的历史内容 3. 制订自主学习计划，并能够交流和修改学习计划	1. 学习卡片： 单元学习计划卡
资料收集和整理（第 3～4 课时）	1. 意识到有效地获取、评估、鉴别、使用信息是达成学习目标的手段 2. 能根据研究内容查阅、筛选、标注、梳理资料 3. 了解资料收集和整理的基本流程	1. 借助教师的指导和学习卡片，了解资料收集的来源与要点 2. 选择资料，进行整理 3. 填写个人和班级学习进度表，能够与有相同或相似研究内容的同学相互交流	1. 专业教室书籍 2. 学习卡片： 资料选择指南卡； 查阅文献指南 3. 网络资源、图书馆资源
作品筹划指导（第 5 课时）	1. 随着学习的深入，了解中华民族文明史的源远流长、体会古人的伟大精神、感受古代文明的传播与发展 2. 能够根据前期收集资料的情况和已有学习成果，选择恰当的汇报形式	1. 根据学习情况，确定汇报方式 2. 初步确立学习成果发表计划（以何种方式发表）	1. 专业教室书籍 2. 学习卡片： 个人学习进度表； 班级学习进度表
作品制作（第 6～9 课时）	1. 感受祖国骄人的祖先留给我们的灿烂文化 2. 能够用适当的方式表达学习成果 3. 制作纸质作品、PPT 作品，或准备历史剧表演等	1. 自主制作学习成果展示作品，选择学习同一内容的同学进行合作 2. 把有创意的想法和做法写在黑板上 3. 遇到共性问题，教师进行统一指导	学习卡片： 纸质作品编纂技巧； 历史剧编写、表演技巧； PPT 制作指导卡片
汇报展示与交流（第 10～11 课时）	1. 体会中华文明的博大精深、源远流长，以及对世界文明做出的巨大贡献 2. 掌握汇报流程与技巧 3. 通过同学们的汇报了解科技、人文、军事、医学等领域的优秀成果	1. 以纸质作品呈现、PPT 汇报、表演历史剧、评书等方式汇报学习成果 2. 观看汇报的学生填写收获卡 3. 提升指导：教师组织集体交流，联系现有生活，对比世界各国，感受中国古代文明的魅力	学习卡片： 收获卡

课时分配	教学目标	学生学习活动	教学资源
单元学习总结 与评价 （第12课时）	1. 在感受中华骄人的祖先创造出的灿烂文化的基础上，增强弘扬中华传统文化的责任意识 2. 能对他人的作品做出客观且有建设性的评价，同时回顾自己的学习过程，反思自己的学习行为 3. 总结本单元的学习收获	1. 学生回顾学习过程，教师把记录学生学习过程的照片制成短视频，帮助学生回忆本单元的学习历程 2. 学生结合评价卡片，对自己印象最深的作品进行评价 3. 学生分享自评评语和家长评语 4. 分享本单元的学习收获	1. 学生学习过程的视频 2. 学习卡片：评价卡

（五）"古老的中国"主题单元课程实施分析

1. 主题单元整体目标设计有利于素养目标的贯穿与转化

从目标达成情况来看，整个单元各课时的教学目标从之前的碎片化设计，走向了一个整体的、系统的学习目标全过程设计。其间，素养目标对单元目标、课时目标、环节目标的形成提供了总体指导，通过各级目标的统筹规划、协同作用，构成了整个单元的目标链，贯穿了整个单元的教学活动。

2. 自主探究的学习方式能促进素养目标的课程转化

"古老的中国"单元以学生自主探究学习为主要方式，采用课题选择学习和自由进度学习两种学习模式，使学生感受中国古代历史留下的灿烂文明，在不断的探究中生发民族文化自信的情感，通过集体汇报交流来扩展知识、深化认识、升华情感。

1) 课题选择模式是指学生在兴趣的牵引下，根据自身经验选择学习内容。教师在本单元的课程中根据历史元素（历史人物、历史事件、历史遗产）设定多个学习主题。各学习主题的内容虽然不同，但学生经历的学习过程、运用的学习方法是相同的。在本单元的课题选择学习中，学生通过选择课题、确立计划、自主学习、阶段交流、反思提升、总结梳理、成果发表、评价反馈等一系列学习过程，完成对学习资料的收集、甄选、梳理、内化，以及对发表作品的筹划、制作、评价的整个过程，其间会得到教师的帮助和个别指导。这样一个完整的自主探究学习过程有利于信息意识素养目标的实现。在此期间，学生通过对历史上推动民族进步和社会发展发挥过重要作用的人物、事件和文化遗产的探究，了解中华传统文化是中华民族在五千多年的社会实践中形成的思想理念、传统美德和人文精神的集合，是中华民族特有的思维方式和精神标识。

2）自由进度模式是指教师将学习目标分解成不同的层次，以满足学生学习速度的差异为基础，使学生能根据自己的能力和时间安排来确定学习进度。在"古老的中国"主题单元的自主学习阶段，教师设置了"个人学习进度卡""班级学习进度卡"，鼓励学生自主管理学习进程，使具体学习内容逐步达成，体现循序渐进的学习过程。学生不仅可以成为自己学习的主人，同时通过对比班级其他同学的学习情况，还可以随时调控自己的学习进程。"班级学习进度卡"参照了企业管理中"看板管理"的原则和理念，不仅起到了调控学习进程的作用，也是一个信息交流和分享的平台，课下学生可以通过查阅"班级学习进度卡"寻找与自己探究相同问题或相同朝代的伙伴，彼此交流、沟通、分享与相互促进。

3. 教师指导方式的转变有利于素养目标的实现

教师在本单元指导教学的过程中，基于立德树人的教育根本任务，为发挥道德与法治学科意识形态教育主阵地的突出作用，依照将道德教育贯穿于教育教学全过程，实现全程育人、全方位育人的原则，通过落实素养目标，在学习过程中实现了对学生情感、态度、价值观的升华。教师力求抓住学生在学习过程中的现场生成、讨论与争鸣等环节中暴露出来的道德判断的矛盾点，引发学生对话与省思，促进学生道德的发展。可以说，在教学过程中，教师的指导重在价值观引导，通过链接历史与现代，感受中国古代文化在历史上为推动民族进步和社会发展发挥过重要作用。例如，学生在对古代名人故事的搜集、整理和精神价值的总结过程中，感受中国古代科技贡献者追求真知、自强不息的科学精神；感受以孔子为代表的古德圣贤"立己达人"的仁爱精神；感受明末清初顾炎武"天下兴亡、匹夫有责"的责任担当。时至今日，这些核心理念仍具有某种超时空性，是现代社会发展的价值基础、智慧源泉和文化渊源，具有重要的时代价值。

在指导过程中，教师通过素养目标的引领，可以体悟到本学科的核心知识结构。小学道德与法治学科知识结构具有"点面结合"的特点，即在学生社会生活范围不断扩展的生活领域组织教学内容，作为教学的"方面"。本单元涉及"我们的祖国"这一"方面"，将时间、空间、人文环境、文化活动等各要素之间的综合作用作为"知识点"，从而以点面结合的方式促进学生的道德和社会性发展。由于学生的知识结构与这些要素紧密结合，教师在指导过程中，应根据本学科的知识结构特点，重点关注学生如何打破历史与现代在时间和空间上的束缚,从而感受人文活动的历史价值和意义,引发情感共鸣,将历史国情教育和爱国主义教育有机融合,实现素养目标的达成。在整个教学过程中,教师应始终关注反思性学习,关注生成性知识,关注知识的内涵价值和意义。

教师的指导作用体现在针对学生在学习过程中遇到的难题,给学生提供有效的学习方法和学习工具。教师在本单元中集中指导和个别指导的比例相当,在单元起始课、制订计划课、评价总结课中采用集体指导的方式;在学生自主学习的过程中采用个别指导的方式。集体指导重在帮助学生构建学习模型,即提供历史思维、探究历史的切入点——历史人物、历史事件、历史遗存、历史探究路径等,为学生的学习搭建平台,提供脚手架。

以单元指导课为例,单元指导课是本单元落实素养目标的一个关键性步骤。在单元的开篇,就帮助学生勾勒出未来的单元学习的总体轮廓和关键性步骤,让学生有一个整体感知,明确接下来要做的事情。这张单元导图式的学习卡片就像一张电器使用说明书一样,告诉学生如何学习这个单元,而这张单元导图就是承载素养目标的主要内容。同时,配合单元导图,教师把本单元需要用到的学习卡片按照单元导图中标注的顺序装订成册,一次性发放给学生,不仅让学生提前在脑海中勾勒出单元学习的整体框架,明晰学习任务,更适合不同学习进度的学生进行学习,让能力强、效率高的学生能够充分利用时间,汲取更多的知识,做到了真正的因材施教。

4. 教学资源的开发为素养目标的落实提供了有效支持

本单元中,开发的教学资源主要有视频资源、卡片资源、图书资源、网络资源等。学生的自主探究学习离不开以下四类教学资源的支持。

1)视频资源。教师自制单元起始课中的"中国古代历史大片",涵盖中国古代每个朝代的重要人物、历史事件和历史文化遗产,不仅以其震撼的文化感染力增强了历史学习的带入感,而且以视频为载体,引导学生梳理历史要素——历史人物、历史事件、历史遗产。在此过程中,学生可就自己印象最深的历史要素谈谈体会,为后续的学习内容选择奠定基础。在单元评价课中,教师把随堂捕捉到的学生学习过程的照片制作成"学习回顾"视频,帮助学生回顾整个学习历程,反思自己的学习行为,在反思中总结经验。

2)卡片资源。本单元开发了 15 张学习卡片,这些学习卡片伴随着学生的整个自主探究学习过程，是无声的教师指导。学习卡片的作用如下：提供学习资料、引导制订计划、提出学习方法建议、提出学习的重难点以及解决的策略、学生收获记录、学习评价标准等方面，其功能丰富、指向性强。例如，资料卡可以扩展学生的视野，激发学生的兴趣，加深学生对历史知识的认识，提高学生的阅读能力；研究计划卡的作用是对未来的学习进行合理规划，引导学生澄清旧问题、提出新问题；收获卡的作用是帮助学生记录学习收获与困惑，引发进一步的探究学习，同时帮助教师了解学生的学习状态。学生通过和学习卡片的文本对话，增强信息意识，使素养目标得以实现。

3）图书资源。例如，东北师范大学附属小学道德与法治专业教室的千余本历史内容图书为学生自主学习提供了丰富的文本资源。教师通过提供有针对性的资料选择指导，帮助学生在头脑中建立一个基本的思考框架和资源整合思路。如果在学生的学习过程中，专业教室内的书籍不能满足需求，他们可以通过查阅文献资料卡片（以吉林省图书馆为例）指导，到图书馆借阅图书。

4）网络资源。丰富的网络信息资源成为学生越来越主要的学习资料来源。教师在指导学生查阅网络资源时，应重在帮助学生建立信息意识，包括信息搜集渠道、信息甄别、信息梳理等重要环节，强调辩证地使用网络资源，重视对网络信息真实性的辨别。

纵观整个单元的教学资源开发，不仅为学生的学习活动提供了可能，更体现出对信息意识这一素养目标的有效落实。

5. 评价策略对素养目标课程转化过程起到了调控作用

"古老的中国"单元的评价采用结果性评价与过程性评价相结合、注重真实的过程性评价的原则，将过程性评价镶嵌到学习的整个过程之中。例如，学生在填写和修改学习卡片的过程中，其填写情况可作为过程性评价的主要依据。通过学习卡片填写情况的对比，使评价成为改进学习方法、提高学习能力的重要载体。教师更加关注学生在自主探究学习过程中呈现出的真实学习品质及态度等情况，对外显的知识学习、内容及方法和内隐的情感升华都能够进行及时性评价，使评价不再是学习的终结，而是改进的起始。在单元最后的交流展示课中，教师采用多元的结果性评价，有机结合学生自评、家长评语、生生互评、教师评语等方式，促进学生进一步反思和总结，使得整个单元的评价灵活、体系完整。

（六）"古老的中国"主题单元课程实施后发生的变化

1. 来自学生的改变

1）学生的自主探究意识增强。从选择感兴趣的历史要素入手，单元起始课激发了学生了解中国古代历史的好奇心和求知欲，为学生提供了自由的学习环境、良好的学习氛围。教师适时的引导、关键性的点拨，使学生能自发、自主地探究知识，体验独立获取知识的喜悦，充满自信。

2）学生的家国情怀增强，萌发了传承和弘扬中华传统文化的意识。在集体交流展示中，有的学生向大家传递了中国古老的针灸术、中医经络、《黄帝内经》中的养生知识等，很多学生都表示对中医产生了极大兴趣，希望将来有能力学习中医，弘扬中医文化。

3）学生掌握了学习方法和技能。整个单元以一个完整的自主探究活动贯穿始终，使学生的学习走出传统、走出书本、求真务实，充分发挥自己的潜力。他们不仅掌握了历史研究的基本方法，对其他内容的学习也能进行迁移和促进。分享与交流的过程使学生在注重效率的同时能够尊重别人的成果及贡献。经过单元学习，学生增强了程序意识，形成了一定的思维方式、实践能力和责任担当意识。

4）学生的创造力得到发展。把学习成果以个性化作品进行汇报与展示，促使学生开动脑筋，发挥自己的创造力，选择个性鲜明、新颖有趣的形式。例如，有的学生编纂了"历史绘本"，有的学生找到研究相同内容的伙伴合作排练历史剧，有的学生以评书、戏曲、相声等文艺形式展示，有的学生带来了古董仿品，有的学生展示了刚刚学会的"非物质文化遗产"传统技艺。这些丰富多彩的展示形式体现出学生对中华优秀传统文化的继承性和创造力。

5）学生的评价能力提高。评价的前提是倾听，教师注重对学生的倾听习惯和技能的培养，设计了收获卡，其中主要设置了"我的收获""我的困惑"两个栏目。学生在倾听和记录时，不仅体现出对他人学习成果的尊重和认可，还提高了采集他人观点的能力。而对困惑问题的及时记录，将课堂学习延伸到未来，使学生能不断进行思考和探究。

2. 来自教师的改变

1）教师的校本课程开发的主体意识增强。教师的课程意识增强，素养目标直接指向育人本质，促进了教师对课程本质的深刻认识，从而使其重视对课程教学实践形式的改进。教师从以学生为本的角度出发，重在满足学生的需要与促进学生发展，从既定课程的实施者、教授者转化为课程的开发者与创造者，具有了以人为本、促进人的全面发展和个性发展的课程评价意识。

2）教师转变了对教学的观念和对学科课程内涵的领悟。教学不仅在于传授本领，更在于激励、唤醒、鼓舞学生对知识的渴求，对未知的探索，以及对学习方法的掌握。教师开始关注学生已有的经验和发展的需求，借助指向学生核心素养的课程文本，对学生进行引导、教导与帮助，从而认识到教学文本是为实现培养学生素养目标服务的。

3）教师的文化涵养更加厚实。中华古代文明灿烂多姿，源远流长，在执教这一单元之后，教师与学生共同成长，不仅积累了大量的中华优秀传统文化知识，还在不断的积累中感受到了文化的影响力与魅力，使教师对中华传统文化的研究热情高涨。例如，有的教师学习古琴技艺，有的教师研究金文、周文，有的教师练习小篆书法等，可见素养目标还对教师的自身发展产生作用。

4）师生关系发生变化。教师通过鼓励学生，使得学生敢于提出问题，善于提出困惑，而且能颇有见地、切中要害地表达自己的观点。教师抓住课堂生成的问题点，切合时宜地进行提点，对学生的真实困惑予以指引；教师重视每一名学生提出的观点和问题，课堂上洋溢着宽松和谐、探索进取的气氛；教师作为学生学习进程的引导者、合作者、支持者，为学生的学习搭建了脚手架，从人的发展角度促进了素养目标的达成。

二、单元附加式案例分析："安全教育"主题单元系列课程①

（一）课程开发的背景和意义

依据"珍爱生命"这一素养目标的培育要求，东北师范大学附属小学在道德与法治学科中开发了专门的"安全教育"主题单元系列课程。在单元开发之前，教师对学生和家长进行了前期调研，以便于了解其对安全知识的掌握情况和安全教育的诉求。依照素养目标的逻辑结构组织相应的课程内容，形成安全教育在小学阶段的内容框架体系。在课程实施过程中，教师运用情境体验、游戏活动、模拟演练、调查测试等方式，帮助学生掌

① 于伟. 2017. 小学教育的原生态研究[M]. 长春：长春出版社：173-188.

握安全知识，形成安全意识，具备自救能力，感悟生命可贵，理解生命的价值和意义，不仅实现了安全教育的目的，并以此深化生命教育理论，丰富了安全教育理论的内涵。

通常情况下，我国的小学生安全教育总是和现实生活中出现的一些突发状况联系在一起，大多数学校并没有把小学生安全教育作为一门单独的课程划分出来，而是将其作为学校管理的一部分。虽然有的学校提出开设独立的安全教育课程，但是对于课程实施的目标、课程评价标准和教材开发的研究不足，难以有效指导教学实践。实际上，儿童防灾自救意识的培养非常重要。甚至从幼儿园起，孩子就应该接受相应的安全教育与应急培训，从小学到中学有必要设立相关课程，以进行针对遭遇突发性事件、灾害性事故时的应急、应变能力的教育，增强学生避免自身的生命财产受到侵害的自我保护、安全防卫能力，加强安全意识教育以及法治观念、健康心理状态和抵御违法犯罪能力的教育。然而多数学校对于小学生的安全教育课程开发不足，且多数以安全教育、应急能力为主，没有上升到生命教育的高度。

结合教材来看，现有道德与法治教材中的安全教育内容分布呈散点式，不全面，无系统性，这与课程标准中关于安全教育的目标零散、分散、与其他目标杂糅有一定的关系，因此没有形成低、中、高年段的认知梯度，导致学生很难在头脑中建立安全知识网络，在现实生活中的运用也受到限制。所以，应从"珍爱生命：理解生命意义、具备安全意识和自我保护技能、养成健康的生活习惯"素养目标出发，以核心素养结合学生的认知和年龄特征，针对低、中、高年级学生在安全教育中的不同诉求，开发出适合小学低、中、高年级的安全教育校本教材。教学体系上要呈螺旋式上升，在难易程度和知识覆盖面上呈现阶梯式递进，在教学内容上相互交织、相互渗透。

（二）"安全教育"主题单元系列课程教学目标调整

本单元的教学目标来源于 2011 年版《品德与社会课程标准》中对安全教育的基本要求——"珍爱生命""安全""健康"，但是其对安全意识、自我保护能力方面没有阐述。因此，"安全教育"主题单元系列课程的开发遵循"中国学生发展核心素养"中"珍爱生命"领域，并按照其内在逻辑"生命观—安全自护—行为习惯及方式"进行设计。

2011 年版《品德与社会课程标准》中对安全教育的基本要求[①]如下。

1）情感、态度、价值观：珍爱生命，热爱生活，养成自尊自律、乐观向上、勤劳朴素的态度。

2）能力与方法：养成安全、健康、环保的良好生活和行为习惯。

3）知识：未体现。

在中国学生发展核心素养中，对"珍爱生命"的基本要求[②]如下。

珍爱生命：理解生命意义和人生价值；具有安全意识与自我保护能力；掌握适合自身的运动方法和技能，养成健康文明的行为习惯和生活方式等。

1. 课程教学目标调整应遵循的原则

1）科学性原则。课程开发应注重"安全教育"校本课程体系结构的合理性与兼容性，即与原有教材教学内容相互补充、相互衔接、相互融合，构成科学合理的课程体系。课程开发的宗旨是在课程内容有利于提高学生安全意识的同时，注重培养学生正确的生活习惯、技能，更重要的是，课程站位要上升到生命教育的高度，让每个学生都能够珍视仅有一次的生命，呵护与热爱生命。

通过调研，家长安全教育问卷调查结果显示，有 98% 的家长认为在学校的课程内设置"安全教育"课程非常重要。调研人员通过对家长认为子女最需要接受的安全教育内容以及学生最常遇到的伤害类型的数据进行统计与分析，发现家长最关心的安全教育内容分别是"防交通事故"（100%）、"防溺水"（85%）、"防地震"（72%）、"学生体育运动损伤"（75%）、"从楼梯、床上摔伤"（65%）、"校园霸凌"（51%）。

依据学生受到安全伤害的调查数据，最容易遇到的伤害类型如表 5-2 所示。

表 5-2　学生最容易遇到的伤害类型

伤害类型	百分比（%）
体育运动损伤	75
从楼梯、床上摔伤	65
受同学欺负	50
交通事故	38
财物被盗	29

① 中华人民共和国教育部. 2012. 品德与社会课程标准（2011 年版）[S]. 北京：北京师范大学出版社.
② 核心素养研究课题组. 2016. 中国学生发展核心素养[J]. 中国教育学刊，（10）：1-3.

伤害类型	百分比（%）
溺水	26
火灾	21
被骗走失	17
食物中毒	12
触电	9
性侵害	7
其他	5

同时，教师要遵照《中华人民共和国义务教育法》《中华人民共和国未成年人保护法》《中华人民共和国预防未成年人犯罪法》《中小学幼儿安全管理办法》《中小学公共安全教育指导纲要》等法律和文件的相关要求，结合国标教材中所含的安全教育内容，科学建构"安全教育"校本课程体系。

2）发展性原则。"安全教育"校本课程体系的构建不仅要体现其现实性、适应性，而且要体现未来性、发展性。课程开发以人文主义精神和科学主义精神为指导，立足现实生活，放眼学生未来。因为随着社会的不断发展，学生的生活领域逐渐变宽，接触的事物不断增加，潜在的危险类型也不断变化，导致各种安全事故频发，对学生的身心健康造成了威胁。因此，"安全教育"主题单元系列课程的设计不仅要遵循人的发展性原则，更要跟上社会的发展步伐，使其有助于不断拓宽基础教育阶段道德与法治的学科内涵，以发展的眼光去看待、改革现有课程，为安全教育顺利开展提供基础和保障。

3）实用性原则。"安全教育"主题单元系列课程的最主要目的就是提高学生的自我防护能力，避免其在实际生活中受到身心伤害。调查显示，在全国各地中小学生发生的安全事故中，有近一半是因为学生安全意识薄弱、缺乏自护自救常识和技能而产生的。因此，课程体系应力求在学生脑海中建立安全知识网络，课程内容应力求在学生遇到危险之前和当时就能够以最快的速度做出应激反应。这就要求把课程的内容设置真实有效作为主要的评价标准。

4）可操作性原则。以往的安全教育之所以效用不高，与教育活动中重安全知识传递、轻安全操作实践有关，即使设置了实践环节，在课堂上却难以操作和体验。本次"安全教育"主题单元系列课程在开发之初，就注重素养目标在课程体系中的贯彻。在教材开发和教学资源的整合过程中，课程开发者将可操作性作为考量的重要标准；为了使素养目标能够有效落地，能够在课堂上真正实践，让学生把学到的安全知识内化为自然的、真实的、迅速的"身体记忆"尤为重要。

基于以上的课程开发原则，在以素养目标为主导的基础上，教师制定了"安全教育"主题单元系列课程的总目标：尊重生命的价值，理解生命只有一次的重要性，把安全的重要性放到生活的首位，掌握各个生活领域的安全常识和技能，养成在日常生活中和突发事件发生时正确应对和处理的习惯，养成良好的生活习惯，健康成长。

2. 不同学年段学生的安全教育具有不同的分目标

1）低年段（1～2 年级）学生的安全教育分目标：学生知道生命来之不易，而且只有一次；理解生活中采取安全的行动的重要性，学会遵守纪律、遵守规则；能识别身边的危险，一旦发生危险或突发事件，能够及时、正确地寻找求助对象，接受帮助和听从指挥，采取适当的行动保障自身安全；在平时生活中养成良好的生活习惯，学会保护身体健康的常识。

2）中年段（3～4 年级）学生的安全教育分目标：学生理解生命的意义，尊重自身和他人的生命，把生命安全放在生活首位；能在一定程度上理解和分析各种危险发生的原因，增强事故防范意识；能意识到危险事态的发生，采取积极主动、科学合理的自救自护措施，保障自身的安全；在危险发生时，能正确认识自己的救护能力范围，不能贸然采取行动，以保障自身安全为基础。

3）高年段（5～6 年级）学生的安全教育分目标：学生认识到对自己生命负责任的主体地位，知道不良嗜好会危害生命健康；能够通过对事态的观察预测到危险的发生，并能够主动采取行动保障安全，不仅能够自我保护，还能够在能力范围内照顾、帮助他人，能采取一些简单的应急救护措施。

在素养目标的统领下，教师根据学生身心发展阶段和在实际生活中遇到的安全问题，在各个年段设置了不同分目标。分目标呈现出课程各年段间有效衔接、课程内容螺旋上升、知识覆盖和难易程度呈阶梯式递进的特点。素养目标的结构化提高了课程设计的逻辑性与科学性，对校本教材的编写具有指导意义，对实际教学活动呈现出的问题具有调控作用。

（三）"安全教育"主题单元系列课程设计框架

"安全教育"主题单元系列课程设计框架如表 5-3 所示。

表 5-3 "安全教育"主题单元系列课程设计框架

年级	卫生安全	消防安全	交通安全	生态安全	意外伤害
1 年级上 （11 课时）	冬天的保健※； 雾霾防护 洗手的学问※	家庭防火； 消防演习*	遵守交通规则，安全全全上学※	地震演习*	生命从哪里来 安全用电 走失了怎么办※； 电梯的安全使用※
1 年级下 （10 课时）	喝水的学问※ 防止异物入体※	拨打紧急电话※； 火灾中的逃生※； 消防演习*	安全你我他	地震演习*	我要好好吃饭； 你会和我交朋友吗； 预防校园性侵害
2 年级上 （9 课时）	保护我的身体 饮食安全 雾霾防护	消防演习*	不要在道路上玩耍	地震演习*	保护牙齿※； 安全地玩※； 防止高空坠物
2 年级下 （8 课时）	防止铅中毒	消防常识； 消防演习*	认识交通标志※	应对雷雨天气 地震演习*	我的身体○； 初步认识各种危险标志
3 年级上 （8 课时）	预防肠道和呼吸道常见疾病 雾霾防护	探访消防队◎； 消防演习*	拨打紧急电话※	应对暴雨天气； 地震演习*	防止煤气中毒； 防烫伤※； 防溺水
3 年级下 （11 课时）	预防食物中毒	当火灾发生时※； 探访消防员的工作◎； 找找消防设施※； 火灾中的自救与逃生※； 消防演习*	乘车的安全	地震演习*	生命来之不易； 外伤的应急处理※； 使用刀具要当心※
4 年级上 （8 课时）	维护肠胃的正常功能	户外防火逃生※； 消防演习*	乘坐公共交通工具的安全	泥石流的危害； 地震演习*	我是身体的主人； 遇到拥挤踩踏场面※
4 年级下 （8 课时）	食物的安全	防毒面具和灭火毯的使用※； 消防演习*	做文明的乘客※	保护生态环境，减少自然灾害 地震演习*	眼睛是心灵的窗口※； 手机、电脑的使用安全※
5 年级上 （9 课时）	农药的危害	家庭火灾隐患大排查○； 消防演习*	走进交通指挥中心◎	面对洪水的自救； 地震逃生自救技能※； 地震演习*	外出旅行的安全； 烧烫伤的预防和紧急处理※
5 年级下 （8 课时）	转基因食品	消防设施的使用方法※； 在火灾中的自救； 消防演习*	道路交通设施	地震演习*	中暑防护※； 如何拨打 120 急救电话※

续表

年级	卫生安全	消防安全	交通安全	生态安全	意外伤害
6 年级上 （11 课时）	不要和烟酒"交朋友"〇	公共场所着火了怎么办※； 消防演习*	乘坐火车、飞机、轮船的安全； 驾驶行为的安全※； 车水马龙时※	常见自然灾害的预警信号； 地震演习*	AED 自动除颤仪的使用和心肺复苏原理※； 遇到暴恐袭击怎么办※； 青春期不烦恼
6 年级下 （7 课时）	毒品的危害	消防演习*	交通事故的处理※	地震演习*	生命的高贵； 乘火车、飞机时如何保障人身和财物安全； 防止性侵害

注：*指学校大型安全演习活动；〇指家校联合教育；◎指校外实践活动；※指模拟操作课

（四）"安全教育"主题单元系列课程实施分析

1. 素养目标达成的关键在于学生对安全防护技能的反复练习和实际操练

"安全教育"主题单元系列课程中的素养目标侧重于学生对安全知识的全面掌握和安全技能的熟练应用。

1）反复学习体现在课程内容的螺旋上升。虽然一些比较容易发生的危险情况和对少年儿童伤害程度较高的安全教育内容在不同年级的课程内容中是重复出现的，但是这并不代表学习内容是简单的重复，而是从学生不同年龄段的不同视角，能够应对突发安全事故能力的不同水平，以及在自护、自救中不同的能力特点等出发，在课程内容的设置上呈现出递进性。反复学习的过程不仅在于安全教育内容的再次呈现，还在于对自护、自救能力的多次训练，从而形成突发情况下能够做出正确判断并及时采取行动的个人素质。

2）实践训练在课程中体现得最为显著。在 108 个课程内容中，有 63 个内容是学生直接参与实践训练的，其中包括学校的大型安全演习活动、校外实践活动、校内课堂模拟操作活动、家校联合教育活动等几个方面。相比传统安全教育以单一的课堂讲授为主的教学方式，通过这些活动来承载学生安全宣传、自护、自救的实践训练，对学生安全能力的培养效果更为显著。

例如，在火灾现场的逃生训练中，教会学生使用防毒面罩是非常重要的。因为在火灾发生的时候，吸入性损伤是导致伤亡的最主要原因。吸入性损伤是指热力、烟雾或化学物质等被吸入呼吸道，从而引起鼻咽部、气管、支气管甚至肺部损伤。一份研究资料表明，约有 60%的烧伤病人的最终死因不是烧伤本身，而是吸入烟气所致。现代装修材料在燃烧时的毒性增强，火灾发生时会使人吸入大量有毒物质，仅仅靠湿毛巾捂住口鼻的做法，是难以保障自身安全的。所以，能够正确使用防毒面具，是保障自身安全的首要条件。在课堂上，从防毒面具的选购常识，到防毒面具的佩戴前检查，再到每个学生的反复佩戴训练，由原来要用十几分钟才能完成正确佩戴，到后来人均 2 分钟即能完成正确佩戴，基本每个学生在课堂和课下都经过了十几次的训练才达到这样的效果。学生在体验中不断改进自己的佩戴方法与技巧，最终掌握了佩戴防毒面具的技能，而这种技能一经掌握便难以忘记，对学生今后的安全生活将起到非常重要的保障作用。因此，不断地练习、试误、改进，正是素养目标达成的体现之一。

2. 教学模式的归纳总结为素养目标课程转化提供有效路径

对"安全教育"教学模式的归纳和总结为素养目标课程转化提供了有效路径。在安全教育的教学过程中，教师尝试了多种教学方式，根据 40 余节公开教学课例分析，总结出以下五种适合小学生安全教育的课型。

1) 情境体验课：考虑到安全因素，教师在课堂上采用真实情境和虚拟情境相交织的手段，把学生带入某种突发事件或者安全事故的情境中。通过"创设情境—自主学习—逃生体验（游戏体验）"的教学过程，学生掌握了相应的安全自护、自救技能。典型课例为"火灾中的自救与逃生""当地震发生时""遇到拥挤踩踏场面"。

2) 角色体验课：把学生带入某种角色之中，假设某个突发事件发生时，以该角色的身份来考查学生能否冷静判断形势并采取正确的办法。通过"创设情境—自主学习—模拟表演"的教学过程，把学生带入相关角色之中，根据安全知识储备和对情境的具体分析，演示解决问题的方法。典型课例为"交通事故发生时""如何拨打 120 急救电话"等。

3) 游戏体验课：让学生动手制作安全游戏棋子、设计安全游戏等，以安全知识的掌握为目的。通过"讲解方法—动手制作—游戏体验"的教学过程，学生把已经学到的安全知识以合作学习的方式相互补充与完善，以游戏的方式进行知识输出。典型课例为"制作交通安全棋"。

4) 调查访问课：通过探访消防队、交通指挥中心等校外实践活动，让学生了解消防员和交通警察的日常工作，体会为了保障人民群众的安全，他们付出了艰辛的劳动，冒着生命危险救人于危难之中。通过"方法指导—采访互动—信息整理"的教学过程，学生不仅学会了安全知识，更加感受到我们之所以能够安全地生活，是因为有很多工作者在默默地为我们守护。这种情感的体验促使学生认识到生命的价值，正是因为生命的珍贵，才有那么多人来为我们保驾护航。典型课例为"探究消防员的工作""道路'语言'"（第二课时）。

5）自学检验课：学生利用电子书包里的安全知识资源进行自主学习，然后根据教师设置好的"闯关游戏"检验安全知识掌握情况。通过"情境导入—自主学习—游戏检验"的教学活动，增强了安全知识学习的趣味性。典型课例为"道路'语言'"（第一课时）。

以上五种课型均突出了情境创设或模拟环节。教师在创设情境的时候，应遵循真实性、生活性、科学性、问题性等原则，尽量还原真实生活中遇到的安全事故或安全隐患，以提高学生解决实际问题的能力，促进素养目标的有效落实。

3. 课堂教学不能作为素养目标达成的唯一途径

如果安全教育仅仅停留在课堂上，那么它所能发挥的作用和效果就会十分有限。只有将家庭教育、学校教育和社会教育结合起来，才能够真正让安全的"种子"在学生心中生根、发芽。

1）与家庭教育结合。在"安全教育"校本课程中，教师安排了大量需要家长合作完成的教学内容。例如，"卫生安全"模块中的内容基本都是通过"家庭生活反馈—学校知识学习—回归家庭生活改变"这样的循环轨迹来倡导学生过安全而健康的日常生活；"消防安全"模块中的"家庭防火""家庭安全隐患排查"等内容都是由学生与家长共同完成，让学生利用所学安全知识进行家庭实践活动。

2）与社会教育结合。利用社会资源进行安全教育，使得课程的落实更加有效。因此，东北师范大学附属小学与长春市未成年人安全教育自护基地建立了合作关系，结合全国交通宣传日、全国防灾减灾日活动向全校师生进行了安全宣讲。学生承担起安全宣讲员的责任和使命，向家长和社会进行安全知识普及工作，通过社区宣传、发布朋友圈等方式，让更多的群体认识到安全生活的重要性，同时学生自身也体会到了安全的意义、生命的珍贵。

4. 生命价值的情感提升和正确的价值导向是素养目标转化的重要方向

素养目标中情感、态度、价值观的维度是深层次的，最终指向学生的人生发展。对于学生的安全教育，首先要触动其内心，使其真正认识到生命的意义与价值，热爱生命，敬畏生命，保护生命。想要达到这样的情感目标，必须以触动心灵的教学活动为载体来实现。例如，组建"校园安全社团"，通过课上教学和课下活动的紧密结合，在提高学生安全责任意识的同时，使学生对生命的价值产生更为深刻的认识。该社团的志愿者是学校的5～6年级学生，作为一个公益类社团，这些志愿者除了向中、低年级的学生宣讲安全知识，还有一个更重要的任务，就是排查校园安全隐患。志愿者基本上每周都会利用课间时间、社团活动时间向学校提交安全调查清单，及时为学校排除安全隐患。

正确的安全观和正确的价值导向将影响学生在遇到危险状况时能否做出更加合理的选择。例如，在"安全教育"校本课程中，应始终向学生传递这样一个原则——要积极自救，在自身的能力范围内进行他救，而不能在自己不具备他救的能力时贸然地实施他救。这与以往的教材理念有所不同，以往曾经倡导过少年参与救火而最后牺牲的精神。现在的安全教育中，一定要避免这样的价值导向，因为少年儿童本身并不具备某些实施救援的能力，他们是被保护的对象，不能担当超出自己能力范围的责任与义务，这也与相关的法律精神相违背。所以，帮助学生树立正确的安全观，即在保障自身安全的前提下，积极采取救援措施是可以的。这其实就是对生命的一种尊重，也是素养目标的价值所在。再如，在正确对待陌生人的问题上，以往的安全教育是陌生人基本都是坏人，而事实上随着社会的发展，儿童对社会生活接触面的扩大，需要具备与陌生人正确交往的能力，甚至某些危难时刻要学会向陌生人求助。这就要求学生能够辩证地看待陌生人，在有防范意识的同时，正确对待陌生人，这也是一种正确导向的价值观引领。

5. 教学资源的开发为素养目标的落实提供了有力支撑

丰富的课程资源是"安全教育"主题单元系列课程得以实施的有力保障。这些课程资源不仅丰富了学生的学习体验，还为探究学习提供了素材。课程资源类型多样、功能丰富，有文本资源、网络数据资源、实物资源、人力资源等。

1）以文本资源为例，教师除了开发"安全教育"读本教材，还精选了世界各国的安全教育绘本，绘本资源具有其独特的教育功能，比文字资料更加生活化和情境化，能帮助学生理解、记忆和迁移。

2）以实物资源为例，有消防服、安全头盔、灭火器、灭火毯、逃生绳索、消防哨、防毒面具、模拟红绿灯、人行横道地毯、AED自动除颤仪、人体模型、医用急救箱、求救手电筒等。

3）以人力资源为例，消防队员、交通警察、120 急救中心医生等专业人员来到学校亲自为学生讲解安全自护常识，这样学生的学习效果远比教师在课堂上单一地讲授安全知识要好得多。

6. 表现性评价对素养目标的落实起到了促进作用

在"安全教育"主题单元系列课程实施过程中，教师主要使用表现性评价。为了考查学生对安全知识与自护、自救技能的掌握程度，一般通过对学生在具体情境下表现出的行动、角色表演、展示交流、实际操作等真实的表现来评价学生。通过评价，学生在实践中不断领悟、更正、熟练，使安全自护、自救技能不断提高，逐步形成了处理复杂安全事态时沉着冷静、正确判断、迅速反应等重要能力。

（五）"安全教育"主题单元系列课程实施后发生的变化

1. 来自学生的改变

1）学生在对待安全问题上的主体意识得到增强，认识到自己对安全的生活负有主要责任。学生可以自主参与丰富多样、还原现实的活动，例如，安全宣讲、排查安全隐患、自我保护训练、探访消防队和交通指挥中心等社会实践性活动，这些活动使文本走向生活，把生活搬进课堂，激发了学生内在的学习动力，扩展了安全知识、提高了安全技能，丰富了其安全自护的生活经验，使学生在快乐参与中明白了健康之道，尊崇生命之贵。

2）学生的社会实践能力得到提高。在"安全教育"校本课程实施过程中，学生经历了自主探究的整体历程——计划、组织、探访、总结、分享、安全知识宣讲，从体验中顿悟，从反思中成长。例如，在探访消防队的实践活动中，学生与消防队员面对面地交流互动，社会调查能力、与人交往沟通的能力、观察记录能力、组织调控能力等都有所提高。消防队员成了学生心中勇敢且可敬的人民英雄，学生体会到了消防员为保护人民生命财产安全承担的风险和付出的艰辛，从而更加深刻地感受到了生命的无上价值。

2. 来自教师的改变

1）教师深化了对课程的理解、对教材的逻辑梳理和对教材内容的重新组织，以及对课堂的重新理解和定位。通过"安全教育"校本课程的开发与实施，教师更加关注学生的真实生活，认识到了教材对于学生发展的重要性，明确了教材也可以是学材，是伴随学生成长的伙伴。通过对课堂的重新定位，教师真正做到与学生平等对话，引领学生自主学习。

2）教师的自身安全意识增强，对生命的珍贵价值颇有感悟。随着社会的发展，人们面临着新的安全隐患，这就要求教师更加关注生活中不断更新的安全知识，扩展自身的安全知识储备，将关注生命、健康生活作为生活理念。

3）素养目标的达成需要提升教师的课程资源意识。课程资源是为优化课堂教学、落实素养目标，以促进学生发展的需要而服务的。在"安全教育"校本课程的开发与实施中，教师需要组建大量的课程资源，以满足教学要求和学生的实际安全需要，为学生能够亲自实践提供平台。同时，教师能够有效获取课堂教学的生成性资源并加以利用，从而为课程价值的实现和学生的发展提供了有力保障。

第五节　附加模式课程转化的实施策略

一、主题单元是素养目标转化的路径选择

主题单元课程的设计开发是素养目标附加模式课程转化的路径选择，对主题单元进行整体目标设计有利于素养目标的贯穿与转化。在将素养目标加入原有教学目标体系中时，需要考虑落实标准和学科素养，强调素养目标与课程标准的有效匹配。我们需要认识到，素养是一种综合能力，因此，在设计指向核心素养的表现性任务时，不能只是让学生学习知识，而是要聚焦那些能综合运用知识并能进行评价与创造的高阶认知目标。这些高阶认知目标就是素养目标与原有课程目标融合的结果。

例如，小学科学学科单元课程开发应遵循操作性和现实性原则，因为以探究为核心是科学学科的重要理念，所以在课程开发时，教师应重在为学生设计能够亲身经历、适合动手操作的活动，使学生能够像科学家一样在探究的过程中体验学习科学的乐趣。课程开发的视角应指向学生的生活，一方面，要引导学生合理利用广泛存在的学校、家庭、大自然和各种媒体中的多种资源进行科学学习；另一方面，要指导学生应用所学的科学知识和方法去解释和解决生活中的现象和问题，感受科学与生活的密切联系。该课程的设置不以学科知识为导向，而是以培养学生的科学素养为最终目

的。学生经历了这样的学习过程，不仅能够掌握科学研究的一般方法，更能将科学精神与科学态度融入其他学科的学习和日常生活，这正是素养目标达成的体现。

二、课堂成为素养目标落实的主要阵地

落实素养目标的主阵地是课堂，通过活动设计将课程与经验链接，形成素养目标的有效转化，这种转化的主要方式就是进行课程开发与设计。例如，小学英语"每日读"（每课时 15 分钟）校本课程，能够在培养学生英语素养的同时，增进其对多元文化的理解。该课程把英语学科素养与核心素养"国际理解"目标相融合，构建起按年级划分的小学英语"每日读"校本教材框架（图 5-5）。[①]

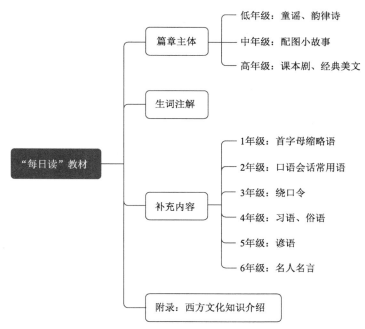

图 5-5　小学英语"每日读"校本教材框架

在"每日读"校本教材中，低年级主要以激发兴趣、听说模仿、韵律助学为特点，使学生感知语言的节奏和韵律美；中年级主要以创设情境、培养语感、认读过渡为特点，提高学生对文本的理解力；高年级主要以发

———————————
① 熊梅，等. 2009. 校本课程开发的行动研究——来自一所小学的课程创新[M]. 北京：教育科学出版社

展技能、形成策略、尝试交际为特点，扩展学生的文化视野，丰富学生的情感体验，培养学生的人文素养，形成积极向上的价值取向。这样的校本课程设计与开发符合学生的年龄特点，以渗透的方式使素养目标在课程中得以实现。

三、改变学习方式以达成素养目标的实现

唤醒儿童原有的生活经验，注重体验学习、探究学习和实践性学习，能够更好地实现素养目标的达成。教师首先要明确课程的核心理念和价值，并选择能够通过学生的自主发现与探究使其得以实现的教学方式，然后再选择或开发相应的学习方式，以完成课程理念的落实。

下面以道德与法治学科低年级的校本课程课型探索为例进行分析。结合 1～2 年级学生的年龄特点，教师开发了"游戏—玩耍""探险—调查""模拟—表演""交流—发表""观察—发现""回顾—成长"六种学习形式。每一种学习形式都有不同的培养目的，强调学习活动的真实性，为学生适应未来复杂的社会生活做准备，以此考验学生所需的思考力、判断力、表达力及其人格品性，为学生终身学习能力和心智的养成提供基础。

四、改变课程评价方式以促进素养目标的达成

把素养目标和学生联结起来的最直接载体不仅有学习活动，还有评价活动。

1）将评价嵌入整个学习活动之中，促进素养目标的达成。过程性评价关注学生的整个学习过程，跟踪、评估学生课前的准备，课堂上的学习活动，课程结束时的学习效果等。教师应有针对性地对学生进行引导和指导，使学生积极参与到学习的整个过程中，掌握和运用学习的技能和方法、形成自我判断和辨析的能力、构建认知体系，以自主完成学习过程。

2）评价主体多元化，以自我评价、小组评价、教师评价和家长评价相结合的方式，帮助学生多维度地审视自己，养成自我反思的习惯，提升正确认识自我的能力。这种能力一旦形成，就会促使学生在今后的学习和生活中不断省思、不断完善，形成重要的学习能力、思维方式和个性品质，优化认知结构，对培养学生思维的灵活性和深刻性、批判性和发散性、适应性和创新性具有重要作用，而这些优秀品质正是素养目标所追求的。

第六章
聚焦式的课程转化：在大概念体系中形成观念

聚焦国家课程理念的落实转化是深度推进课程改革的必然过程，而真正建立并实现国家课程理念的发展则是一个漫长的探索过程，不是朝夕之力所能达到的。其目的在于将国家课程理念落实到每一项活动、每一节课堂、每一位学生，让国家课程理念带来的改变真正在学生身上发生，内化为学生成长的不竭动力。其关键在于找到国家课程理念与学生之间的"榫卯结构"，实现学生与国家课程理念之间的有效对接，而聚焦到大概念的课程转化则是实现这一构想的最佳选择。大概念为国家课程理念的落实提供了新的思路，将国家课程理念与课程教学联系起来，这种围绕大概念课程转化的聚焦模式构筑了从理论指导到实践操作的通道。

第一节　聚焦模式课程转化的意义阐释

课程是在特定学科领域、特定时间范围、特定空间场所内发生作用的，指向的是学习者能够获得在任何适当的现实生活中可以使用的、永久保留的记忆或者思维。课程不是展示新的知识内容，而是让学习者接触到更多有意义的知识和经验、有价值的资讯与实践。例如，《义务教育初中科学课程标准》指出，通过科学课程的学习，学生能够"了解科学、技术、社会、环境之间的关系，深化对科学的认识，关心科技进展，关注有关的社会热点问题，初步形成可持续发展的观念"。聚焦模式课程转化就是在推动学生回到真实世界的导向上提供了助力。

一、聚焦模式的内涵界定

以学科核心素养为核心的新一轮课程改革已经开启，其根本指向是回答"培养什么人"的基础性问题以及"怎样培养人"的过程性问题。一直以来，我国教育领域基于全球化视野、社会性发展以及个体化需求等方面持续进行的课程改革实践，可以让学生对时代变化做好充分的准备。学科核心素养通过课程转化实现层层传递与逐级开展，进而渗透到课程领域的各个方面。课程转化是一个改变的历程，这种改变是持久、缓慢的，同时又具有引领性和指向性，其推进过程不能只是一句口号，而应具备一般意义上的方法性指导。大概念作为当前我国课程方案的主要变化之一，提供了学科核心素养落实的锚点。据此，我们经过如下三方面的思考，建立了指向大概念课程转化的聚焦模式，力图打通学科核心素养落实的现实壁垒。

1. 突破单一学科困境，形成整体观念

学科核心素养要使学生形成对自然、社会的整体观念。如果落实学科核心素养仅仅是简单地沿袭学科本位，囿于单一学科困境，固守自我学科边界，将不利于学生对自然以及社会中综合问题的分析与解决。这一方面是由于单一学科内部线性知识的学习虽然有利于学生系统地掌握知识内容，但是忽略了对学科本身中网状知识结构的整体把握，学生需要学习的内容繁杂且无法融通，不便于对知识进行提取及使用；另一方面是由于清晰的学科边界会使学科之间的对话存在障碍，学生解决问题的思路受到限制，无法获得更大的学习视角与更好的学习体验。例如，对于能量利用问题，学生需要整合物理学科核心素养中的物理观念、实验探究以及生物学科核心素养中的社会责任等不同线索形成总体看法，这不仅要关照学科内部的思想方法，同时还要涉及其他相关学科的知识。由此可见，落实学科核心素养既要关注学科特色，强调本学科对学生发展的特殊作用，又要关

注学科内与学科间的联系，形成纵向衔接、横向联合的学科核心素养结构，进而支撑学生自我发展与认识世界的整体框架。指向大概念课程转化的聚焦模式的构建则是实现这一愿景的关键之举。

2. 打破浅层学习桎梏，深入本质理解

长期以来，教师在教学过程中一直没能冲破浅层学习的桎梏，学生往往以获取单纯知识或者反复熟练技能为主，止步于知识再现的浅层次学习，对于知识缺乏继续思考与深入探究，不利于学科核心素养的培养。学科核心素养强调教师"为学生理解而教"，重视对于知识的深度处理和挖掘，引导学生发展高阶思维活动，探求隐藏于知识符号背后的本质原理与思想意义，促进学生主动学习能力、创新性思维以及批判性思维的发展。可见，为了真正落实学科核心素养，不能再让学生的学习停留在浅层学习层面，而是要彻底改革以往的教学模式，重视单元设计的完整性与深刻性，立足于某个核心概念或者核心主题，进行从事实到观念、从知道到理解、从表象到本质的设计，只有这样才能使学生真正获得学科核心素养。基于此，聚焦大概念就成为单元设计的重中之重。

3. 冲破情境固化遮蔽，扩展迁移应用

教师在教学过程中创设情境有助于学生理解学习内容，增强学习效果，然而教师对于某个知识点的讲解往往仅局限于一种情境，很久才进行更新或者根本不更新，导致教学实践中单一情境反复出现，情境固化的问题越来越突出，这种固化就可能在一定程度上阻碍学生思维能力的发展，同时也会遮蔽教师对于学习内容的再思考与再认识。熟悉的、单一的情境产生的固化作用使教师将要表达的内容限定在已经规划好的情境中，忽略了时代发展的影响，失去了对现实的解释力，看似促进了学生的学习，实则形成了遮蔽。学科核心素养具有情境性、迁移性的特征，创建教学情境是教学过程中的必要途径，虽然知识与情境之间的联系十分重要，但实现此情境与彼情境之间的互通也需要引起重视。多重情境的互通能够帮助学生灵活地进行知识迁移与运用，帮助学生对问题进行多元思考和全面把控，这就要求所选主题不仅处于情境中心，也要处于学科内以及学科间的中心。

综上所述，我们认为，聚焦模式是指在某一个或多个学科内整体把握学科课程标准、学段目标、年级目标、学期目标、单元目标的基础上，通过适当提炼学科内或学科间"串联"或"并联"式的逻辑结构，最终指向课程标准目标大概念理念的课程转化模式。聚焦模式强调在原有课程基础

上的提炼，侧重于将习得的知识内容综合运用在社会热点问题中，专注于具体问题的解决过程。聚焦模式并不局限于课程内容本身，同时对学习方式、评价方式、情境创设、教学过程等诸多方面都要进行合理调度与优化，因而能够较好地强化内容联结与学科合作，集中培养学生解决问题的能力。

二、聚焦模式的要素理解

聚焦模式从不同的侧面分析问题，从不同的视角阐释问题，从不同的路径解决问题，一方面着眼社会发展对学生培养的目标要求，另一方面连带课程标准①中大概念理念的目标指向。

（一）培养目标理解

今天的教育要面向人类社会发展面临的挑战。习近平总书记提出："全面贯彻党的教育方针""坚持把立德树人作为根本任务""要在坚定理想信念上下功夫""要在厚植爱国主义情怀上下功夫""要在加强品德修养上下功夫""要在增长知识见识上下功夫""要在培养奋斗精神上下功夫""要在增强综合素质上下功夫""要树立健康第一的教育理念""要全面加强和改进学校美育""要在学生中弘扬劳动精神"②。梳理我国及其他国家或组织的人才培养目标，我们可以将其归结为价值观教育、基本素养、关键能力以及 21 世纪概念四个方面。

1. 价值观教育

多元文化背景下的世界格局不再是区域独立发展，而是文化联合共生。然而，融为一体的世界村落使得部分民族、国家出现了民族文化认同危机以及理想信仰认同危机等价值观认同危机，世界公民及超国家认同等观念消解了公民的文化身份与国家凝聚力。因此，日本、韩国、法国、丹麦等多个国家在人才培养中高度重视公民价值观教育。在我国，党的十九大报告提出要全面贯彻党的教育方针，落实立德树人根本任务，发展素质教育。同时，国家课程也强调社会主义核心价值观教育，进一步突出中华优秀传

① 教育部. 教育部关于印发普通高中课程方案和语文等学科课程标准（2017 年版 2020 年修订）的通知[EB/OL].（2020-05-11）. http://www.moe.gov.cn/srcsite/A26/s8001/202006/t20200603_462199.html[2021-11-01].
② 人民网. 习近平在全国教育大会上强调坚持中国特色社会主义教育发展道路 培养德智体美劳全面发展的社会主义建设者和接班人[EB/OL].（2018-09-10）. http://edu.people.com.cn/n1/2018/0911/c1053-30286253.html[2021-11-01].

统文化教育及革命传统教育，加强法治教育、国家安全教育、民族团结教育以及生态文明教育等。

2. 基本素养

教育的目的不仅是让今天的人能够接受并迎接来自世界变化的挑战，为即将面对不同的社会角色做好准备，也是为了让个体获得幸福和愉悦，成为积极的、有责任的社会公民。虽然不同角色需求与社会传统下的素养框架呈现出多样化特征，但首先要考虑的是当代社会背景下人类生存与生活所必需的基本素养。例如，社会文明的不断传承、多元文化的彼此交融及人类精神世界的日益丰盈，使人与文本之间、人与世界之间、人与自我之间的思考、互动和理解更加频繁，具备基本的文本阅读能力、运算能力仍然是人融入社会的基本前提。又如，通信技术的迅猛发展将人类社会推向了信息时代，现实生活被"互联网+"技术制造的数字洪流所吞噬，每一个人都成了"数字公民"，数字化已经成为当代生活的基本方式，能够运用数字化工具也已经成为适应当代生活的基本能力。此外，在高度发达的现代社会，虽然人们远离了过去无法满足温饱的窘迫，但过于依赖先进的技术会使人类肢体退化，各类疾病的高发促使人类将视野回归全民体育与公共健康，健康素养成为与生存、生活相关的基本素养。

3. 关键能力

在信息大爆炸时代，知识总量呈指数级增长，人们已经无法遍历每个领域的发展历程，故而将目光从只关注培养学生的专业能力扩大至提升个体的共通能力，尤其是共通能力中关键能力的培养上。2017年，中共中央办公厅、国务院办公厅印发《关于深化教育体制机制改革的意见》，明确提出，在培养学生基础知识和基本技能的过程中，强化学生关键能力培养，即认知能力、合作能力、创新能力与职业能力。美国《21世纪学习框架》中的21世纪技能也是一种高于基本素养的高阶能力，其中包含学习与创新技能，信息、媒介和技术技能，生活与生涯技能三大类。[①]2018年，OECD发布了"教育2030：未来的教育与技能"项目的首个研究成果《OECD学习框架2030》，并在此基础上于2019年发展出《OECD学习罗盘2030》，进一步界定了未来学生应具备的素养和能力。[②]该项目强调了以下四个方面

① 张华. 2016. 论核心素养的内涵[J]. 全球教育展望, 45（4）：10-23.
② 施芳婷, 陈雨萌, 邓莉. 2020. 从原则指导到能力导向——UNESCO与OECD面向2030年的教育蓝图比较[J]. 世界教育信息, 33（12）：8-17, 46.

的内容：一是认知与元认知技能，如批判思维、创造思维、学会学习、自我调节；二是社交和情感技能，如同理心、自我效能感、协作能力；三是实用和物理技能，如使用新的信息和通信技术设备；四是变革社会与塑造未来的能力，如创造新价值、协调矛盾和困境以及承担责任等。[①]这些关键能力是在基本素养的基础上，适应信息时代、知识经济时代的社会变迁，并能够创新、创造的必要能力。[②]

4. 21 世纪概念

人工智能、大数据、知识经济、信息社会等已构成人类生活的新的核心问题，同时形成了许多与之相关联的新概念，但其重要性却难以在传统的学科课程体系中凸显，从而成为 21 世纪人才培养目标中的新内容与新概念。例如，20 世纪后期至 21 世纪，人们的生活水平显著提高，居民家庭收入持续增长，生产方式也发生了极大改变，知识经济的快速膨胀彻底改变了人们的财富观念。同时，人们也遭遇了如 2008 年全球金融泡沫等人类历史上重大危机的重创。面对人类历史积累的巨大财富，财富的保有已经不能再作为迎接 21 世纪挑战的筹码，取而代之的是财富的创造。作为 21 世纪的公民，我们必须要对经济本身有一个清晰的认识，同时也要意识到经济的快速发展并不是依靠原始积累，而是依靠不断地流动与创造。美国《21 世纪学习框架》提出，要培养学生的财经素养；《OECD 学习框架 2030》将企业家精神纳入其中；芬兰更是在《国家基础教育核心课程》中提出，要培养学生的职业能力与创业素养等[③]。

（二）大概念理解

大概念，英文为 big idea（big concept），也有学者将其译为大观念。在教育领域，有关大概念的研究至少可以追溯到布鲁纳（Bruner）对教育过程的研究。布鲁纳强调，教师无论教授哪类学科，一定要使学生理解该学科的基本结构，有助于学生解决课堂内外遇到的各类问题。[④]掌握事物的基本结构，就是以允许许多其他东西与它有意义地联系起来的方式去理解它，学习这种基本结构就是学习事物之间是怎样相互关联起来的。教师掌握学科

① OECD. 2018. OECD 学习框架 2030[J]. 孟鸿伟，编译. 开放学习研究，23（3）：9-12，19.
② 吕立杰，李刚. 2018. 人才培养目标的课程转化路径探析[J]. 教育研究，39（12）：56-62.
③ Finnish National Board of Education. 2016. National Core Curriculum for Basic Education 2014[M]. Helsinki: 32-44.
④ Bruner J S, Lufburrow R A. 1960. The Process of Education[M]. Cambridge: Harvard University Press.

的基本概念架构，有助于学生对学科知识的记忆，并促进学习的迁移。

1. 大概念的多角度理解

有研究者从认知发展的角度阐述了大概念。克拉克（Clark）基于布鲁纳等的研究，在定义"观念"时提到，观念（concept）是理解和联结小观念的大概念，并将观念与大概念等同起来，认为它们提供了构建自己理解的认知框架或结构，帮助个体整理、归档无限数量的信息。[①]怀特利（Whiteley）强调，大概念是理解的建筑材料，可以被认为是有意义的模式，人们使用它能够联结其他零散的知识点。[②]奥尔森（Olson）指出，大概念是在忘记具体的经验和事实之后还能够长久保留的中心概念（central concept），是关键信息（take-home message）。[③]

有研究者从课程内容的角度来界定大概念。格兰特（Grant）和格雷迪（Gradwell）认为，大概念是问题或概括性话语，用来帮助教师思考和决定教什么。[④]埃里克森（Erickson）认为，大概念是指向学科中的核心概念，是基于事实抽象出来的深层次的、可迁移的概念。[⑤]埃里克森同时提出了大概念的操作性概念，即大概念能够为任何研究提供一个可聚焦的概念透镜；作为理解的关键，通过对多个事实、技能和经验的关联和组织提供含义的广度；指向学科中专家理解的核心概念；需要揭示，因为它的意义或价值对于学习者来说是很不明显的，是违反直觉的，或者是容易产生误解的；有极大的迁移价值。威金斯（Wiggins）和麦格泰（Mctighe）提到大概念是出于课程学习中心位置的观念、主题、辩论、悖论、问题、理论或者是原则等，能够将多种知识有意义地联结起来，是不同环境中应用这些知识的关键。[⑥]

也有研究者从学科教育的角度分析了大概念，在数学教育和科学教育的研究中，研究者尤其重视大概念的问题。查尔斯（Charles）将大概念定义为对数学学习至关重要的观念的陈述，认为其是数学学习的核心，能够

① Clark E. 1997. Designing and Implementing an Integrated Curriculum: A Student-centered Approach[M]. Brandon: Holistic Education Press: 94.
② Whiteley M. 2012. Big ideas: A close look at the Australian history curriculum from a primary teacher's perspective[J]. Agora, 47(1): 41-45.
③ Olson J K. 2008. Concept-focused teaching: Using big ideas to guide instruction in science[J]. Science and Children, 46(4): 45-49.
④ Grant S G, Gradwell J M. 2009. The road to ambitious teaching: Creating big ideas units in history classes[J]. Journal of Inquiry & Action in Education, 2(1): 1-26.
⑤ Erickson H L. 1995. Stirring the Head, Heart, and Soul: Redefining Curriculum and Instruction[M]. Thousand Oaks: Corwin Press.
⑥ Wiggins G, Mctighe J. 2005. Understanding by Design[M]. 2nd ed. Alexandria: Association for Supervision & Curriculum Development.

把各种数学理解联系成一个连贯的整体。查尔斯认为大概念使我们将数学看作一个连贯的大概念集合，有助于调动学生学习的积极性，促进其深层次地理解，减少记忆性知识等。①哈伦（Harlen）从科学教育角度提出了 14 项科学教育的大概念，例如，在宇宙中能量的总量是不变的，但是在某种事件发生的过程中，能量会从一种储存形式转化为另一种储存形式。②其认为大概念是能够用于解释和预测较大范围内物体和现象的概念，概念有大有小，大概念只是一个相对的概念。德荣（De Jong）等以化学学科为例，从化学知识、化学史和化学社会学三个视角分析了化学中的大概念的内涵：从化学知识角度来看，化学是用于描述、解释和预测化学现象的学科，大概念应涵盖化学反应、化学键等基本概念；从化学史角度来看，化学学科是通过化学家的积极努力而不断发展起来的，要学习如何在社会历史环境中发展化学知识，大概念应涵盖化学模型的发展、化学范式的转变等；从化学社会学角度来看，化学是在个人和社会层面起重要作用的科学，要学习和理解社会科学问题和相关问题，大概念应涵盖温室效应、化学污染等内容。③

2. 大概念的概念内涵

综上所述，本章关注的大概念主要是指基于事实抽象出来的，能够解释和预测较大范围内事物和现象的，涵盖基本知识与基本技能的，能帮助学习者认识世界和理解世界的，少数的、可迁移的核心概念。大概念具有复杂的内涵与多维结构，无论是在宏观层面的认知框架，还是在中观层面的课程线索，以及在微观层面的教学设计，大概念都具有独特的贡献。深入把握大概念在教育领域中的价值，能有效推进我国的教育改革进程。

三、聚焦模式的结构解读

聚焦模式在结构上形成倒立的圆锥（图 6-1），通过形成知识通道，使知识面与任务点之间获得了坚实的联系。聚焦模式围绕单元目标或者学期目标中的大概念，通过内容选择、学习方式、情境创设、教学过程、评价

---

① Charles R I. 2005. Big ideas and understandings as the foundation for elementary and middle school mathematics[J]. NCSM Journal of Educational Leadership, 7(3): 9-24.
② Harlen W. 2010. Principles and Big Ideas of Science Education[M]. Hatfield: Association of Science Teachers.
③ De Jong O, Talanquer V. 2015. Why is it relevant to learn the big ideas in chemistry at school?//Eilks I, Hofstein A(Eds.), Relevant Chemistry Education(pp. 11-31)[M]. Rotterdam: Sense Publishers.

方式、资源选择六个方面进行有序组织和协调，形成立体式内容整合与全方位内容架构，最终达成素养目标。我们可以形象地将聚焦模式理解为"放大镜"模式，即通过不断调整各部分内容，使整个课程转化朝向最终的素养目标。整体而言，聚焦模式包含两方面架构。

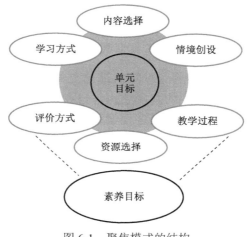

图 6-1　聚焦模式的结构

（一）中心结构：以大概念为核心

大概念能够促进学生对学科知识的本质性理解，促进学生发生知识联结以及促进学生自我建构与自我进化，最终使学生形成对人、自然与社会的基本认识。

1. 大概念促进学生对学科知识的本质性理解，形成大观念

大概念是学科的中心概念，最能代表学科本质和基本结构。学生习得大概念，就像拿到了一张学科地图，在头脑中形成由该学科组成的指南针，引领学生找到方向或者工具解决以后遇到的相关问题，这个指南针就是大观念。离开学校之后，如果学生不从事科学研究相关行业，其获得的具体知识是很容易被遗忘的，然而其形成的大观念则不然，其仍然能够针对复杂的问题联结相关零散的学科知识，即使无法准确回忆起具体的内容，也能够根据线索找到正确的解决途径。

2. 大概念促进学生发生知识联结，产生适应性转化

大概念突破了学科知识的琐碎、零散，能促进学科知识横向联结的发

生，在大概念之间形成知识网络，形成知识与知识之间的联结通路。这种通路使得知识像游走的积木，在遇到不同的问题时互相融合与拼接，以适应解决问题的需要。在现实生活中，问题往往都是复杂的、跨学科的，大概念促使学生形成的知识联结网络能够帮助学生迎接来自社会等多方面的挑战，并依据不同的事务进行适应性转化，这种适应性转化从根本上强调在任意时间以及任意地点都能够使个体获得幸福。

3. 大概念促进学生自我建构与自我进化，指向终身化学习

大概念不仅能够促进学生对知识纵向上的本质理解以及横向上的联结扩展，还能够发展学生的自我建构与自我进化能力。自我建构与自我进化是学生真正地成长，独立进行学科知识学习、吸收、提取与运用的过程，是独立进行能力习得、发展与延伸的过程，是独立进行素养发展、积累与体现的过程。大概念是开放的，而不是封闭的，它虽然对知识进行了组织，但并不限于此，而是可以不断地迁移和扩展。这种迁移与扩展的机制有利于大概念的自我完善，同时实现学生的循环建构与进化，学生在这样一个无终止的过程中发展的大观念必然是长久的和终身的。

（二）辅助结构：以多板块为框架

大概念为学生提供了一个组织信息的蓝图，减少了必须记住的内容数量，强化了学生的迁移能力。希伯特（Hiebert）和卡彭特（Carpenter）指出，如果学生能够了解所学的内容同已知的其他内容之间的关联，就能很好地理解，并且这种关联的数量越多、强度越大，学生理解得越透彻。[1]学生依据大概念可以有序组织其在学习期间遇到的事实、概念、过程和方法，建立学习单元之间的联系以及与其他学习领域的联系，使学生感觉到自己所做的一切都与大概念这个中心有关。此外，大概念也为教师组织教学单元的内容提供了一种有效的方式。教师围绕大概念组织教学时，可以更容易地从必要的内容中分离出不必要的细节，选择合适、有趣的活动，并将其组织成一个整体，这需要由内容选择、学习方式、情境创设、教学过程、评价方式以及资源选择六个板块组成辅助框架。

---

① Hiebert J, Carpenter T P. 1992. Learning and teaching with understanding//Grouws D A(Ed.), Handbook of Research on Mathematics Teaching and Learning(pp. 65-97)[M]. New York: Macmillan.

1. 内容选择板块

内容选择是指围绕大概念进行次级概念乃至更下位概念的遴选，形成大概念群，这是进行课程转化的准备阶段。当前，大概念群隐藏在纷繁复杂的各种形式中，如何合理、适切地寻找及遴选真正的大概念和大概念群，才是进行内容选择的关键所在。通常，我们使用标准演化法进行大概念群的遴选与确认。所谓标准演化法是指许多课程标准或内容标准中都陈述或者暗示了大概念，例如，包含有"重要概念""关键概念""重要原则"等词语的陈述句，反复出现的关键名词、形容词和动词等。学科教育者需要认真解析标准，将具体的、大量的、零散的知识内容聚焦在大概念的框架之中，倾向于使用演绎的方式。

2. 学习方式板块

与传统学习方式相比，探究性学习具有更强的问题性、实践性、自主性与开放性，更能帮助学生提高在真实生活中发现问题、分析问题和解决问题的能力，同时能够培养学生善于发现、敢于质疑的优秀品质。教师可以在课程设计中增加多种类型的探究性活动设计，并且认识到探究性学习不仅仅是一种学习方式，同时也是学习内容。

3. 情境创设板块

随着我国的新课程改革不断走向深入，学生学习活动的展开不能再仅围绕书本，而是应该基于学生已有经验、联系学生生活实际积极地创设情境，让学生在真实情境或者模拟情境中进行高效率的学习，而且情境越真实，学生的学习效果越好。[1]强调课程学习的情境性能够将学生所学与生活所用有机结合起来，实现双向贯通，让学习对生活产生作用、对学生的发展产生作用，进一步激发学生学习的欲望和动力。就课程设计而言，如若让学生产生思维活动，就要创设学生的经验情境，让学生的思维从情境中来、到情境中去，将可疑的、矛盾的、失调的情境变为清楚的、协调的、和谐的情境，真正的思维活动也就发生了，而这个过程以认识到新的价值、建立起新的观念而告终。

4. 教学过程板块

在教学过程中，学生仅仅习得固化的知识和面向单一问题的解决策略是

---

[1] 余清臣. 2018. 教育理论的实践化改造：基于人性假设的组合[J]. 教育科学研究，（10）：5-11.

没有任何意义的。面对纷繁庞杂、急速变化的现实世界，虽然知识的积累是必要的，但是学生必须获得扩展迁移的能力，而非简单地记忆，并且需要寻求知识之间的关联并进行整合，降低学习负担与学习密度。对于学生迁移能力的培养来说，进行知识迁移训练是新课程理念关注的重点，有利于帮助学生更加灵活地解决问题。因此，教师在进行教学设计时，要有目的、有计划、有意识地对知识内容进行扩展迁移，促使学生习得的零散的知识之间发生横向和纵向的联系，帮助学生建立知识网络体系，最终实现学习的迁移。

5. 评价方式板块

核心素养的评价不同于以往单一维度的学习结果，其涉及的内涵是多维度的，即不只重视知识，还关注能力，并且更加强调态度的作用，是知识、技能、情感、态度、价值观的结合体。这就需要全方位地跟踪描述其发展水平，以便于指导和提升。与此同时，教师应充分理解和尊重个体的差异性，根据学生发展的实际情况，运用相对评价，避免绝对评价；注重情境评价，避免机械评价，为每个学生创造体现自身价值的机会，为每个学生提出有针对性的改进建议，力图促使每个学生都能够健康、向上、全面地发展，都能够在其原有水平上获得进一步的发展和提升。

6. 资源选择板块

围绕大概念的课程转化需要学校层面整合多方面的资源，包括教师资源、教材资源、教具资源、社区资源等。①在教师资源方面，该模式需要配以知识面覆盖广、综合性程度高的专任教师来完成。②在教材资源方面，教师和学生使用的教科书应充分体现聚焦模式的中心思想。③在教具资源方面，课堂教学和课后学习中要充分运用各类教学仪器、多媒体设备等进行专题内容的研究。④在社区资源方面，要充分发动本社区内博物馆、研究院、高等院校等资源的优势，将它们纳入聚焦模式中。

第二节　聚焦模式课程转化的目的和意义

2017 年 2 月，教育部颁布了《义务教育小学科学课程标准》，在对学习评价方式的阐述中指出，"在小学阶段并不要求学生对科学概念有深入的理解，但是学生必须明确与科学概念相关的自然现象和过程，能够用科学的或接近科学的术语对自然的事物或现象进行描述和解释，能够知道某些科学概念之间的联系，以及各个科学概念的应用范围"①。此外，在每个学习领域，教学内容的划分和要求都用科学的大概念进行统领和安排。2018年1月，教育部正式发布2017年版普通高中物理、化学、生物等学科课程标准，这次修订的主要内容和变化之一是"进一步精选了学科内容，重视以学科大概念为核心，使课程内容结构化，以主题为引领，使课程内容情境化，促进学科核心素养的落实"②。大概念已开始影响我国课程改革的进程，聚焦模式以大概念为中心进行课程转化，实现了资源的优化配置，为我国学生发展核心素养的落实提供了思路和方法。

一、聚焦模式提供了一种课程转化途径与方式

就课程转化而言，世界各国的课程转化进程都是一项浩大的工程，涉及诸多内容要素。虽然不同国家在进行课程转化时有着不同的教育背景与课程理念，但都是在寻求适合本国课程发展实际情况的最佳路径。课程是国家教育理念的重要载体，是教师教学和学生学习的重要组成部分。经过多年的发展，虽然课程结构有了长足的变革与进步，但逐渐呆板与僵化。在核心素养研究席卷全球以及全国掀起学科核心素养研究浪潮的今天，"关键能力""大概念"等核心理念开始成为重建课程的中心思想，以往偏重知识线索的课程结构已经不能满足当今时代对于人才能力培养的要求，因此需要进行课程结构的重新设计。

聚焦模式以大概念为基础和工具，以学科核心素养为最终指向，调整课程结构中各要素、各成分之间的组合方式，以学生获得素养为根本，而非以学生接受知识为目的。聚焦模式力求在知识结构与素养结构之间寻求平衡，并为实现这一理念提供路径与方法。如果说知识结构是死板的，那么课程结构则是灵活的，课程结构是为学生更好地理解知识结构以及知识结构背后的观念而设计的。在当今的历史条件下，聚焦模式在继承传统的基础之上取长补短，形成了新的创造，更适合于新时代对人才培养的新要求，是一种能够帮助教师不断深入地挖掘课程以体现课程理念的表现方式。

① 中华人民共和国教育部. 2017. 义务教育小学科学课程标准（2017年版）[S]. 北京：北京师范大学出版社.
② 中华人民共和国教育部. 2018. 普通高中化学课程标准（2017年版）[S]. 北京：人民教育出版社：4.

二、聚焦模式弥补了教师落实学科核心素养的方法性短板

教师既是落实学科核心素养的中坚力量，同时也处在落实学科核心素养的第一线，一方面需要对学科核心素养理论知识进行消化吸收，另一方面需要对学科核心素养实践问题进行反思解决。教师处在理论与实践的交叉地带，极易面临理论与实践偏差的现实性问题，如在专业培训中学到的理论方法找不到与之相对应的现实问题，或者遇到的现实问题找不到与之相适应的理论方法等。就学科核心素养的课程转化而言，就像是用尽了力气却打在了棉花上一样，一线教师往往具备了充足的理论知识，却找不到得以运用的突破方法，教师往往发现将零碎的理论知识整合起来十分困难，在整个教学设计过程中也时常出现设计思路拿捏不清晰、设计脉络把握不准确等现象。

聚焦模式作为一道主线联结起了教师进行教学设计所需的各类知识，并赋予其实践价值与意义。聚焦模式重视教师对于大概念融入教学的理解，教学是教师教学智慧的集成产物之一，在体现教师对于大概念理念理解的同时，也代表了教师个人独有的教学理解。较为合理的教学方案往往建立在教师较为深刻的教学理解之上，需要教师经历一定的亲身教学实践并进行深入反思之后才能逐渐形成。在聚焦模式下进行的教学目标设计，是教师在大概念理念下对于教学是什么、为什么教学以及如何有效教学等诸多问题进行再思考的结果。由于缺少对于大概念理念融入教学设计的相关知识，教师往往无法将个人特色融入教学设计的过程之中，而聚焦模式的建立则为教师对教学设计过程的改造提供了基础性参考，以期达到抛砖引玉的效果。

第三节　聚焦模式课程转化的案例分析

一、确立大概念——以"国家认同"大概念为例

1. 来源依据

国际组织及世界各国对国家认同教育都十分重视。联合国教科文组织的学习成果衡量特设工作组的标准工作组发布了《作为学习部分的核心素养草案：幼儿、小学和中学》，明确指出培养中小学生的群体认同，使其

认识到群体的共同文化、宗教、价值观等。[①]欧盟在其发布的《终身学习核心素养：欧洲参考框架》中提出，培养学生的社交和公民素养，使其了解自己国家的重大事件，知道社会和政治运动的目的，具有对本国的归属感，志愿参与公民活动，支持社会多元性等。[②]法国在其颁布的《共同基础法令》中提出，培养学生的社会交往与公民素养，学生应了解国家的象征、民主生活的基本规则、共和国的基本价值观念等。[③]

我国颁布的《中国学生发展核心素养》中将国家认同教育的培养目标描述为："具有国家意识，了解国情历史，认同国民身份，能自觉捍卫国家主权、尊严和利益；具有文化自信，尊重中华民族的优秀文明成果，能传播弘扬中华优秀传统文化和社会主义先进文化；了解中国共产党的历史和光荣传统，具有热爱党、拥护党的意识和行动；理解、接受并自觉践行社会主义核心价值观，具有中国特色社会主义共同理想，有为实现中华民族伟大复兴中国梦而不懈奋斗的信念和行动。"[④]

2017年，我国印发了《中小学德育工作指南》，并在总体目标中指出："培养学生爱党爱国爱人民，增强国家意识和社会责任意识，教育学生理解、认同和拥护国家政治制度，了解中华民族优秀传统文化和革命文化、社会主义先进文化，增强中国特色社会主义道路自信、理论自信、制度自信、文化自信，引导学生准确理解和把握社会主义核心价值观的深刻内涵和实践要求，养成良好政治素质、道德品质、法治意识和行为习惯，形成积极健康的人格和良好心理品质，促进学生核心素养提升和全面发展，为学生一生成长奠定坚实的思想基础。"

2. 内涵分析

国家认同研究既涉及意识形态，又涉及实践行为，涵盖哲学、政治学、社会学、心理学等多个领域。国家认同是一种主观意识和行为取向，是国家发展和个体社会化进程的结果，个体将自我归属国家，拥护国家制度、关心国家利益、信任国家运作，能够在国家利益受到侵害时挺身而出，牺牲自我。国家认同是国家独特性、合法性的保证，也是维护国家和谐稳定的保障。

① 林崇德. 2016. 21世纪学生发展核心素养研究[M]. 北京：北京师范大学出版社：48.
② 林崇德. 2016. 21世纪学生发展核心素养研究[M]. 北京：北京师范大学出版社：68.
③ 林崇德. 2016. 21世纪学生发展核心素养研究[M]. 北京：北京师范大学出版社：86.
④ 核心素养研究课题组. 2016. 中国学生发展核心素养[J]. 中国教育学刊，（10）：1-3.

二、分解大概念

综合对国家认同的多角度理解，可以将国家认同的大概念具体划分为七个次级概念，即地域认同、身份认同、语言认同、民族认同、文化认同、历史认同以及行为认同。

1. 地域认同

国家认同是最高层次的认同，也是强度最低的认同。地域认同是原生性的，是国家认同强有力的前提和基础；国家认同是建构性的，是地域认同的最高表现形式。地域是共同体的生存空间，地域认同是某一地理位置或空间区域的形象等各个方面给个体带来的综合心理感知及归属感，是个体对某一区域的理念认知、赞成和信任的程度。[①]地域认同要使学生认识中华人民共和国的地理疆域及其世界影响，理解中国与世界之间的相互关系及其扮演的角色。

2. 身份认同

身份认同是个体对其所属群体与其他群体差异性的认知。在现代国家中，个体只有完全确认并适应及认可本国公民身份，才能整体提升国家认同水平。身份认同关注使学生确认及接受中国公民身份，了解作为中国公民的权利和义务，认同我国的国体政体，赞同中国特色社会主义道路。

3. 语言认同

语言（包括文字）作为一种符号体系，具有塑造人类思维、构建国家认同的巨大力量。语言认同是国家认同的一种重要表现形式，是指个体或群体通过清晰或刻意使用某种特定语言文字的交际和象征作用，区分我群和他群、表示身份和归属的认知行为活动。[②]语言认同主要使学生了解和掌握我国语言选择、语言规范化、语言立法等相关内容。

4. 民族认同

现代国家往往由多民族构成，民族是国家存在的基石，民族认同也是国家认同存在的必要条件。民族认同与国家认同紧密联系，共生共济。民族认同是个体对本民族的信念、态度以及归属，是对本民族身份、语言、

[①] 王俊秀，杨宜音. 2015. 中国社会心态研究报告[M]. 北京：社会科学文献出版社：24.
[②] 张军. 2008. 蒙元时期语言认同建构之经历与经验[J]. 新疆社会科学（汉文版），（1）：70-75.

风俗及共同价值的承认、接纳与支持。①中华民族是一个由 56 个民族组成的统一体，民族认同强调让学生了解我国不同民族的语言文字，了解并尊重各民族的风俗习惯，具有民族团结的意识。

5. 文化认同

在现代多民族国家，文化认同是使民族认同上升为国家认同的关键。在尊重民族文化差异的基础上，塑造统一的可接受的政治文化，是提升国家认同的重要方式。文化认同是指"特定个体或群体认为某一文化系统（价值观念、生活方式等）内在于自身心理和人格结构中，并自觉循之以评价事物，规范行为"②。文化认同关注使学生了解世界多元文化，可以培养学生对我国的文化自信、对我国社会主义先进文化的认同，吸收和借鉴国外优秀文化。

6. 历史认同

一个民族的历史是民族安身立命的基础，一个国家的历史是国家合法存在的前提，"故欲其国民对国家有深厚之爱情，必先使其国民对国家已往历史有深厚的认识"③。历史认同已不局限于历史学科本身，而是对"我们从哪里来，我们到哪里去"的深入回答，是提高民族凝聚力的支柱，是个体对国家历史的承认与敬畏、维护与传承。历史认同关注学生了解中华民族五千多年的文明史、近代以来中国人民 180 多年的斗争史、中国共产党百年的奋斗史、中华人民共和国 70 多年的发展史，培养学生正确认识历史、评价历史，坚持一个中国原则。④

7. 行为认同

行为认同是国家认同的重要方面，无论何种方式的认同，最终都会反映在具体的行为中，行为认同是国家认同程度的直接体现。如若个体在行为上不能将个体与国家联系在一起，不愿意为了国家利益牺牲自己，那么其国家认同水平仍然处于较低水平层次。行为认同主要培养学生自觉捍卫国家利益，不从事危害国家安全的活动；促进民族团结，不信谣、不传谣；维护祖国统一，反对分裂活动的行为倾向。

---

① 李艳霞，曹娅. 2016. 国家认同的内涵、测量与来源：一个文献综述[J]. 教学与研究，（12）：49-58.
② 黄岩，乌峰. 2013. 国家认同探析[J]. 中央民族大学学报（哲学社会科学版），（2）：23-27.
③ 王仲孚. 1999. 历史认同与民族认同[J]. 中国文化研究，（3）：10-16.
④ 新华网. 习近平在布鲁日欧洲学院的演讲（全文）[EB/OL].（2014-04-01）. http://www.xinhuanet.com/politics/2014-04/01/c_1110054309.htm[2021-11-01].

三、确立学习领域

国家认同教育已受到包括我国在内的世界各国的普遍重视，根据搜集到的世界各国较为成功的国家认同教育材料，再结合我国的基本现实，可以将国家认同教育内容分为三大学习领域，分别是国情常识教育、文化理解教育、共同价值观教育。

1. 国情常识教育

国情常识教育是国家认同教育的基础部分，主要包括国家政治常识教育、国家象征常识教育、国家成就常识教育、国家安全常识教育四个方面。①国家政治常识教育：让学生了解我国的国体、政体、执政党，了解现行的政治制度、经济制度、文化制度、法律制度等。②国家象征常识教育：让学生了解我国的国旗、国徽、国歌等政治象征，了解故宫、长城、丝绸、旗袍、龙等文化象征。③国家成就常识教育：让学生了解国家经济的发展、科技的进步、人民生活水平的提高、世界地位的提高等。④国家安全常识教育：让学生了解传统国家安全问题与非传统国家安全问题、国家安全的时势、危害国家安全的行为，增强忧患意识、危机意识、公民意识等。

2. 文化理解教育

文化理解教育是国家认同的重要部分，主要包括历史文化教育、国家语言教育、国际理解教育三个方面。①历史文化教育：让学生了解中华文明的五千年历史、中国人民的奋斗史、中国共产党的奋斗史、中华人民共和国的发展史，了解历史上的重大事件，还原历史真相，培养学生的正确史观；让学生了解我国各地优秀的传统文化、风俗习惯，发扬民族精神，传承中华美德。②国家语言教育：让各民族学生了解我国的语言使用规范，熟练使用普通话进行表达、使用汉字进行规范书写；了解母语与外语的关系；提升语言使用道德。③国际理解教育：让学生认识到我国文化的多样性以及世界文化的多样性，理解不同民族、不同国家的文化差异；培养学生的文化包容，使学生树立文化自信。

3. 共同价值观教育

共同价值观教育是国家认同的核心部分，主要包括社会主义核心价值观教育和中国梦教育两个方面：①社会主义核心价值观教育：让学生了解"富强、民主、文明、和谐、自由、平等、公正、法治、爱国、敬业、诚信、友善"24 个字的具体内涵，了解社会主义核心价值观，了解中国特色社会主义共同理想。②中国梦教育：让学生了解中国梦的国家内涵、民族内涵与个体内涵，培养学生为努力实现中国梦而不懈奋斗的信念和行动。

四、课程组织设计

以小学阶段学生国家认同培养为例，结合我国小学阶段的实际情况以及小学阶段学生的认知特点，将国家认同课程内容设计为"主题综合—螺旋契合"的组织模式。

1. 主题综合学习

根据国家认同教育的学习领域，立足学生兴趣的特点，国家认同教育校本课程在水平方向上进行主题综合的学习，使学生能够获得全面的学习与发展。我们将校本课程名称设置为"厉害了我的国"，各年级的具体内容设置如表 6-1 所示。

表 6-1　"厉害了我的国"主题综合学习各年级课程内容设置

年级	课程主题	主要课程内容
1 年级	国家符号	让学生了解国旗等国家象征，地形等国土疆域，长江等湖泊河流，故宫等代表建筑，社会主义等国家性质；进行国情常识教育，让学生对自己的国家形成一个概括的、初步的认识，并使其能够在学习的过程中简单地搜集信息、整理资料、归纳总结
2 年级	国家宝藏	让学生了解我国灿烂的民族文化以及科技成果，例如，服饰文化、节日文化、饮食文化、戏曲文化等代表文化，以及联合国教科文组织批准的《人类非物质文化遗产代表作名录》中的我国项目，同时包括四大发明、陶瓷、冶金等科学技术成果；进行文化理解教育，让学生在学习的过程中树立文化自信，能够进行文化发展的描述，能够进行简单的科技小制作与小发明
3 年级	国家记忆	让学生了解国家历史上的重大事件，例如，战国七雄、开元盛世、鸦片战争、五四运动、"九一八事变"、南京大屠杀、新中国成立、香港回归等；进行国情常识教育和文化理解教育，让学生在具体事件中感受中华民族的艰苦奋斗与民族自豪，让学生在学习的过程中学会能够正确地看待历史记忆，能够对当前某些否定历史的行为做出正确的认识和判断
4 年级	国家安全	让学生了解国土安全、军事安全等传统国家安全问题以及信息安全、资源安全、社会安全、疾病防御等非传统国家安全问题；进行国情常识教育和共同价值观教育，让学生在学习的过程中提高危机意识，提升辨别是非的能力
5 年级	国家形象	让学生了解我国当前的经济文化建设及科技发展水平，了解我国在亚洲以及世界的重要地位及作用，了解我国在国际事务中扮演的角色；进行文化理解教育和共同价值观教育，让学生在学习的过程中能够站在国际的视角看待中国的形象、思考中国的发展
6 年级	国家梦想	让学生深入学习社会主义核心价值观和中国梦内涵；进行共同价值观教育，培养学生为努力实现民族复兴而不懈奋斗的信念和行动

2. 螺旋契合学习

基于小学阶段学生的认知水平与生活经验，国家认同教育校本课程在垂直组织上进行螺旋契合的学习，帮助学生不断加深对国家认同的总体认识。我们将国家认同教育内容分为三个学段进行设置，每个学段的具体内容设置如表 6-2 所示。

表 6-2 "厉害了我的国"螺旋契合学习各学段课程内容设置

学段	课程层次	主要课程内容
低学段 （1~2 年级）	认识我的国	处于低学段的学生识字量较少，认知水平及理解能力有限，对于事物及现象的兴趣往往来源于好奇，只能停留在直观认识的水平上。因此，对低学段学生进行国家认同教育，主要是充分调动学生看、听、触摸等直观感觉，力图让学生产生不同的情绪体验，形成对国家符号的基本认识和对国家宝藏的直观感受
中学段 （3~4 年级）	了解我的国	处于中学段的学生思维能力水平有所发展，概括能力处于形象抽象水平，间接推理能力获得发展，理解能力有所提高，具有了初步的判断能力和是非观念。中学段处于低学段到高学段的过渡阶段，对中学段学生进行国家认同教育，主要是进行批判思维、综合思维的培养，让学生理性认识国家记忆，能够为国家安全贡献自己的微薄力量
高学段 （5~6 年级）	热爱我的国	处于高学段的学生具备了一定的知识基础和对国家的基本认识，其语言理解能力和认知加工能力已获得长足发展，对事物的判断也有了本质与非本质的思考，学生的人生观、价值观开始初步建立。因此，对高学段学生进行国家认同教育，可以引入基本的共同价值观教育，让学生在思想层面认识和思考国家形象，在行动层面认同和践行共同价值观

五、实施原则

新时期的国家认同教育应有所突破、有所创新，重点把握"六个基于"的基本原则，形成围绕学生国家认同素养提升的多渠道、多手段、多面向的立体网络。

1. 基于理性的国家认同教育

国家认同是基于且高于民族认同的群体认同。当前，国家认同呈现两种取向：一种是基于情感的文化–心理取向；另一种是基于理性的政治–法律取向。相应地，也存在两种教育方式：一种是情感式国家认同教育；另一种是理性式国家认同教育。[①]

1）情感式国家认同教育强调历史文化的凝聚作用，通过召唤个体对国

① 郑航. 2012. 国家认同教育：培养理性的爱国者[J]. 教育研究与实验，（3）：22-27.

家的忠诚和归属实现国家认同教育。情感式国家认同教育的局限性体现在：在多民族国家极易导致民族认同高于国家认同，族群的自我认同容易导致对他者的阻隔排斥乃至冲突对峙，使国家内部发生割裂。

2）理性式国家认同教育出于情感但因基于理性而高于情感，将国家视为政治共同体，重视个体与国家之间休戚相关的关系，强调公共利益下个体的权利和义务，尊重并包容不同民族、不同种族的差异。基于理性的国家认同教育是现代多民族国家进行国家认同教育的核心理念，主张通过理性审视达到共情式理解，这是培养能冷静思考、理智判断、果断行动的国家公民的正确选择。

2. 基于体验的国家认同教育

国家认同教育虽然离不开系统理论知识的传授，但是考虑到小学生的年龄特点，增加互动参与、亲身体验的实践将有助于提升国家认同教育的效果。资料显示，韩国学校约有近百种体验活动，如传统艺术活动、各种仪式活动等；新加坡为了培养学生的国家认同感，实施了学生社区服务计划、文明礼貌月活动等。[①]诸如参观博物馆、举行升旗仪式、探访革命遗址、参与志愿服务、游历名山大川等丰富多彩的体验活动，能够让学生陶冶情操、开阔视野、深入社会，亲身感受我国的悠久历史、璀璨文明、峥嵘岁月、瞩目成就等，逐渐树立起学生的民族自豪感和爱国自信心，坚定其保卫国家、建设国家的决心和立场。基于体验的国家认同教育能够激发学生的积极情感体验，而不仅仅是停留在知识层面的机械积累，同时可以最大限度地体现学生在社会中的自我价值，通过这些微观的国家元素进行认同教育，逐渐使学生形成宏大的国家认同感。

3. 基于具身的国家认同教育

具身性主要是指主体依赖身体的物理性进行认知活动，在国家认同教育中，我们更强调其关涉自身的指向。传统的国家认同教育往往停留在口号上或者书本上的机械宣讲、电影上或者博物馆上的客观呈现，这使得学习者在认知以及行为倾向上认为国家认同是他人的事、是那些高层人物的事，与自己没有丝毫关系，从而毫不关心、高高挂起。基于此，国家认同教育必须使学习者个人与国家紧密联系在一起，强化学习者的具身性。基于具身的国家认同教育应努力引导青少年的个体利益与日常生活拓展到社

---

① 杜兰晓. 2012. 韩国、新加坡国家认同教育的特点及启示[J]. 学校党建与思想教育，（34）：92-95.

会领域及国家层面，在社会层面以及国家层面体会到个体利益受到保护、个体发展得到保障，由此使学生切身体会到国家发展带来的幸福，从而由内而外地产生国家认同感和归属感。

4. 基于社区的国家认同教育

学校是国家认同教育的主要场所，但是国家认同教育是一项贯通学校、家庭和社会的系统工程，仅仅停留在校园内的国家认同教育是远远不足的[①]。基于社区的国家认同教育将努力构建学校—家庭—社会的联合体，打造学校主导、家庭辅助、社会支持的全面教育体系，共同提升学生的国家认同意识。

1）家庭是学生成长的重要环境，家庭成员对于国家的行为和态度对学生认识国家有着潜移默化的影响。因此，家长应该主动创建积极、正向的家庭氛围，做好榜样示范，引导学生热爱祖国、热爱民族，用中华优秀传统文化感染学生，带领学生参观博物馆，开阔视野，让学生学会承担社会责任，为学生树立正确的国家意识奠定基础。

2）国家认同教育离不开社会的支持，各类社会组织、政府单位等应积极创设学生共同参与的实践活动，拓宽学生在社会参与中与国家结构机制、公民权利义务互动的渠道，为学生提供模拟训练的机会，增强学生的政治敏锐性、国家情感与国家认同。

5. 基于反思的国家认同教育

反思是意义建构和认知发展的重要途径，基于反思的国家认同教育要注重培养学生的反思能力，促进学生的反思性学习。反思性学习是学生对自身学习活动中的思维过程以及行为结果进行再思考、再认识的一种学习方式。反思性学习有助于学生纠正不足、巩固知识、整理思路、掌握策略、探寻本质，最终达到新的认识水平。基于反思的国家认同教育在教育过程中注重循序渐进地培育学生的自我意识、批判精神、探究能力、意志力和行动力，为学生设置可以激发其兴趣和好奇心的情境，逐步引导学生发现问题、提出问题，继而探索问题、解决问题。[②]在问题解决的过程中，教师要不断地予以确认和反馈，引起学生反思，强化学生反思，形成"反思—反馈—反思"的螺旋式思考，让学生不断接近问题本质。例如，利用雾霾

---

① 曾水兵，陈油华. 2016. 论青少年国家认同教育的三种基本途径[J]. 教育科学研究，（4）：5-9.
② 姚林群. 2014. 论反思能力及其培养[J]. 教育研究与实验，（1）：39-42.

等非传统国家安全问题，逐渐培养起学生参与公共决策的积极性及社会责任感等优秀品质。

6. 基于媒介的国家认同教育

在信息技术高速发展、信息传播日益多元的新时代，除新闻、广播、报刊、影视作品等传统媒体以外，互联网、微信、微博、手机游戏等现代化新媒体已经进入广大学生的视野，成为必备的获取信息、展现自我的方式。因此，基于媒介的国家认同教育要充分利用多样化的新媒体技术，引导学生形成正确的国家认同意识。新媒体的使用给人们的生活带来了深刻的变革，这样的变革一方面是机遇，另一方面是挑战。学生的判断能力尚未全面发展，容易受到各类不良信息的影响，如网络上传播的腐朽意识形态、影片中的恶俗改编情节等。因此，抢占网络教育制高点，净化新媒体市场十分重要。与此同时，网络教育要充分发挥媒体的正向引导功能，利用网络开设国家认同教育专题网站、通过影视剧作品塑造光辉人物形象等，培养学生的家国情怀。

第四节　聚焦模式课程转化的实施策略

在信息化、全球化迅速发展的时代，世界各国都面临着"培养什么样的人"以及"如何培养"人的根本问题，并期望在核心素养的指引下推进课程改革。新时期我国基础教育改革以立德树人为根本任务，以发展学生核心素养为现实使命，以学科核心素养培育为育人指向，以大概念为实践依托。其能否在课程与教学中真正发生，能否让学生实现全面而有个性的发展，关键是能否在实施过程中注意以下两方面的内容，而聚焦模式正是在这样的背景之下提出的。

一、全面深刻理解学科大概念的内涵

真正的学科大概念不是无所不包、内容庞杂的概念群体，而是理解学科领域本质的核心，往往通过深入探究得以掌握，是各领域专家整体思考和全面审视学科领域问题的主要方式。学科大概念并不仅仅停留在包含的学科知识范围内，它既是使各种事实关系条理清晰的核心，又是使事实更容易被理解的概念的锚点。同时，它又作为一种概念性工具，用于强化学生的学科思维，联结学科知识片段，促使学生具备迁移和应用等未来素养。菲尼克斯（Phenix）曾以"代表性概念"对学科大概念进行阐述："如果一门学科有明确的特征概念可以代表它，那么对这些概念的全面理解也就相当于对整个学科知识的理解。"①

学科大概念已经不单单是一个名词或者符号，其背后隐藏着一个意义世界，已经远远超出普通概念的内涵与外延，负载着整个学科理论体系，因此，全面而深刻地理解学科大概念的内涵十分重要。我们可以从认识论、学习论和价值论三个视角来审视学科大概念。

1）认识论视角。从认识论视角来看，学科大概念是学生认识真实世界的思维方式，是学生认识世界、体察世界的有效工具，能帮助学生思考、揣摩和度量真实世界的各类现象。

2）学习论视角。从学习论视角来看，少而精的学科大概念是学生研究真实世界的组织工具，能够整合与联结学生所学的知识，能够减轻学生学习负担，帮助学生实现精细化学习。

3）价值论视角。从价值论视角来看，学科大概念承担着引发学生思考、塑造学生学科素养的重要功能。

二、科学、准确把握学科大概念的结构

学科大概念通常有多种表现形式，如词、短语、句子等。学科大概念的表现内容可以分为概念（如"函数""适应""能量"）、主题（如"西部开发""一带一路"）、观点（如"先天""后天"）、理论（如"进化论""宿命论"）、基本假设（如"市场是理性的"）、原则（如"形式追随功能"）等。学科大概念就隐藏在这些纷繁复杂的形式和内容之中，它不同于学科知识可以直接拿来使用，反而更像是一种引导性工具，同时又是一个横向延展、纵向深入、指向实践的多层次、多维度的复合概念。因此，对学科大概念的结构进行科学、准确的把握，应建立在对学科大概念内涵全面深刻理解的基础之上，同时需要在遴选学科大概念之前完成。

科学、准确地把握学科大概念的结构，需要再度审视其核心意涵。学科大概念是建立在具体科学概念基础上的、对于事物及现象间存在的普适性特点或规律的总括性认识，能够用于解释和预测更大范围内事物及现象

---

① Phenix P H. 1964. Realms of Meaning: A Philosophy of the Curriculum for General Education[M]. New York: McGraw-Hill Book Company: 12-31.

的概念。由此可见，学科大概念本身源于知识，同时又高于知识，具有超越知识本身指导认识世界的普适性价值，并且学科大概念一定是为教育服务的，那就必然指向培养全面发展的人这一核心宗旨。综上所述，学科大概念应该是包含知识体系、哲学观念，同时兼具指向课程教学的方法原则的概念复合体。

第七章
网状式的课程转化：核心议题间的内在联结

当今社会科学技术日益进步、物质文明高度发达，现实社会的建构经验已经从领域单一转为多维整合、由单向传递转为双向反馈、由有限积累转为爆炸式增长。那么，未来社会需要学生掌握的核心素养应当以何种经验的组织方式进行有效的课程转化？"现代课程理论之父"泰勒早在1949年出版的"现代课程理论的圣经"——《课程与教学的基本原理》中就将课程的概念延伸放大至"经验"一词，强调对经验的选择与组织，并阐明经验的组织应当注重连续性、顺序性与整合性。[①]因此，研究者提出了学校课程转化的网状模式，以实现核心素养在学校课程中转化的保真性。

第一节　网状模式课程转化的意义阐释

根据《说文解字》的解释，"网"字原意为庖牺所结绳以渔，后引申

---

① 〔美〕Ralph W. Tyler. 2008. 课程与教学的基本原理[M]. 罗康，张阅，译. 北京：中国轻工业出版社：88-89.

为像网一样的纵横交错的组织或系统。由此可以推演出，课程转化的网状模式应当就是指将特定主题意义的经验，按照多次重复、有效组织等方式，构成周密的组织或系统。换言之，网状模式课程转化是指将确定的核心素养以主题的形式融入学校课程之中，各科教师以自身学科为中心，围绕这一主题组织各学科的学习标准，进行课程的有效转化。网状模式在课程设计上既具有"共相"的交点以进行同质的探究，又具备可以让各学科自由发展的独到特色。同时，核心素养的落地培育绝不可能是单纯的机械教化，而应当融入多维学科知识的经验活动之中，让学生在其中以知识理解、迁移延伸及生产应用等方式实现理性与感性的整体具身认知。因此，笔者构建了"以主题意义为课程统整的核心、以核心素养为课程目标的靶心、以情境体验为课程实施的重心"的一体化课程转化网状模式。

一、以主题意义为课程统整的核心

核心素养的转化不可能独立于学科而存在，不同学科渗透的核心素养各不相同，网状模式课程转化将不同学科中的核心素养围绕统一的主题意义进行建构与延伸，旨在通过课程统整实现核心素养培育的渐进性、深层性与多元性。此处的主题意义可以是某类能够有机包罗各类课程内容的科学主题、人文主旨或项目意义，如中华优秀传统文化、STEAM 课程、SSI 议题（socioscientific issues，社会性科学议题）等。此类主题意义往往无法根据某一类学科内容的单独渗透来完全实现，而需要各学科间课程内容的统整协调，以形成对某类主题意义的广泛认知、深层理解与应用评判。为达成上述要求，此类主题的选择一定要具备可多学科交叉渗透、可从真实情境中阐发或勾连、可激发学生的深层理解与现实感悟等要素，即需要选择具备形真、意切、境远、理寓其中等特点的主题进行网状课程转化。

那么，在现实学校的课程操作中，如何落实把主题意义作为课程统整的核心呢？首先，课程设计与实施者应进行集体审议确定某类主题，并将该主题的意义与多学科的视角呈现，构建起其目前可以在哪些国家的课程实施中予以渗透、可以开发哪几类校本课程等问题框架。其次，应当依据学生能够实现"少量领域深度覆盖"的原则进行课程内容的筛选。这里所谓的筛选，既要求围绕学生已有经验与现实生活认知的匹配度进行筛选，还需要依据在地性的地域文化资源与学校办学理念予以删除、增添与调适。最后，按照主题的价值意义与具体内涵完成对多类学科课程的水平统整，构建起一张内容互相关联、价值不断深化的课程网络。在该网络的建构中，不仅需要将国家课程中与主题意义相关的内容选择出来，而且需要开发相关的校本课程呼应该主题，以弥补主题意义中国家课程内容单一的不足，并在学生兴趣难以激发、地域性文化凸显不够等方面进行弥补整合。此外，课程设计者还应按照主题意义的类目对课程进行统整，要在统整过程中实现国家课程与校本课程的有效整合，兼顾主题意义的系统性与深层次的有效统整。

二、以核心素养为课程目标的靶心

纵观世界新一轮课程改革的总体目标，学科教学的知识学习取向正逐步转化为课程育人的素养养成导向。核心素养是指学生在学校课程习得的内容中，最终能够被带进社会，为自身适应并改造未来社会生活必需的必备品格与关键能力。然而，当下并没有哪一门单独的课程可被称为核心素养，其往往指渗透于各类国家、地方或校本课程中的一种高度抽象的品格与能力——学科核心素养。由此可见，核心素养并不会取代原有的学科教学内容，其目标定位往往是让学生体验知识的发现过程，并领悟知识背后的学科思想、逻辑思维与情感价值等内涵。网状模式课程转化虽构建起经纬相交的网状结构，但该模式的转化目标仍然是希望学生能够内化和生成核心素养。那么，如何在网状模式的主题意义架构中渗透核心素养，并使之成为课程转化的靶心呢？

首先，课程研发者应能够对该主题意义的课程内容隐含哪些核心素养有清晰的认知。不同课程内容的知识载体不同，其历史起源、探究方式与应用领域也必然不同。可见，不同课程内容中显示着异质性的延伸空间，这必然导致由课程内容延伸出的核心素养的异质性。课程研发者应当采用集体审议的方式对学科课程延伸可渗透的核心素养做出具有清晰性和完整性的探讨。

其次，课程研发者应对该课程内容中培育核心素养的水平具有清晰的认知。[①]核心素养的培育并不是一蹴而就的，而是在部分主题领域达成少量多次的深度覆盖中循序渐进、逐级生成的。因而，某一课程内容领域中渗透的核心素养在什么时间内达到什么水平，需要课程研发者在内容表述上做出适当的说明。

最后，课程研发者需要对课程渗透的核心素养进行再识别与再调整，既要考查、审视某一主题内不同领域课程内容所培育的共性核心素养的深

① 温小军. 2018. 核心素养下学科课程的困惑与突破[J]. 课程教学研究，（3）：22-27，1.

度，也要注意差异化核心素养的广度。例如，学校将"健康生活"作为主题意义时，可以渗透语文、数学、生物、化学等各学科核心素养，此时既需要注重在该主题意义下培育学生共性的科学思维与社会责任等核心素养，也需要注重异质性学科核心素养的达成，同时考虑每类核心素养与主题意义的关联程度，从而确定核心素养培育应当达成的水平层级。

三、以情境体验为课程实施的重心

以主题意义为核心统整各类核心素养的网状模式课程转化，必然需要行之有效的实施方法。核心素养并不是将知识包裹成一个看似美好的糖块让学生囫囵吞下，而是要让学生从课程内容的知识中获得具身化的体验。如果课程的实施仅仅停留在对"惰性知识"的客观认识上，那么就回到了以学科为中心的课程观上。随着当代社会知识的爆炸性增长，以及智能化、信息化的来临，学生已经无法将知识穷尽，相比固化的知识本身，更应当将知识背后的逻辑思维、科学方法与价值情感传递给学生。而此类知识的本质必须经过一定的情境教学加以呈现。情境往往通过将生活实际经验与知识符号联通的方式，充分并双向调动起学生左脑的理性认知与右脑的感性世界，通过左右脑的协调运转共同实现儿童从主题意义中吸纳并完成核心素养的获取。那么，如何在网状模式中实现以情境体验为重心的课程实施呢？首先，需要创设情境引发学生认知的起点；其次，需要以情境为脚手架驱动学生的认知发生；最后，仍要通过情境让学生的认知不断外延、理解不断深化，以期能够打破学生认知中的部分固化观念。与此同时，教育要与儿童经验内在关联，实现在调取原有经验体系基础上的新、旧知识的前后贯通。对于情境体验，要设计学生能够通过自主思考或探究发现获得经验的学习情境，引领学生在经验累积进阶后，归纳、提升并获得关于知识价值以及自然规律或社会问题的观念，教师要超越教材文本的浅层表达，与文本开展深层互动，与学生一同以学科专家的立场思考文本承载的深意。[①]情境应当是来源于学生真实生活的普遍情境，且没有受到地域、文化背景等的限制。在该情境下，教师的课程实施应当将学生作为学习的具身体验者，让学生从知识的架构体系中自主获取知识，发现美好，生成素养。

---

① 吕立杰. 2018. 基础教育课程变革与教师教育的挑战[N]. 中国教师报，09-12（3）.

第二节　网状模式课程转化的选择依据

一、主题意义的多元交叉

　　既然学校课程转化的网状模式是以主题意义为统整的核心的，那么构建起来的就必然是一个复杂交错的课程网络。可见，当选择的主题意义内涵深入、层级较多且需要多元学科课程进行交叉渗透时，就必然需要使用学校课程转化的网状模式。网状模式的核心是构建一个复杂而又清晰的系统，用以实现课程转化过程的刺激多频、内容多元与形式多样。此模式恰恰体现了系统论的核心特质，即以看似庞杂的部件、复杂的组合完成各要素间的有机协同，进而深化核心指向。系统论是研究系统的动态层级、结构原则与特性规律的学科，单维的知识构成不了一个复杂、抽象、具备多元表征与深入内涵的系统。网状模式的课程转化正是基于各类课程中相关内容的有效排布、统整实施与螺旋上升构成的系统，期望以系统网络的形式实现学生学习的深度覆盖、意义获取与素养达成。系统论的奠基者奥地利学者贝塔朗菲（Bertalanffy）曾提出，任何系统都是一个有机的整体，它不是各个部分的机械组合或简单相加，系统的整体功能是各要素在孤立状态下所没有的性质。[①]由此可见，主题意义中核心素养的渗透需要多学科的相关课程内容构成一个联动的整体，以期达成"整体大于部分之和"的效果。

　　网状模式的课程转化要想达成整体大于部分之和的效果，既需要各学科课程内容的渗透以达成各自的要素性能，同时也需要在各类学科课程目标与内容的异同对比中达成整体性能的稳定与优异渗透。例如，当以 STEM 为主题时，不仅需要以物理、化学、生物等自然科学学科进行各自学科思想、逻辑观念与工程技术等方面的渗透，同时应当注重在各学科共有的实质内容中完成对科学的观察审辨、逻辑实证、生产应用与伦理道德等方面的科学本质内涵的达成。换言之，在学校课程转化的网状模式系统中，各要素不是孤立存在的，每个要素在系统中都处于一定的位置上，起着特定的作用。网状模式中的要素是课程转化的主题意义整体中的各个分项意义，如果将分项要素从系统整体中割离出来，它将失去要素的作用，如同生命体需要多种激素的拮抗或协同调节保持生命体稳态一般，如若缺乏某一激

---

① 李红春. 2010. 系统论与知识组织[J]. 现代情报，30（6）：20-23.

素，便会导致机体的代谢紊乱。

综上所述，网状模式的课程转化在主题意义的选择上应当既注重课程内容的多元交叉，也注重实现多元交叉内容的水平统整与纵向贯穿。

二、信息加工的编码调节

当学生进入基础教育的高年段时，学习内容不再是单点的内容罗列与线性的思维展开，而是在复杂多元的内容中进行信息加工与处理，最后集成多元复杂的系统。从学生自身学习的过程来看，如何了解、记忆信息，如何掌握信息背后蕴含的价值意义，乃至如何将信息转化为现实生活中的运用等过程，均取决于学生本体对信息的二次编码、加工处理与意义建构。因此，课程经验能否真正有效转化，应当关注两个问题：一是让转化过程更加符合人类记忆系统的性质；二是使转化方式更加符合学习者记忆系统中知识表征和储存的方式。[①]网状模式的课程转化恰恰是在多元课程内容与真实情境的刺激中构建的。

心理学与学习科学长期以来的研究成果表明，人们对信息的处理包括如下三个过程：首先，进行信息的感性区分，将其区分为"感兴趣/有实际意义的"和"无兴趣/自感无实际意义的"；其次，主动地学习感兴趣或自认更具实际意义的信息，并把无兴趣或自感无实际意义的材料进行加工处理，使之转变成有意义的信息，从而在与自身的知识体系重构后储存、记忆；最后，信息加工理论除主要关注人类记忆系统起作用的机制外，还探讨了一个同样重要的问题，就是记忆信息储存的方式，即知识编码和表征的方式。[②]在记忆系统中被储存的信息，并不等同于刺激–反应那样线性单维的一一对应关系，因而网状模式希望以多元交叉主题意义内的多种经验内容调动起学生对知识的多项编码，一旦学生真正做好其中一项编码，就有可能根据课程的网状系统做到巧妙关联与统整性贯穿。

由于人的心理机能较为复杂，不同学者在实验和推测中形成了多种信息加工模式，其中加涅（Gagne）的信息加工模式较具有代表性。[③]加涅认为，来自外界环境的刺激通过学生的感受器，以映像的形式输入到感觉登记器，形成瞬时记忆，借助注意将这些信息以语义的形式储存在短时记忆中，然后经过复述、精细加工、组织编码等进入长时记忆。长时记忆的信

① 郭炯，郝建江. 2019. 人工智能环境下的学习发生机制[J]. 现代远程教育研究，31（5）：32-38.
② 吴国荣，张丽华. 2008. 学习理论的进展[M]. 天津：天津科学技术出版社：185.
③ 张剑平. 2003. 现代教育技术——理论与应用[M]. 北京：高等教育出版社：32.

息要转变为人能清晰意识到的信息，就需要将它们提取进入短时记忆，因此，短时记忆是信息加工的主要场所，也被称为工作记忆。①网状模式的课程转化正是以反复的真实情境刺激强化，促进学生将短时记忆转变为长时记忆，从而在评判与应用知识中生成核心素养。它对来自感觉登记器和长时记忆中提取出来的信息进行处理加工，加工的结果一方面送至长时记忆，另一方面送至反应发生器。②反应发生器将信息转化成行动，也就是激起效应器的活动，作用于环境。③在这个模式中，执行控制和预期是两个重要的结构，它们可以激发或改变信息流的加工。前者是已有的经验对当前学习过程的影响，起调节作用；后者是动机系统对学习的影响，起定向作用，它们对整个信息加工过程具有调节和监督的功能。④

三、知识实质的内化建构

建构主义的学习观强调以下四个方面的内容：第一，学习不是由教师把知识简单地传递给学生，而是由学生自己建构知识的过程。⑤学生不再像从前一样只是简单、被动地接收信息，而是开始主动地进行建构，建构知识的意义。第二，学习不是被动地接收信息刺激，而是主动地建构意义。学习者根据自身的经验与知识背景，主动地选择、处理与加工外部信息，从而获得自身的意义。外部信息本身没有什么意义，意义是学习者通过新旧知识经验间的反复的、双向的相互作用过程而建构成的。⑥第三，学习者在自身原有知识经验的基础上，重新认识与编码新信息，从而建构自己的理解。在这个过程中，学习者原有的知识经验因为新知识经验的进入而发生调整和改变。⑦第四，同化和顺应是学习者认知结构发生变化的两种途径或方式。其中，同化表示认知结构的量变，顺应则是认知结构的质变。学习者的学习经历着"同化—顺应—再同化—再顺应"的循环往复过程，人类自身的认知也经历着"平衡—不平衡—平衡—不平衡"的交替发展过程。同样，学习也不是简单的信息积累，更为关键的是新旧知识产生的冲突与相继而来的认知结构的重组。学习过程不再是信息的简单输入、存储与提取，而是新旧知识

① 张剑平. 2003. 现代教育技术——理论与应用[M]. 北京：高等教育出版社：32-33.
② 张福高，张霞霞. 2017. 现代教育技术[M]. 成都：电子科技大学出版社：18.
③ 吴疆，王润兰. 2001. 21世纪现代教育技术[M]. 北京：人民邮电出版社：18.
④ 张剑平. 2003. 现代教育技术——理论与应用[M]. 北京：高等教育出版社：31.
⑤ 杨卫国. 2013. 现代世界教学理论选粹[M]. 上海：上海教育出版社：265.
⑥ 徐燕，伏振兴，李兆义. 2018. 信息技术与现代教育手段[M]. 银川：阳光出版社：242.
⑦ 徐燕，伏振兴，李兆义. 2018. 信息技术与现代教育手段[M]. 银川：阳光出版社：242.

经验之间的双向作用过程，即学习者与环境之间的互动过程。[①]

四、具身认知的刺激强化

课程转化网状模式的行为学基础实则起源于行为主义中的刺激–反应理论。美国心理学家斯金纳（Skinner）是新行为主义的创始人与主要代表，他引入了操作性条件刺激这一核心概念。斯金纳将行为分为应答性行为（由已知刺激引起的反应）与操作性行为（有机体自身发出的反应，与外界刺激物无关），与之对应，分别产生应答性反射与操作性反射。应答性反射与应答性行为对应被称为 S（stimulation）型刺激；操作性反射与操作性行为对应被称作 R（reaction）型反应。[②]

斯金纳强调了强化理论在学习中的重要作用，即通过强化物增强某种行为的过程。斯金纳把强化分成积极强化和消极强化两种，[③]二者都在一定程度上增加反应再发生的可能性。同时他还强调，消极强化与惩罚不同，惩罚是试图将消极强化物呈现或把积极强化物除掉，以此来刺激某个反应，是一种表面的方法，治标不治本，而且对被惩罚者和惩罚者都会产生消极作用。惩罚只能暂时降低反应率，并不能减少行为消退过程中的反应的次数。斯金纳认为，学习这种行为在主体学习时反应速率会增强，反之会下降。借由这一想法，他提出了行为主义学习理论，即学习是一个循序渐进的过程，是一门科学；教，则是一门把学生和教学大纲结合起来的艺术，通过安排可能强化的事件来促进学生学习，教师在其中扮演着监督者的角色。斯金纳强烈抨击效率与质量低下的传统教学方式，他根据操作性条件反射和积极强化理论进行教学改革，设计出一系列程序教学方案。

第三节 网状模式课程转化的目的和意义

一、核心素养的整体贯穿

联合国教科文组织在《教育——财富蕴藏其中》报告中明确指出："21

[①] 徐燕，伏振兴，李兆义. 2018. 信息技术与现代教育手段[M]. 银川：阳光出版社：242.
[②] 檀传宝. 2010. 世界教育思想地图：50 位现当代教育思想大师探访[M]. 福州：福建教育出版社：126-131.
[③] 霍涌泉，李越. 2007. 教育心理学[M]. 西安：西北大学出版社：49.

世纪教育的四大支柱即为培养学会认知、学会做事、学会生存、学会共同生活的人。"①2014 年，教育部发布《关于全面深化课程改革落实立德树人根本任务的意见》，首次在我国正式提出"核心素养"这一概念。中国学生发展核心素养主要包括文化基础、自主发展和社会参与三大方面，细化为六个核心和十八个基本点，同时根据学生身心发展特征分三个阶段逐层推进。核心素养的提出并不意味着对过去素质教育、三维目标等的完全抛弃，也不是对我国教育培养理念的小修小补，而是在 21 世纪教育四大支柱并结合我国实际国情与学生发展现状的基础上提出的。核心素养应结合课程发展，通过学科知识、基本能力与核心能力的组织排列，建构连贯、统整的学科课程体系，在提升学生学习效能的同时，促进教师教学能力的提高及专业素养的提升，发挥其促进个人发展与社会发展的双重功能。②

网状模式的学校课程转化强调以核心素养为靶心，为学校课程与教学定锚立基、指引方向、规范行动。以核心素养为靶心的网状模式以学生为主体，重视学生对知识的活学活用，强调知识在实践行动中的灵活运用。该课程转化取向合乎核心素养提倡的知识技能与态度、情景脉络化的学习历程方法与策略及实践力行的原则与主张③，重视课程的动态意涵在教育过程中的生活情境学习体验，与传统学科知识内容导向为主的学习存在显著差异。网状模式以核心素养作为课程设计和实施的核心，作为各学科垂直连贯与水平统整的组织核心，引领各教育阶段课程发展的方向，促进各级学校教育目标的确立及课程规划的架构与实施。在此过程中，核心素养成为课程连贯统整的主轴，有助于促进各教育阶段课程总纲与学科之间的连贯，以及各学科彼此之间的统整。即根据整体育人目标和学生发展的需求，实现各个学科中同质性核心素养的整合培育；根据学生身心发展的水平特征和不同的学习需要，实现各个学科中异质性核心素养的培育，促进个性化发展目标的达成。

二、主旨意义的深层凝练

长久以来，我国基础教育领域学生的学习行为往往表现为把学习当作记忆性的知识积累活动，忽视了对学习的深度理解与运用，不重视核心素

① 联合国教科文组织总部. 1996. 教育——财富蕴藏其中[M]. 联合国教科文组织总部中文科，译. 北京：教育科学出版社：76-85.
② 蔡清田. 2019. 论核心素养的课程发展[J]. 中小学教师培训，（9）：32-36.
③ 蔡清田. 2019. 论核心素养的课程发展[J]. 中小学教师培训，（9）：32-36.

养的培育与发展。这种学习尚处在浅层学习状态，单纯地追求高分，集中采用感知记忆、机械模仿与练习等低阶学习方式。这种浅层次的学习使学生难以深入理解知识并学以致用，更加不利于对学生核心素养与关键能力的培养。因此，旨在追求学生学习品质与内涵挖掘的深度学习逐渐成为教育者的共同追求。深度学习是一种基于理解的学习，是学习者以高阶思维的发展和实际问题的解决为目标，以整合的知识为内容，积极主动、批判性地学习新的知识和思想，并将它们融入原有的认知结构中，且能将已有的知识迁移到新的情境中的一种学习。深度学习具有注重批判理解、强调内容整合、促进知识建构、着重迁移运用等特征。[①]在这一学习过程中，学习者不仅要进行复杂高阶思维的精细加工，还要在此基础上主动建构自己的知识体系，掌握高阶技能并将其迁移到真实的情境中，以解决生活中的复杂问题。哲学家赫舍尔说："人之为人的独特难题就是如何进入意义。"[②]因此，要努力建立学习者与所学内容之间的意义关联，进而促进深度学习的发生。深度学习发生的内源性动力在于学习者能够对学习内容和活动本身产生强烈的意义确认与价值认同。

网状模式的课程转化意在以系统网络的形式实现学生学习的深度覆盖、意义获取与素养达成。例如，借助项目式学习，让学生通过完成具有挑战性的任务项目，体验新的任务驱动式的学习方式，以改变过去唯分数、唯知识的学习方式，在知行合一的体验中实现知识与能力的共同建构。学生对每个项目或任务的完成都是一个给予体验的深度学习的过程，在一定程度上表示学生对学习内容的深入思考与研究。通过深度体验，学生所学的知识从过去散状、孤立分布的一个个知识点连接成一个立体的、结构化的知识体系，使学生在认识、改造事物的同时也刷新了自己的认知，在深度体验与学习的过程中建构起事物与自我的意义。借助上述在深度学习中获得的情感和认知上的深层次意义，再进入一种新的情境中，学习者能够有效、迅速地完成迁移，合理决策，解决问题。[③]

三、学科交互的多元扩充

随着世界各国的互相开放、接纳与交流合作，不同行业之间的壁垒也随之被打破，世界不断走向融合，形成了你中有我、我中有你的新型发展

---

① 袁国超. 2019. 深度学习发生论[J]. 中小学教师培训，（12）：36-39.
② 〔美〕A. J. 赫舍尔. 2009. 人是谁[M]. 隗仁莲，安希孟，译. 贵阳：贵州人民出版社：46.
③ 袁国超. 2019. 深度学习发生论[J]. 中小学教师培训，（12）：36-39.

态势，人与人之间的沟通和融合程度逐渐加深。这就要求教育层面的人才培养打破学科界限，促进学生的综合发展。综观当下学校教育中的每一门学科，各个学科都不是孤立存在的，学科与学科之间存在一定程度的关联，学科之间互相联系与发展。从学生的发展来看，学生的认知与学习是综合性的活动，没有哪一项认知活动是单靠一门学科知识就能完成的。即使是简单的认知活动，仅仅借助单一的学科知识也是难以完成的。[1]因此，需要多个学科的相互融合来促进学生的发展。学科间的交互融合并不是简单的拼凑，而是从教学实际需要出发，按照一定的教育教学规律，有主次地对学科相关内容进行统整与融合，从而有效化解问题，更好地实现教学目标，促进学生在问题探究过程中全方面能力的培养与提升。[2]在网状模式的学校课程转化中，我们强调回归对知识本身的探讨和学习，利用主题课程群的方式对知识进行统整，进而加强知识之间的关联与整合，使之符合学习者的认知特点。

课程群是指以特定的素养结构为目标，由若干门性质相关或相近的单门课程组成的结构合理、层次清晰、彼此连接、相互配合、深度呼应的连环式课程集群[3]，主要分为知识型、方法型和问题型三种类型。其中，知识型课程群多由学科知识课程组合构成，而方法型课程群、问题型课程群则更多地表现为跨学科主题课程的组合。关联与整合是课程群的基本特征，关联主要反映课程之间的内在联系，整合主要体现在育人目标、课程结构、课程功能、课程实施等方面的对接与优化。在这种课程群的组织模式下，我们既遵照了知识的原有逻辑体系，又将其置于学习者心理发展水平和业已形成的认知特点下，打破了学科知识互不关联的壁垒，实现了学科交互的多元扩充，促进了学生的有效学习。

四、情境认知的能动生成

情境认知是指学习处于建构它的情境脉络之中，知识的获得受到学生学习活动、情境和文化的影响。[4]情境包括对学习新知识产生影响的、时间和空间特定的各种具体情形，具有真实性、活动性及知识的嵌入性。情境

---

[1] 陆启威. 2017. 学科融合不是简单的跨学科教育——学科融合教育的实践和思考[J]. 辽宁教育，（5）：22-24.
[2] 赵军，陆启威. 2016. 学科融合不是简单的跨学科教育——学科融合教育的实践和思考[J]. 江苏教育研究：理论，（31）：32-34.
[3] 陆启威. 2016. 学科融合不是简单的跨学科教育[J]. 教学与管理，（32）：22-23.
[4] 曲佳. 2006. 情境因素对学习迁移的影响初探[J]. 重庆工商大学学报（社会科学版），（4）：155-157.

学习将关注的焦点由学习者本身转至整个学习情境，将个体认知置于更大的物理和社会背景以及文化建构的意义之中，强调学习者与其所处环境之间的关系。个体的认知系统不是一个封闭的系统，它是神经系统、身体与环境的统一体，三者相互作用、不断变化。认知实质上是身体、心智与环境在复杂交互作用中实现结构耦合和生成的过程，从这个角度来说，身体不仅是情境中的身体，也是行动与生成中的身体。[①]瓦雷拉（Varela）等认为，认知是一个动态的反映过程，认识是身体、环境以及大脑互动的产物。[②]杜威认为，认知本质上是一种行动，是一种面向情境解决问题的实践活动形式。[③]要帮助个体实现真正意义上的学习，抽象训练几乎没用，真正的学习发生在真实的情境中，学习是一种参与过程，从周边渐至核心，也就是梅洛-庞蒂意义上的身体的意向性或海德格尔意义上的"上手实践状态"。[④]

网状模式的学校课程转化强调以情境体验为课程实施的重心，注重学习者学习环境的真实性。学习环境的设计就是要通过在具体情境中运用和操纵认知工具来加工信息，以培养学生在现实世界中所需的技能。一方面，通过为学习者提供对事物产生具体经验的外在条件和不超出学习者认知负荷的供给量，增强其与抽象概念的连接和学习过程中的沉浸感；另一方面，通过帮助学习者注意到环境的给养，利用学习活动对经验进行理解概括和实践巩固。需要注意的是，情境本身不是单一的，而是多样的。《MIT认知科学百科全书》将情境分为物理的或基于任务的（包括人工智能或信息的外部表征）、环境的或生态的、社会的或互动的三种类型。在教学过程中，从情境营造的角度看，可以充分利用视、嗅、听、动等感官刺激来营造多种情景氛围。例如，在教学过程中，通过图片展示与现场改造营造视觉情景，借助花香和其他味道营造嗅觉情景，播放音乐营造听觉氛围，抑或将各种情景混合运用来唤起学生对特定知识的经验感知与体认。[⑤]当师生浸润在课堂教学过程中，初始情境经由师生的在场互动而不断延伸，成为一个动态而不断再生成的进程。由此，情境演化为一个动态的过程性场景模式。在此过程中，逐渐消解了个体在脱境和离身状态下的学习造成的潜在危机——在这种学习中，语言与世界间是相对分离的关系，词与物的关联是教材化的。概言之，网状模式的学校课程转化旨在通过情感唤起学习投入，

① 邱关军. 2018. 具身认知理论视角下教师教育范式的转换[J]. 教师教育研究, 30（1）：20-25, 40.
② 〔智〕F. 瓦雷拉，〔加〕E. 汤普森，〔美〕E. 罗施. 2010. 具身心智：认知科学和人类经验[M]. 李恒威，李恒熙，王球，等译. 杭州：浙江大学出版社：8.
③ 〔美〕约翰·杜威. 1990. 民主主义与教育[M]. 王承绪，译. 北京：人民教育出版社：371.
④ 〔法〕莫里斯·梅洛-庞蒂. 2012. 知觉现象学[M]. 姜志辉，译. 北京：商务印书馆：261.
⑤ 顾明远. 2011. 这就是教育家：李吉林和情境教育学派研究[M]. 北京：教育科学出版社：134-135.

通过具身的体验性学习促进科学理解，进而实现情境认知的能动生成。

第四节　网状模式课程转化的案例分析

一、文化渗透网状模式案例分析：以"府学文化"课程为例①

　　常州市第二中学的前身常州府学最早可以追溯到唐肃宗年间，至今已有一千多年的历史。虽历经朝代更迭和战乱毁损，其规模已缩小很多，校园内现存的大成门、大成殿、明伦堂、尊经阁等建筑为清光绪年间重建。2005 年学校整体改建时秉承"尊重历史、重视文脉、注重和谐"的思想，在保留主体建筑园林风格的同时，新增了古碑廊、荣赐亭、思本亭、进贤坊等人文景观。其中，思本亭取"追根溯本，饮水思源"之义，表示对传统儒家文化的仰慕和追念。荣赐亭则见证了常州府学的辉煌。北宋大观三年，宋徽宗集天下贡士试于汴京，"合天下进士三百而毗陵五十有三"，皇帝特颁"大观学校推恩令"，常州因此获"进贤"之誉，郡守徐申于府学坊桥东立"进贤"碑，旁植一亭，曰"荣赐"亭。走进常州市第二中学，仿佛步入了江南园林。漫步亭台之间，便能感受到府学延绵而厚重的底蕴，因而学校设计了"亭式"课程模型，开发了传承与创新千百年府学文脉的"府学文化"课程。

（一）课程建设——亭式模型

1. 模型解读

　　该学校的"府学文化"课程模型为"亭式"课程模型，其寓意如下：一亭为础，代指千年府学文脉；四立柱分别为经典文学柱、戏剧影视柱、格物致知柱与拓展体验柱；一檐顶代表着一础、四柱撑起该校学子的人文科学成就之天空。亭式模型各构件之间并非单纯的拼合关系，府学文化内核概念"传承—担当—开创"起到了提高凝聚力与支撑力的作用，使得四柱之间凝合向心、分布井然，础、柱、顶之间坚如磐石、承接有序。从课

---

① 常州市第二中学. 府学世界网-常州市第二中学[EB/OL]. http://www.czez.czedu.cn/html/node46926. html[2021-12-01].

程性质上看，经典文化柱与格物致知柱在课程设置上偏重知（知识），戏剧影视柱与拓展体验柱偏重行（实践）。行是知之始，知是行之成，知行合一的课程构建保证了课程实施上的良性循环。

2. 课程设置

"府学文化课程基地"的课程设置依托府学文化底蕴，以文化传承为脉络，以创新实践活动为载体，整合国家课程、地方课程、学校课程，以构建具有学校特色的课程架构方案，并辅之以多向性的交流模式与高标准的教学平台，以培养"人中君子，国之栋梁"型人才。学校依据亭式课程模型的四柱分布，基于已有课程科目、课程资源与课程培养要求，将府学文化课程具体设置如下。

（1）经典文学柱

经史子集是中华传统文化典籍的总称。从儒家经典到小说家言，经典作品对社会与人生皆有非凡洞见，对个人的成长与发展有着很大的引导意义，具有不可磨灭的现代价值。现在，我们用文化的视角和语文的眼光来品读经典，不仅是对经典文化的传承与弘扬，更能用经典中闪光的智慧来洞察人性，用经典中纯澈的美好来滋润心灵。我们的学生，当以赤诚博爱的胸襟博览群书，以当仁不让的姿态挺起士子脊梁，以蓬勃进取的精神面貌从中汲取披荆斩棘的智慧与力量。如表 7-1 所示。

表 7-1　经典文学柱的课程设置

课程类型	课程内容	理想场地
慢慢欣赏，寻觅津梁——经史子集传统文化课程	《诗经》研读、《论语》《孟子》研读、《红楼梦》研读、《唐诗宋词》吟诵	杏坛式讲习所
语言的变奏，文学的光芒——语言文学创新文化课程	汉字的故事、网络语言中的新文化、流行音乐与古典文化、古典诗歌当中的女性形象、文学中的爱情、双典（《水浒传》《三国演义》）批判、《三国演义》中的厚黑学	沙龙式会话厅

（2）戏剧影视柱

戏剧影视柱课程是以戏剧影视文化为研究对象，以该校现有的两个戏剧社为实践班底，通过阅读文本、揣摩表演、观赏评论、排练演出等一系列课程挖掘学生的情智潜力，提升学生的艺术素养，拓宽学生的语文视野，为学生营造丰富多彩的语文生活。该校以两套方案并行，实现戏剧影视柱课程的立体建构。一方面，对于《长亭送别》《雷雨》等经典剧目，可以通过研读、欣赏、演出三个阶段实现由案头到舞台、由平面文字到立体效果、由旁观学习到参与实践的课程建构；另一方面，鼓励学生自编自创、自导自演小品、课本剧、舞台剧，让学生以剧本创作与舞台表演的方式去倾诉、发声、呐喊。具体如表7-2所示。

表7-2 戏剧影视柱的课程设置

戏剧社	课程类型	课程内容	理想场地
古戏楼 ——班底：蓓蕾小京班	"古戏楼"以传统戏曲剧目的赏析表演课程为主，辅之以"汉服欣赏与展示"作为兴趣课程。综合性、虚拟性、程式性是中国戏曲的主要艺术特征。这些特征凝聚着中国传统文化的美学思想精髓，构成了独特的戏剧观，使中国戏曲在世界戏剧文化的大舞台上闪耀着独特的艺术光辉。本课程引导学生走进传统戏曲，在传承国粹的同时，也借这一古老艺术提升精神、净化灵魂，从而提升艺术鉴赏水平和文化品位	戏曲赏析与表演、汉服欣赏与展示（拟筹建社团，暂名"惊鸿社"）	校内：传统影视文化实验剧场。 校外：椿桂园广场中心
新剧场 ——班底：毓文剧社	"新剧场"以现代剧目的赏析与表演、编创作品的实践与展示、优秀的影视作品的观赏与评论等为主要课程内容。好的影、视、剧作品是融合了文学、艺术、音乐等多种艺术形式的综合艺术，其人文性、思想性、社会性都具有很强的审美意义与启示意义。优秀的影视剧作品有助于提升学生的审美水平、升华情感，加深学生对社会生活面貌及本质的认识，从而获得真、善、美的艺术体验	影视欣赏与评论、戏剧赏析与表演	校内：传统影视文化实验剧场。 校外：椿桂园广场中心

（3）格物致知柱

格物致知柱是以常州本地资源为研究实践对象，运用研究性学习的基本方式，由多学科交叉渗透整合而成的，一方面使学生能以更有担当的主人翁姿态多角度关心家乡的发展与建设，另一方面培养学生的探究发现意识与科学实践能力。具体设置如下：①荆溪文学社——语文组；②美韵英文社——英语组；③瓯北史学社——历史组；④科学的故事——物理组；⑤植物栽培——生物组；⑥旅游景观审美——地理组；⑦趣味编程——数学组。

（4）拓展体验柱

1）雅集·会友·切磋。常州市第二中学社团类型丰富，各具特色。由最初以教师为主导逐步走向以学生具体负责、教师帮助指导相结合的主动发展模式，学校倡导"社团活动课程化"，以实现社团与课程教学的嫁接。社团活动已成为常州市第二中学校园一道独特的人文风景线。具体如表7-3所示。

表7-3 "雅集·会友·切磋"的课程设置

社团类型	社团活动	理想场地
阳光摄影社	阳光摄影社的成员平日活跃在校园中，寻找那些角落中的校园美景，探寻不为人瞩目的校园生活。假日里，则走进寻常巷陌，关注浮世百态，用手中的相机定格常州瞬间。学校每周安排固定的社团活动时间，以摄影会友、切磋，并安排专家讲座、校外采风，定期举办主题摄影展。该社团的主旨不是单纯训练出会使用相机的人，而是培养出会用相机思考的人	固定展位

续表

社团类型	社团活动	理想场地
青果书画社	青果书画社成员为醉心书法、倾心字画、专于技艺的书画爱好者。书画社以传承书画技艺、弘扬民族文化为宗旨，让更多师生感受到书画的魅力，提升技艺、提高审美水平。社团发挥学校艺术班师生的力量，在普通班与艺术班之间架起专业沟通互助的桥梁。学校每周安排固定社团活动时间，并安排书画专业人士到场指导交流，定期举办字画展（硬笔书法作为分支课程被纳入）	尊经阁艺术教室、固定展位
演讲辩论社（社团名称重拟）	演讲与辩论是人类文化心理素质和思辨能力的外在化的表现形式，是为了表达独家观点、探讨现实问题、认识社会矛盾、发展思维品质而进行的表达锤炼与言语交锋。演讲辩论社旨在培养论辩者坚持真理的信念、捍卫真理的胆略、博识多闻的知识、能言善辩的口才、随机应变的机智和谦让容忍的品格。演讲与辩论提供这样的较艺平台，供敢于并乐于发表自己见解的有青春活力、自信的学生一展风采	报告厅

2）人文行·少年游：读万卷书，行万里路。我国古来有"壮游"的传统，欧洲也有近似概念"the gap year"（间隔年）。从司马迁到杜甫，从切·格瓦拉到威廉王子，怀抱壮志的青年从生活的轨迹中暂时出走，体验与所处的社会环境不同的生活方式，迎接来自民间、自然与世界的洗礼。"人文行·少年游：读万卷书，行万里路"正是贯彻这样一种理念，并注入了府学特色与传统文化的内涵，从而成就了两项深具二中特色的拓展实践课程。具体如表7-4所示。

表7-4　"人文行·少年游：读万卷书，行万里路"的课程设置

拓展实践课程	课程内容
"人文之旅"夏令营	为寻访该校"千年府学，五朝文庙"的文脉与源头，砥砺学生顽强拼搏的意志，该校的"人文之旅——山东曲阜泰山行"于每年暑假期间如期开展，成为学校的特色项目
行走的力量	预计行程：30千米；路线：由常州人文自然景点串联；建议时间：暮春三月；要求：以高度意志彻底执行，以协作意识互助完成；保障：安全、医务、后勤

3）志学·思齐·成人（表7-5）。

表7-5　"志学·思齐·成人"的课程设置

课程类型	课程内容	理想场地
进学礼	每年9月，该校的惯例是以儒家传统礼仪"进学礼"为新学期揭开序幕。进学礼主体为高一新生，仪式地点在庄严的大成殿前，学子们通过作揖之礼表达对先贤的崇敬、对师长的尊敬与对知识的渴求。子曰："吾十五有志于学。"（《论语·为政》）礼成则标志着高中学习生活的正式开始，正是志学的开端	大成殿

续表

课程类型	课程内容	理想场地
真人图书馆	真人图书馆（living library）通过把有不同人生经历的人邀请到一起，以一种面对面沟通的形式来完成"图书"的阅读。借助学生家长、历届毕业生等各类社会人脉资源，校方列出"真人图书"选项，点击权在该校学子手中，定期展开。只阅人生不借书，真人图书弥合了读者与纸质书之间的隔膜，以更为直接与互动的方式直观呈现给读者不同的生活信仰与选择。子曰："见贤思齐焉，见不贤而内自省也。"（《论语·里仁》）学生阅过百态人生，或许会有超越视野的认知与体验（要求：丰富的人脉资源）	学术多功能厅
孔子微学院	"他山之石，可以攻玉。"（《诗经·小雅》）该校素来积极参与并致力于推进中学生国际文化交流活动，以增进各国人民的相互了解，促进不同文化相互沟通，拓宽学生的国际视野，从而提高学生的国际交流与对话能力，以有效促进学生情感、态度、价值观水平的提升。除了能够提高学生语言能力，对于培养孩子们的独立生活能力、自主解决困难的能力、与人沟通的能力等都能起到十分积极的作用。秉承千年府学文脉，该校拟筹建"孔子微学院"，以吸引和容纳更多国际学生来该校参学游学	大成殿
成人礼	成人礼为该校的传统活动，参加者主体为高三学生。成人礼为儒家传统礼仪，儒家的"成人"教育注重礼的内涵，而不仅仅在于礼的形式。子路问成人，子曰："若臧武仲之知，公绰之不欲，卞庄子之勇，冉求之艺，文之以礼乐，亦可以为成人矣。"曰："今之成人者何必然？见利思义，见危授命，久要不忘平生之言，亦可以为成人矣。"在《论语·宪问》中，孔子明确提出，成人的标准在"知""不欲""勇""艺"的基础上，还要加之以"礼乐"的束缚。这也可以作为当代学校教书育人可参照的终极目标——立人，让学生成为一个大写的人。成人礼富有丰富的内涵，该校以成人礼的举行不断明确办学理念——"人文树人"，也让经过系统教育的高三学子们通过成人礼得到鞭策：自此而后，步入成年，要努力成为人格健全的人，成为对社会有用的人	椿桂园广场中心

（二）案例分析

常州市第二中学所在地历经唐、宋、元、明、清，至今已有1200多年的历史，故有"千年府学，五朝文庙""读书圣地"之盛誉。学校以"文化立校，人文树人"为办学理念，以"全面发展，人文见长"为办学策略，以"国之栋梁，人中君子"为培养目标，以弘扬优秀传统文化为抓手，以经典师生活动为载体，以优秀的校园文化为品质，引领学校和师生的同步发展。学校的固化形态与文化氛围处处彰显着府学底蕴。常州市第二中学是常州市唯一的千载读书圣地，具有深厚的人文积淀，学校文化也因此显得厚重、沧桑而又无处不在。巍巍大成殿记录着千年府学、五朝文庙的文脉悠长。新建食堂前的楼梯护栏上均采用光滑的大理石，表面刻有孔子的故事，深入浅出，娓娓道来，如忠信济水、题季札墓、贵黍贱桃等。[①]

　　常州市第二中学不仅通过固化形态的课程与学校的文化氛围对学生进行中华优秀传统文化的熏陶，更是通过特色校本课程育人，发挥弘扬中华优秀传统文化的重要作用。作为中学孔子文化研究协作校，其在历史悠久、别具中华传统文化的载体固化场域中积极展开传统文化教育，以特色的校本课程——"府学课程"作为弘扬中华优秀传统文化的重要方式。该课程以"龙城历史"、"进学礼"、"成人礼"与"曲阜研学"等多种课程推广方式，在潜移默化中为后辈植入中华优秀传统文化基因。在府学课程的"进学礼"与"成人礼"中，该校更是结合自己的地域优势，将传统与现代有机融合，注入儒家精华主题元素。进学仪式与成人仪式作为该校学府课程中华优秀传统文化的德育品牌项目，经历了多年的实践，效果明显。以"进学礼"为例，其是在古代府学"入泮礼"的基础上，融入传统的"揖礼"，以彰显儒家文化的影响与魅力。其中，最引人注目的环节就是高揖礼祭拜孔子、揖礼拜谢父母、敬拜老师以及鞠躬以示友爱同学，通过这些仪式，突出儒学礼义内涵，给新生上了生动的传统文化课，各环节井然有序。家长与孩子、老师与学生之间互赠礼物，互敬互重。学校送给高一新生、新生家长的各十条建议，寄托着学校和老师的殷殷期盼之情，有利于家校勠力同心，引导孩子继承传统、约礼修身、孜孜学习、勤奋自勉，努力成长为"人中君子，国之栋梁"。

二、序列推进网状模式案例分析：以"成语文化"课程为例

　　江苏省奔牛高级中学围绕成语文化这一课程核心，积极挖掘地方文化、学校历史积淀的丰厚资源，以传承与弘扬中华优秀传统文化为己任，以促进学生全面发展与教师专业成长为目标，以推进高中育人模式转型为追求，创设特色鲜明的教育教学物化环境，搭建互动学习平台，开发实施"成语+"系列校本课程，开展丰富多彩的教育教学实践活动和学生社团活动，探索高中教学改革的新模型、新思路、新方法、新途径。[②]该校于2013年8月成功申报为江苏省成语文化课程基地，这些年来，在省级课程基地建设和课程开发实施的实践中，该校积累了许多宝贵的经验，也取得了一些成果。

---

① 常州市第二中学. 常州市第二中学简介 [EB/OL]. http://www.czez.czedu.cn/html/node232291.html [2021-11-01].
② 江苏省奔牛高级中学. 成语文化课程[EB/OL]. http://www.bngz.exx.cn/html/node25606.html.

（一）课程政策依据

习近平总书记多次强调传承与弘扬中华优秀传统文化的重要性，他在中共中央政治局第十三次集体学习时的讲话中说："中华文化源远流长，积淀着中华民族最深层的精神追求，代表着中华民族独特的精神标识，为中华民族生生不息、发展壮大提供了丰厚滋养。中华传统美德是中华文化精髓，蕴含着丰富的思想道德资源。不忘本来才能开辟未来，善于继承才能更好创新。对历史文化特别是先人传承下来的价值理念和道德规范，要坚持古为今用、推陈出新，有鉴别地加以对待，有扬弃地予以继承，努力用中华民族创造的一切精神财富来以文化人、以文育人。"①中共中央办公厅、国务院办公厅印发的《关于实施中华优秀传统文化传承发展工程的意见》强调："围绕立德树人根本任务，遵循学生认知规律和教育教学规律，按照一体化、分学段、有序推进的原则，把中华优秀传统文化全方位融入思想道德教育、文化知识教育、艺术体育教育、社会实践教育各环节，贯穿于启蒙教育、基础教育、职业教育、高等教育、继续教育各领域。以幼儿、小学、中学教材为重点，构建中华文化课程和教材体系。"②

教育部印发的《完善中华优秀传统文化教育指导纲要》指出，中华优秀传统文化教育以弘扬爱国主义精神为核心，即开展以天下兴亡，匹夫有责为重点的家国情怀教育；开展以仁爱共济、立己达人为重点的社会关爱教育；开展以正心笃志、崇德弘毅为重点的人格修养教育。③该校积极响应中央的号召，重视中华优秀传统文化教育，将以成语为代表的中华优秀传统文化与"善待每一位学生，相信每一位学生，让每一位学生都走向成功"的办学理念相结合，从成语中提炼出"团结实干，不断超越"的学校精神、"厚德，笃行"的校训、"锐意进取"的校风、"循循善诱"的教风、"专心致志"的学风，从职业素养、教育理想、人文情怀、行动策略等方面对全校师生进行了精神引领，真正让中华优秀传统文化在学校教育中落地生根。

---

① 新华社. 中共中央政治局进行第十三次集体学习 习近平主持[EB/OL]. （2014-02-25）. http://www.gov.cn/ldhd/2014-02/25/content_2621669.htm[2021-11-01].
② 中华人民共和国中央人民政府. 中共中央办公厅 国务院办公厅 关于实施中华优秀传统文化传承发展工程的意见[EB/OL]. （2017-01-25）. http://www.gov.cn/zhengce/2017-01/25/content_5163472.htm [2021-11-01].
③ 中华人民共和国教育部. 教育部关于印发《完善中华优秀传统文化教育指导纲要》的通知[EB/OL]. （2014-03-26）. http://www.moe.gov.cn/srcsite/A13/s7061/201403/t20140328_166543.html[2021-11-01].

（二）课程环境浸润

卢梭（Rousseau）认为，我们的教育是同我们的生命一起开始的。杜威的"生活即教育"、陶行知的"生活教育"等都强调了教育之根在生活、在环境。所以，在新校建设中，江苏省奔牛高级中学对学校丰厚的文化积淀进行了挖掘、整合与呈现，努力让学生在浓郁的高品质的文化环境中得到熏陶，如表7-6所示。

表7-6　该校的校园文化环境

校园环境	文化内涵
伯牙桥、知音亭、高山流水景观、《八景吟》	体现学校的历史文脉，弘扬以"重情、诚信"为核心的知音文化
古银杏	奔牛中学学子的精神家园，以弘扬"自强务实、和合奉献"的银杏文化
刘国钧	奔牛中学的创始人之一，传承刘国钧先生艰苦创业、热爱祖国、为人正派、待人以诚、不事奢华的精神
《自奋蹄》	名家雕塑作品，弘扬"不待扬鞭自奋蹄"的自强精神
树阵成语	从天人合一、道法自然、居安思危、自强不息、诚实守信、厚德载物、仁者爱人、以民为本、尊师重道、贵和尚中、日新月异、天下大同等十二个方面，弘扬中华优秀传统文化的核心理念
成语长廊	对"温、良、恭、俭、让、礼、义、仁、智、信"十个方面，从文化内涵与现实意义角度做了解读，大力弘扬中华民族传统美德

（三）课程体系构建

学校整合课程资源，重整课程体系，创建了课程树：积极汲取中华优秀传统文化、世界优秀文化、学校优秀文化、学科文化的涵养，采用分层分类的策略，开发实施基础型课程、拓展型课程、探究型课程，把核心素养深入融合分类分层课程，落实立德树人的根本任务。

1. 构建"成语+"课程群的结构

"成语文化"的课程结构如表7-7所示。

表7-7　"成语文化"的课程结构

校本课程模块	核心教学内容	课程目标	安排年级	学习方式	课时安排
成语与立德修身	立德修身	培养自律、自主、自强精神——思考与领悟	高一	品悟-自省	18

续表

校本课程模块	核心教学内容	课程目标	安排年级	学习方式	课时安排
成语与语言基础	汉语言文字基础与运用	夯实语言文字的基础与能力——积累与整合	高一	自读–质疑	36
成语与国学经典	古典诗文阅读与鉴赏	提高古代诗文阅读鉴赏能力——感受与鉴赏	高二	品读–分享	36
《成语文选》	研究性学习社会实践	培养探究与创新应用能力——应用与拓展	高二	探究–应用	18
成语与智慧表达	思维训练	提高辩证思维能力与写作水平——发现与创新	高三	析读–表达	36
教学环境	校园成语文化景点、成语文化学研中心、教室成语文化环境、成语文化专题网站等				

2. "成语+"课程群的实施

1）课程资料。"成语文化"校本课程系列丛书采用文选形式，辅以必要的注释、译文与拓展链接，设计练习加以巩固，根据教学重点安排能力提升训练或活动。

2）学习方式。课程学习的指导思想为"得法于课内，得益于课外"。具体文本分两类，即课堂学习指导的文本和课后自主学习、积累、合作交流、探究解疑的文本，课堂学习重在得法，引领、指导学生自主学习。例如，对于《成语文选》的使用，课堂学习总的指导思想是探其源、辨其义、明其用，让学生夯实文言文基础，学习包蕴的文化，提高成语运用以及古文阅读能力。

3）课程安排。该校从高一到高三学年都开设了"成语文化"校本课程，目前有"成语与语言基础""成语与国学经典""成语与智慧表达""成语与立德修身""成语与实践应用（《成语文选》）"五门课程，前三门是阅读课程，为必修课程（其中部分内容为自读选修），后两门是活动课程，为选修课程，分别安排36学时、18学时。

3. 分年级序列化推进"成语+"课程群

"成语文化"课程的开设时间安排如表 7-8 所示。

表 7-8 "成语文化"课程的开设时间安排

学年	校本课程	时间安排	活动设计
高一	成语与立德修身	入学教育	演讲比赛

续表

学年	校本课程	时间安排	活动设计
高一	成语与立德修身	9月	书法比赛
		10月	成语故事新编
		11月	成语戏剧节
	成语与语言基础	12月	成语接龙
		12月	成语知识大赛
		3月	成语新说创作大赛
		4月	以成语为题的辩论赛
高二	成语与国学经典	10月	研究性学习
		12月	成语英雄大赛
	《成语文选》	3月	专题讲座
		5月	冲刺高三成语演讲
高三	成语与智慧表达	10月	自由创作比赛
		12月	文言小语段创作

（四）课程价值体现

1. 传承与弘扬中华优秀传统文化

江苏省奔牛高级中学通过发掘、梳理、整合成语中富含的中华民族优秀精神文化，系统构建了适合高中的中华传统文化教育体系，力求做到学校环境建设、课程建设与教学实施三个方面的全覆盖，真正让中华优秀传统文化落地生根。"成语文化"的课程建设贯彻落实中共中央办公厅、国务院办公厅《关于实施中华优秀传统文化传承发展工程的意见》、教育部《完善中华优秀传统文化教育指导纲要》的要求，重视科学合理的顶层设计，制订适合学校校情的《成语文化校本课程规划方案》，在基础理论和基础应用方面探索优秀传统文化传承和弘扬的有效路径，努力使该校师生成为更具文化涵养、道德操守及精神追求的文化群体，真正让成语文化活起来。

课程建设依托学校特色项目——江苏省成语文化课程基地，加强学科情境、专业特色、课程实施载体的建设，创建了充分展现科学思想、学科思维、方法手段和文化品位的特色明显的课程教学新环境；新建成语广场、成语长廊等多个成语景点，建设了700多平方米的成语文化学研中心，建设成语文化专用教室1个、成语文化社团活动室5个，组建成语文化学生社团,用成语形式重塑校园文化;建构成语文化课程体系,从成语切入,牵一发而动全身,实现了高中学科全覆盖。学校着重开发与实施"成语与语言基础""成语与国学经典""成语与智慧表达"等与高中语文密切相关的课程,然后扩展到其他人文学科,如"成语与历史""成语与艺术""成语与立德修身"等,再扩展到科学学科,如"成语与科技""成语与天文地理""成语与动漫制作"等,并渗透进各个教学环节。另外,分年级序列化推进"成语文化"校本课程建设与实施,实现高中学段三个年级的全覆盖,既有全体学生必修的成语文化课程,也有部分学生选修的课程,还有针对教师的"成语+教育"校本教育培训课程,实现了全校师生全覆盖。

2. 有效培育学生发展核心素养

江苏省奔牛高级中学通过优化、细化、深化学校的实践和体会,从文化自信、自觉的角度建构了"成语+"课程体系:"成语+教育"以成语为支点梳理、探究、吸收优秀的传统教育思想、教学方法,促进教师的文化自觉、文化自信和专业成长;"成语+修身"以"立足成语,传承文化,滋养精神"为路径,聚焦人文素养、民族融合;"成语+学科"在"成语与文学""成语与历史""成语与地理""成语与科学""成语与哲学"等学科拓展教学中注重教书育人的融合,从人文情感的角度深入开展智慧课堂建设;"成语+研习中心"重点建设成语文化学研中心和专题网站,开展研究性学习、学科实践、社团专题等活动,从成语新说入手,创编成语戏剧,创作成语书画,制作成语动漫或微电影,汇编刊物《成语文选》,最终形成系列化成语创新活动机制。

创新"成语+学科"校本课程学习环境与学习方式,具体如下:创新课程教学平台,如研究性学习、社团活动、社会实践活动、励志教育活动、成语文化校本课程教学、成语作品展示活动、成语文化讲座沙龙报告会等;创新课程教学环境,如校园成语文化景点、成语文化学研中心、教室成语文化环境、学生活动中心、成语文化专题网站等;创新学习方式,如加强学生对课程的体验和感知,在实践应用中巩固知识、增强技能,做中学、学中做,在实际动手中发现探究、创新能力,逐步养成学生勤于动手、敢于创新、善于创造的行为习惯。

3. 促进高中语文教学改革的校本化实践

江苏省奔牛高级中学以成语文化为高中语文教学改革的切入点,统整高中语文教学内容，开发实施"成语与语言基础""成语与国学经典""成语与中华智慧""成语与美德修身"等系列校本课程，出版了《成语学习手册》《学习与诗歌》《成语文选》，汇编了《成语与语言基础》《成语与国学经典》《成语与智慧表达》《成语与立德修身》等校本课程丛书。学校积极探索"品悟–自省、自读–质疑、品读–分享、探究–应用、析读–表达"的学习方式，形成了"探其源—辨其义—明其用"的学习策略，构建起"知行一体"的高中语文自主学习教学模式，提高了学生的语文素养与语文能力。学校的"成语文化校本课程规划方案"被江苏省教研室评为优秀校本课程一等奖，"成语文化校本课程的开发与实施"被评为常州市教学成果一等奖。学校成为江苏省中华成语研究会首批成语文化教学实践研究基地，承办了两届江苏省成语文化教学观摩研讨会，正逐渐成为基础教育阶段成语文化教育的辐射中心。

（五）案例分析

江苏省奔牛高级中学依托江苏省大力支持的地方课程基地构建了总投资 600 万元的成语文化课程基地。党中央、国务院高度重视中华优秀传统文化的传承与弘扬，而课程作为文化传承的载体，对中华优秀传统文化的传承具有重要的作用。在党中央的号召下以及江苏省政府的大力支持下，该校以成语文化为切入点，积极探索成语文化课程基地的建设，以期真正让中华优秀传统文化在学校教育中落地、生根。该校构建了以"成语+"为核心的课程群。

此外，该校还形成了以成语文化为载体的校园环境。依托校区迁移的契机，以成语文化作为校园文化的突破口，该校创建了成语文化研习中心、成语文化活动室、成语长廊以及树阵成语等文化环境。①成语文化研习中心：该校投资近 200 万元，于 2018 年 5 月建成占地 580 平方米的成语文化研习中心。该中心分设序厅、成语与历史、成语与科技、成语与地理、成语与文学、成语与艺术等六大展厅，以图文并茂的方式为学生互动体验和探究中华优秀传统文化提供学习平台。②成语文化活动室：学校组建 9 个成语文化学生社团，建设 5 个成语文化专用活动室，包括成语文化工作室、成语新说创作室、成语书画创作室、成语多媒体制作室、《成语文化》编辑室等，满足学生丰富多彩的活动的需要。③成语长廊：在教学楼内创建成语长廊，对温、良、恭、俭、让、礼、义、仁、智、信十个方面，从文化内涵与现实意义角度做了解读，大力弘扬中华民族的传统美德。④树阵成语：创建了树阵成语文化广场，广场共计 108 条成语，从天人合一、道法自然、居安思危、自强不息、诚实守信、厚德载物、仁者爱人、以民为本、尊师重道、贵和尚中、日新月异、天下大同等十二个方面，呈现了中华优秀传统文化的核心理念。

第五节　网状模式课程转化的实施策略

一、空间具身的在地多维

杜威反对把经验和理性截然分开，认为一切理性思维都是建立在身体经验基础上的。皮亚杰和维果茨基通过分析认知和其他高级心理机能对外部活动的依赖性，强调身体活动的内化在思维和认知过程中起着重要作用。[①]个体的认知是具身性的，其生理体验与心理状态之间有着密不可分的联系，同时身体又是嵌入环境的，时时刻刻与周围的环境产生着交互作用，因此认知、身体和环境三者构成了一个动态的统一体。不能单纯地将个体的认知本身仅仅视为始于传入神经的信息指令、结束于中枢提供给外导神经的信息指令的简单过程，相反，个体的认知过程与认知状态应该扩展至其所处的空间环境。在实现课程转化的过程中，学校首先要做的是凝练有特色的校园空间文化，构建有生命力的学习场域，以彰显本校的教育理念。一所学校的文化深深植根于学校的历史、地缘与使命当中，学校文化深深影响着学校师生的精神风貌、教育远景与教学风格，带领着师生前进与成长。学校要通过挖掘潜在的、稳定的、持久的校园文化，将其巧妙地融入学校的空间场域，使学生和教师潜移默化地浸润在文化的熏陶中，达成与学校空间场域的互动沟通，进而实现隐性的课程宗旨在时间和空间上的显性表达。

不同的学校有着不同的户外景观，或崇尚自然、返璞归真，或极具风格、彰显现代，但无论哪一种户外景观，都要尊重本校的地理位置、地形地貌及生态环境特征，理解本校的办学宗旨与长期的历史积淀，体现学校场域蕴含的特殊教育功能，从而实现学校户外空间环境的持续性生长。班级空间文化体现了班集体共同拥有的价值观念、奋斗目标与精神风貌，如

---

① 叶浩生. 2010. 具身认知：认知心理学的新取向[J]. 心理科学进展，18（5）：705-710.

教室窗台上整齐有序的绿植、教室图书架上林林总总的读物、教室一角温馨有爱的集体合影、教室墙壁上学生手书的激励标语等，作为班级空间文化的实体，无不成为一个班集体凝聚力的助推器、班级师生幸福感的催化剂。现代中小学校一般都设有不同类别的功能教室，如图书馆、校史馆、书法教室、画室、舞蹈室、创客室、心理咨询室等，不同的功能教室具有不同的属性，发挥着不同的作用，它们不仅仅是承担学校各类课程的空间载体，也能促进学生综合素养的发展，助力学生的全面发展。学校应该依据不同功能教室的属性和作用，通过色彩设计、装潢、布置等不同的手段，借助现代科技支持设计该教室的空间环境，有效激发高学生的学习兴趣，提升学生的学习热情。环境孕育希望、理念引领未来，学校要将走廊建设成为具有传播力和渗透力的墙上媒体和第二课堂，正如陶行知先生所言，要把教育和知识变成空气一样，弥漫于宇宙。①

二、课程统整的立体多面

美国的全国赫尔巴特学会在 1985 年提出了"课程统整"的概念，主张儿童有能力实现不同知识领域之间的联结，奠定了课程统整的理论基础。比恩（Beane）指出，课程统整是基于一定的逻辑基础或价值依据，将原本分化的课程整合形成一个有意义的整体。在信息化发展的今天，学校课程要培养能够积极与他人合作、积极参与社会生活、促进社会发展进步的全面发展的未来人才。②在从由"知识本位"到"素养本位"的转向中，学校需要重新审视其课程目标，并构建起与之适切的课程内容、课程实施方式及课程评价方式，这正是完整的课程统整过程的应有之义。因此，课程统整是实现学校课程深度变革的必要维度，同时也是实现网状模式学校课程转化的必由之路。课程统整改变了传统的分科教学只注重学科知识传授、强调单一的课堂教学的局面，它以跨学科教学为基础，打破了学科内容、学习时空和教室间的边界，构建了一种新的课程形态。学校在课程统整建设中要涵盖学校课程发展的各个方面，如课程开发过程中的基于学科、基于主题，课程内容组织过程中的基于教材、基于经验，课程实施过程中的全科实施、学科合作，课程空间选择过程中的传统环境、网络环境等，以全面深入地理解课程统整的真正内涵，打造立体、多面的学校课程统整。

从统整的内在关系来看，我们可以将课程统整的方式归结为射线式统

---

① 方明. 2005. 陶行知全集（第九卷）[M]. 成都：四川教育出版社：302.
② 张凤莲，李桢. 2019. 基于统整理念的学校课程构建[J]. 教育科学，35（1）：39-42.

整和聚焦式统整。射线式课程统整，即以学科知识为原点，根据知识的内在逻辑关系进行多维拓展与整合，形成学科课程群。聚焦式课程统整，即先确定特定的学习领域和主题，根据学习者的知识水平、兴趣、经验等建构多学科聚焦的主题课程。从表现形式来看，课程统整包括学科内、学科间、领域间的课程统整。学科内课程统整是将学科知识网络、思想方法与本质内涵进行统整。各学科教师相互合作，对学科内零碎和分散的知识点进行整合与梳理，按照学科核心概念与规律，结合学生发展水平，形成新的模块系统，实现学习内容、方式与结果的综合发展。跨学科课程统整是对各学科之间交叉融合的内容进行统筹与整理，寻找学科间可整合的知识、观点与内容，通过共同主题的方式将各内容融合到一起，通过学段进阶、分层实施等办法配合多学科教师联合执导授课，助力学生综合知识运用与综合实践能力的提升。超学科课程统整是以主题活动的形式融合各个学科的知识，多角度、多方式综合运用知识解决实际问题，设计特色的主题活动，结合真实的生活情境，实现知识、能力、社会和生活价值的多方融合，促进学生综合素养的提升。例如，在北方建立冰雪运动特色学校，借助冰雪运动基地等环境条件，立足学校办学理念，自主发展规划，开发超学科统整冰雪文化主题课程，对冰雪文化课程内容进行分类分层、梯度进阶的结构化处理和系统设计。①

三、教学活动的系统多变

在教师的课堂教学中，一直存在一种钟摆现象：当我们过度关注课堂中的某一元素或某一对关系的时候，总会忽略另一元素或另一对关系，这样就在不经意之间制造了一个教学"黑洞"。因此，在教学过程中，教师需要树立系统论的观点，始终将课标研读、教材分析、学情调研落到实处，不能孤立地看待教学活动。另外，教师要始终明确，教学活动中的教与学、预设与生成、倾听与表达、反馈与评价等诸多关系属于一个问题的不同方面，而不是非此即彼的二元对立关系；矛盾双方始终存在着一种张力与平衡，随着教学前提、阶段、环境、主体的不同，矛盾的主次方面也是互相转化的。当我们强调合作学习的时候，并不是要忽略学生个体的独立思考；当我们强调让课堂具有生命力的时候，并不能仅仅停留在浅表层面的课堂活动和课堂讨论；当我们强调学生表达能力的提升时，并不意味着要忽略

① 张凤莲，李桢. 2019. 基于统整理念的学校课程构建[J]. 教育科学，35（1）：39-42.

倾听他人意见的重要性。随着人们对教育本质认识的不断完善，随着教学改革重心的不断调整，我们需要对课堂教学活动中的一些理念和方法进行重新追问，更需要理性回归，从而助益于实现良好课堂生态的构建。同时，教师也必须对自身的教学有着精准的定位与深刻的反思。

和谐的课堂氛围是传授知识的无声媒介，是开启智慧的无形钥匙。[①]在日常的课堂教学中，教师要积极营造宽松和谐的学习氛围，让学生安心、自在地学习与交流。个体的思维发展与学习进步，一定程度上都依赖于情境的创设。传统课堂中，学生都是跟着老师，老师讲到哪里学生就听到哪里。但事实上，有问题的教学才会激发起学生思考与讨论交流的欲望，在学生脑海中留下深刻的印象。因此，教师要巧妙地创设问题情境，通过悬念、疑惑、期待等将学生带入与教学有关的情境中，促进学生的自我思考、探索、创造与表现，让学生一步步明确探究目标，促进思考的层层深入。教师不能再像从前一样教教材，而是要学会变通与创新，灵活地用教材教。教师要在丰富自身知识的基础上，结合教材内容和学生发展特点，灵活加工、整合教材，让教材真正成为学生看得见、摸得着的鲜活的生活材料。及时的课堂评价和多元适宜的评价方式是促进学生成长、提高课堂教学质量的重要手段。在课堂教学过程中，教师要坚持差异性评价，因材施评；突出真实性评价，实事求是；注重激励性评价，鼓励为主；体现多维性评价，方式多样。

四、践行场域的延伸多元

场域是布迪厄（Bourdieu）社会学理论中的核心概念之一。布迪厄认为，"从分析的角度来看，一个场域可以被定义为在各种位置之间存在的客观关系的一个网络，或一个架构"[②]。随着现代信息技术的日益发展，人工智能、虚拟现实等技术正在促使社会形态发生巨大的变革，与此同时，教育领域也进入了改革的深水区。从课程的践行场域来看，学校课程不再仅仅存在于教室这个单一的空间结构中。学校是一种复杂的客观存在，以环境、时空、关系、社会、系统、群体等各种形态动态发展，具有社会学的场域特征，以场域视域理解学校课程的践行，即学校课程主体是一个由多方构成的错综复杂的关系网络。在学校课程转化的过程中，要善于利用技术支持，发挥各个课程主体的功能，实现课程场域的延伸多元。媒介场域是以规模

---

① 赵伍，李玉峰，鲁定元. 2007. 新编教育学教程[M]. 北京：中国计划出版社：35.
② 牛海彬. 2010. 批判与重构——教育场域的教师话语研究[D]. 长春：东北师范大学：39.

生产的大众传播媒介（如电台、电视台、报社等）为主体，由与新闻传播活动有直接利害关系的各方机构和个人组成的，相对独立的、遵循自身独特逻辑和规律运转的客观关系网络。传媒与政治、经济等诸权力构成了一个宏观意义上的权力场，那么，社会行动者个体进入这个权力场就可以被视为微观意义上的建构。[①]一方面，学校教育机构要加强自身与当地教育行政部门的合作，主动将贴近社会现实的课程资源牵引至中小学；另一方面，教育行政部门应该积极利用信息化时代大众传播媒介流通性强、信息量大、传播速度快的特点，将学校课程秉持的价值观念、课程理念以及践行课程的具体行为通过网络、报纸、电视、书籍等进行宣扬，从而涵育包容性的社会文化氛围，用以反哺学校课程实践。

学生的学习投入会直接影响学生的学习效果。弗雷德里克斯（Fredricks）等认为，学习投入包括行为、情绪和认知三个维度。[②]沉浸式的虚拟现实技术可以根据学生的体验方式，为学生营造出游戏化虚拟情景与真实情景。游戏化虚拟情景通过体验设计，引导学生借助虚拟自我角色在场景中完成任务、感受画面、聆听声音等，体验身临其境的感觉。例如，借助虚拟情景进行足球、射击等体育运动，相对于上述体育活动的传统教学组织方式，学生在虚拟情景中有了真实的感受与体验，在情境的交互与牵引中，运动能力得到较好的发展。真实情景是与现实生活较为吻合的场景，与现实生活联系紧密，因此能引导学生更为真实地进行假设与推测，在真实情境中解决真问题。[③]课程资源开发与利用的最终指向在于走出学校、走向社会与自然，也是从文本走向体验课程的一个表征。因此，学校要结合地区与学校资源，因地制宜、科学规划、开发利用各类资源，完善学校课程资源开发与利用机制。例如，乡村学校可以利用自然环境优势开发乡土风俗课程，让学生了解更多有特色的地域文化。

① 贺建平. 2002. 检视西方媒介权力研究——兼论布尔迪厄权力论[J]. 西南政法大学学报，（3）：64-71.
② Fredricks J A, Blumenfeld P C, Paris A H, et al. 2004. School engagement: Potential of the concept, state of the evidence[J]. Review of Educational Research, 74(1): 59-109.
③ 何聚厚，梁瑞娜，韩广欣，等. 2019. 基于虚拟现实技术的深度学习场域模型构建研究[J]. 电化教育研究，40（1）：59-66.

第八章
行为式的课程转化：学习活动中的能力跃迁

核心素养于上承接培养目标的要求，于下指引着课程实施的走向，是培养目标与课程实施的重要链接点。[①]核心素养想要在学校课程中实现，就必须在课程实施的过程中有所体现。指向核心素养的课程实施源于知识又超越知识，既能使学生在课堂教学活动中形成对学科本质的深刻认识和把握，又能使学生在学习活动中发展形成元认知能力和批判性思维，最终像科学家一样思考。那么，什么样的课堂教学可以实现核心素养的落地？指向核心素养的学习活动又是什么样态？学校课程转化的行为模式分析和探讨了这些话题，保障了核心素养在学校课程中转化的可操作性，为实现核心素养在学校课程中落地提供了重要路径。

---

① 吕立杰，韩继伟，张晓娟. 2017. 学科核心素养培养：课程实施的价值诉求[J]. 课程·教材·教法，37（9）：18-23. DOI:10.19877/j.cnki.kcjcjf.2017.09.004.

第一节　行为模式课程转化的模式阐释

教学是课程运行中的一部分，是课程计划的实施、课程目标的落实，也是达成学生素养的教育行动中的核心部分。教学活动中转化培养核心素养的宗旨，既包括教学设计的环节，也包括教学发生的时空中的活动，是教师从知觉课程到设计教学再到课堂操作的过程，也是学生经历体验、完善经验的过程。这一过程具有相对的独立性，有自身的命题、特征、方式等。

一、教学形态的一般转化方式

对于教学过程包含哪些要素，学者给出了不同的答案：有三要素说，即教师、学生、教学内容；有四要素说，即由教师、学生、教材和环境；最多的是七要素说，其涵盖教师、学生、目的、内容、方法、环境、反馈。这些要素是教学过程中发挥不同功能的元素，是教师运用教材或更多的教学内容，借助环境、媒介等，使用一定的方法，使学生达成目标的要求。其共同的逻辑都是"教师—媒介—学生行为—学生学习结果（或者说教学目标）"，也就是教师将知识的文本形态转化为学生领悟形态的过程。

但是，在这样的转化中，教师的责任是转化教材中的什么，或者说转化的教学内容是什么、在哪里。有的教师认为，对于教材的内容，学生能自己看懂，的确不用教师讲。如果说学生需要的学习经验仅仅是明晰"教材中呈现的内容是什么"、能够解答"教材中给出的问题"等表面任务，那教师的这种假设就是合理的。正如本-佩雷茨（Ben-Peretz）所说："教师的日常经验容易使他们利用有关课程教材各种潜能的眼界变窄。教师习惯于信奉对教材的明显解释，特别是对那些他们已经熟悉的东西……因而需要增进教师对有用的课程教材的相反方面的意识……"[1]

然而，教学目标并非简单地呈现在教材文字中，也不是固定不变的，是需要教师挖掘的。教学设计要考虑学生是否能获得、如何获得，但首先要考虑获得什么。按照施瓦布（Schwab）的观点，每个学科内容转化成课程内容时都包含三个可能产生意义的维度，即主旨、来源和理解。[2]学科内容表达的主旨，即内容材料中主要表达的含义与意义是显现的、容易被察

---

① 转引自：江山野. 1991. 简明国际教育百科全书·课程[M]. 北京：教育科学出版社：11-13.
② Schwab J J. 1973. The Practical 3: Translation into curriculum[J]. School Review, 81(4): 501-522.

觉的内容。来源维度是指学科内容产生的方法和原则，学科专家在探究无序的学科材料时，要使用特定的方法和原则，使杂乱无章的学科知识变得有序，每个学科内容都蕴含着一定的形成此学科内容的方法和原则。例如，将诗歌的来源维度作为学习内容，学生便可以通过练习写诗和分析诗歌来发现诗歌的特点，这不仅达到了让学生了解诗歌特点的目的，同时还使其形成了分析和创作诗歌的技能。可见，这一维度对学习者而言是具有潜在价值的。理解维度是指学科内容是一个复杂的组织，由多个部分组成，需要运用某种原则从多个角度运用不同的思维方式提出不同的问题才能理解。例如，当一则科学材料进入课程时，课程或教学设计者可以选择其主旨维度，为学习者提供相关现象的描述与解释；也可以选择理解这则材料所需的某一原则或方法作为学习内容，使学习者知道如何做判断。

二、指向素养培养的课堂学习活动行为

更有价值的课程转化不仅是将知识从文本的形态转化成学生记忆、领悟的形态，还包括学生对知识的迁移、应用、综合与批判等，这就要求教师不能仅仅使用教材文本中的文字作为教学要素，还需要对文本文字进行挖掘，其目的在于使学生获得素养，挖掘本身就是课程的转化。为什么课程内容或者教材内容可以被挖掘呢？施瓦布提出了一个概念——课程潜能，他认为课程潜能是蕴含在学科内容之中的、有助于学生成长发展的、可能的课程。这些可能的课程很大一部分很难以文本的形态存在，需要教师在转化过程中将其表达出来。[①]

教学中的转化不止于知识、不限于文本、不成于操作，教学中的课程转化目的也不仅在于让学生获得静态的知识。因此，转化的中介、使用的教学要素就不限于文本，或者说不限于文本中直接传达出来的含义，而是需要教师将文本中的内容串联起来，显现其隐含的价值观，找寻其可使用的表达方式。对学生而言，安静地记忆、背诵不能获得素养，表达、操作也不必然比安静思考收获大，学生需要体验有价值的命题，积累经验，并在体验、尝试后将其提升为观念。在这个过程中，课堂转化行为的主体是学生，而教师是调节枢纽。

素养的转化依赖于课堂上师生的行为过程，但通过一次教学很难直接形成素养，因而需要在指向素养培养的学期课程设计、单元设计的框架下，

---

① Schwab J J. 1973. The practical 3: Translation into curriculum[J]. School Review, 81(4): 501-522.

思考一个教学单位中行为转化的理念、模式与方式。

第二节　指向素养培养的相关教学理念或模式

指向素养培养的教学以教学目标设计为核心，包括素养目标的分解、教学行为的分解、学习者概念的转化、可迁移知识的获得等方面。

一、素养目标的分解：叶连祺的行为转化模式

教师教学目标中的课程转化是指教师将经过查阅课程标准、教材等课程目标要求后在头脑中形成的教学框架予以固化表达，主要是指将课程目标转化为教学目标的思维过程。台湾学者叶连祺在将课程目标转化为教学目标以及单元目标的研究中提出了六种转化方法，以小学科学内容为例，具体说明如下。[①]

1）替代。利用一对一的对应转化的关系，替换原有目标要求中的关键词，形成教学目标或教学活动。例如，"物体的形状或大小发生了变化，构成物质没变"→"动手观察橡皮泥的变化并思考"。

2）拆解。使用一对多的对应化关系，将一个课程目标分解成几个互有关联的项目，以作为教学目标。例如，"观察并描述一般情况下，当温度升高到100℃或降低到0℃时，水会沸腾或结冰"→"温度计的使用""观察并记录水沸腾、结冰的过程""绘制温度曲线"。

3）组合。运用多对一的对应转化关系，以一个主题结合多个课程目标，形成一个教学目标。例如，"知道有些物质能溶解，有些物质不能溶解""搅拌和温度是影响物质在水中溶解快慢的常见因素"→"观察溶解现象"。

4）聚焦。由多个关联性的一对一对应转化关系构成，选取目标要求的某部分或全部作为主线，以其为焦点和圆心逐级扩大，并发展其他活动，可运用认知层次如观察、记录、叙述、比较、分析等作为扩展的参考依据。例如，"水在自然状态下有三种存在状态"→"观察颜色、气味等特征""记录水沸腾或结冰的温度曲线""分析比较两条曲线的异同"。

5）连接。联系多组一对一对应转化关系，先以某个课程目标要求为发

---

① 叶连祺. 2002. 九年一贯课程与基本能力转化[J]. 教育研究月刊，（96）：49-63.

展活动的起点，再不断连接其他不同的学习领域或思考面（如人、事、时、地和物等），构成一个教学活动。例如，"水在自然状态下有三种存在状态""动物和植物都有基本生存需要，如水""地球表面有由各种水体组成的水圈"→"认识水"。

6）复合。适度选取前五项策略的某几项或全部，形成复杂的转化关系，进而发展出一个或数个教学活动。

二、教学行为的分解：舒尔曼的教学推理与行动模式

课堂教学是知觉课程转化为运作课程的重要阶段。在教学活动中，教师需要使用一些策略和方法帮助学生学习，并需要搭建与学生之间相互联系的桥梁。针对这个问题，舒尔曼提出了教学推理与行动模式，其包括六个循环教学行为，这些教学行动的转化包括四个步骤，为教师准备课堂教学提供了很好的思路和路径[①]，下面以小学科学课程为例进行说明。

1）准备。准备工作承接教师正式课程到知觉课程的转化，是教师在教学前对课程方案、课程标准和教材等教学资源的批判性审视，以厘清目标、统整全局，从而让教学活动有的放矢、更加顺利。

2）表征。表征是指教师在教学过程中，根据对目标的认识、理解，确定要运用的诠释方法，如类推、隐喻、举例、表演等，将目标要求呈现或再现，使教学更加具体、有意义。例如，"观察颜色、气味等特征"→观察记录；"记录水沸腾或结冰的温度曲线"→操作记录；"分析比较两条曲线的异同"→类比推理。

3）教学选择。教学选择是指教师在教学过程中对于教学模式、组织方式、管理方法的选择，诸如合作学习、探究学习、社会实践等。例如，"观察颜色、气味等特征""记录水沸腾或结冰的温度曲线"→合作学习；"分析比较两条曲线的异同"→探究学习。

4）调适和修正。调适和修正是指教师针对学生的特质，考虑学生的先前概念、错误概念，以及文化、年级、性别、能力、态度、兴趣等因素，以使教学过程更加适合学生。例如，"观察颜色、气味等特征"→扩展对比生活中的常见液体；"记录水沸腾或结冰的温度曲线"→小组任务分工，负责观察、负责解读、负责记录；"分析比较两条曲线的异同"→验证先前假设。

---

① Shulman L S. 1987. Knowledge and teaching: Foundations of the new reform[J]. Harvard Educational Review, 57(1): 335-356.

三、学习者概念的转化：变构学习理论的启示

（一）变构学习理论的含义

焦尔当（Goirdan）认为学习就是转化学习者的概念[1]，但是这一过程是非常复杂的。学习者"头脑"中运行的概念系统（前拥知识）通常会排斥不能与其产生共鸣的新信息，这就构成了障碍。因而，"conceptions"[2]及其转化就成为变构学习过程的核心。[3]焦尔当用"学习者的概念体"指称学习者特有的解释系统，并且强调指出"对任何知识的学习都依赖于学习者的概念体，而且，如果教师忽略了它们，这个'活'概念体发挥的就是障碍性作用"[4]。在概念转变研究领域，北美学者习惯用"迷思概念"一词来表示学习者在教学过程中对科学概念的认识，着重强调的是学生的理解与知识的科学含义之间的偏差，以发现朝向科学概念转变的方向；瑞士日内瓦大学科学认识论与教学实验室则倾向于使用"conceptions"一词，明确强调了学习者已有的符号体系或解释系统在学习中具有的不可忽视的工具性意义。"从学习者对环境的方向来说，概念体充当的是工具；从环境对学习者的方向即教学来说，概念体可能构成教学的障碍。"[5]

学习者的概念体具备三个主要功能：①学习者的概念体具有保存知识整体（包括实践知识）的功能，但其不是直接的，而是通过整合被塑造成一个结构；②学习者的概念体具有建立联系甚至系统化的功能；③学习者的概念体可以对现实进行结构化和组织。因此，我们不应将学习者的概念体简单地理解为过去信息的集合，它是一种对既得知识的调用，是学习者通过自己建立的分析网络，以解决新问题。

（二）变构教学环境的参数

在变构学习模型的研究中，"变构性"教学环境是指教师、媒介或教育境脉等设置的，由能够共同促进变构学习作用的参数所构成的环境系统（图 8-1）。教师通过设置并操作恰当的教学环境，将有关学习的各种复杂

---

① 宰梦瑶. 2020. 变构学习模型视角下小学《道德与法治》教学设计的个案研究[D]. 长春：东北师范大学.
② 裴新宁将其译作"学习者的概念体"，简称为"概念体"，并认为可以将其理解为"先存于学习者头脑里的概念系统，或概念胚胎"。
③ 吴涛. 2010. 变构学习模型研究[D]. 上海：华东师范大学.
④ 转引自：裴新宁. 2008. 学习究竟是什么——焦尔当·安德烈教授访谈录[J]. 全球教育展望，（1）：3-20.
⑤ 裴新宁. 2013. 让学习成功——变构模型及其教学应用[J]. 教育生物学杂志，1（4）：263-270.

参数整合起来，并使之与学习者的心智活动相互作用，从而促进学习者的对质、概念体的转化、知识的炼制和调用。

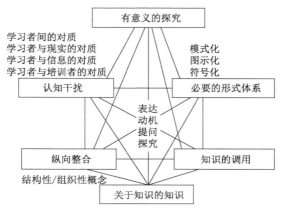

图 8-1 "变构性"教学环境中的参数

资料来源：〔法〕安德烈·焦尔当，裴新宁. 2010. 变构模型：学习研究的新路径[M]. 杭零，译. 北京：教育科学出版社：177

（三）变构教学的构成要素

1. 设计情境，激发学习者的学习愿望

教师需要精心设计一个富有意义的研究问题和学习情境，激发学习者的学习愿望，让学习者感受到问题与情境之间的关联以及问题所具有的挑战性，引导学习者不断地质疑。

2. 提出认知干扰，形成与学习者的对质

仅凭一个理由或反复说教是难以让学习者的概念体发生转化的，变构教学环境必须能够引发出一系列的认知干扰。多重对质是非常必要的，例如，学习者之间的对质、学习者与现实的对质、学习者与信息的对质以及学习者与教师的对质等。

3. 炼制概念体，将知识模式化、图示化、符号化

对于学习者来说，掌握一定水平的形式体系是非常重要的，如类比、隐喻、模型、图示及符号等。这些形式体系能够鼓励和帮助学习者形成更为适当的概念体。另外，教师选择的形式体系必须方便学习者获取和操作，还要与学习者在真实世界中获得的经验相一致，能够组织各种信息，成为

新的知识建构的锚点。

4. 完成新知的认知整合

学习是一个漫长而复杂的过程，形成的新知识需要围绕组织性概念不断地通过系统整合，最终进入学习者的认知结构网络。学习者的概念体既能够保存知识，也能够建立相互联系，从而形成概念系统。

5. 在新情境中使用或调用新知

炼制新知识之后，教师需要为学习者提供调用新知识的情境，以检验新知识的有效性和局限性。学习者把新知识运用到实践中时，能够激活学习者的概念体，就如同把新知识嫁接到旧知识上面，从而能取得比较好的学习效果。

6. 提升学习者的元认知能力

教师需要帮助学习者理解"关于知识的知识"，也就是提高学习者的元认知和反思能力。很多学习障碍并不来自知识内容的难易，而是源于学习者对所学习的概念和知识的生产机制的一种朴素的认识论。

四、学习者思维的深化：高阶思维教学的启示

高阶思维是学习者将经验课程进行高阶转化之后所获得的高水平学习成果。面向核心素养的课堂教学应引导学生在掌握低阶思维的基础上向高阶思维学习跃迁。所谓高阶思维，是指发生在较高认知水平层次上的心智活动或认知能力，被认为是核心素养的重要体现。高阶思维的概念起源于布鲁姆（Bloom）等对认知领域教学目标的六级分类。他们按照认知发展水平，将知道、领会、运用划分为低阶思维，将分析、综合、评价划分为高阶思维。高阶思维需要培养与训练，教师应采取一定的策略及方法辅助学生由低阶学习向高阶学习转变。杜威的"思维五步教学法"（情境、问题、假设、推论、验证）为高阶思维教学提供了支持。

1. 准备真实经验的情境

杜威认为，教学过程应源自一个与儿童现有生活经验相联系的真实情境。与此同时，教师应给予学生一定的暗示，促使学生产生了解某个问题的兴趣，以便获得某种现在生活需要的经验。

2. 帮助寻找真问题

教师创设的情境须能产生真实的问题，以作为思维的刺激物，并帮助学生产生解决问题的愿望。由于疑难是引起学生思维过程的必要刺激物，疑难的情境必须和学生曾经应付过的情境有足够多的相似之处，这样才能保证学生对解决疑难的方法产生一定的控制能力。

3. 提出解决问题的种种假设

教师应帮助学生运用掌握的资料提出创造性地解决问题的办法。杜威认为，记忆、观察、阅读、传达都是提供资料的途径。学生通过分析资料和实际观察，针对疑难问题进行思考、设计、发明和创新，尝试性地提出不同的答案或问题解决方法的设想。

4. 对解决问题假设加以推断和排列

学生提出的假设不一定正确、合理，因此需要教师引导他们进行证明，只有经过证明并纳入已知的知识序列的知识才是科学、合理的知识。因此，学生应该对自己提出的问题解决假设进行展开、整理和排列，使其有条不紊。同时，学生可以在推断的过程中体验到创造性思维活动带来的快乐。

5. 通过应用检验假设

杜威认为，问题解决假设仅仅是一种观点或思想，学生只有根据这种假设实际去做、去验证，这种假设思想的结果才有圆满的意义，才有真实的性质。在这个阶段，为了检验假设的意义和价值，教师要为学生创造应用知识的实际情境，提供检验假设的机会，让学生亲自动手去做，并在做的过程中对原有设想、假设的真实性和有效性做出自己的判断。

五、获得可迁移的知识：深度学习的教学启示

（一）何为深度学习

1. 深度学习的起源

深度学习缘起于两方面的研究，较早的是计算机领域的"机器学习"（或"人工智能"）研究。教育领域中深度学习思想的提出可以追溯到布鲁

纳对认知领域目标维度的划分，即知道、理解、应用、分析、综合、评价，其由浅入深的过程蕴含着"学习有深浅层次之分"①之意。马顿（Marton）和萨乔（Saljo）在一项关于阅读能力的实验研究中首次明确阐释了深度学习与浅层学习的概念。②此后，澳大利亚学者比格斯与柯利斯于 1982 年基于皮亚杰的认知发展阶段理论，提出了 SOLO（structure of the observed learning outcome，可观察的学习结果的结构）分类法。③2006 年，加拿大多伦多大学教授辛顿（Hinton）和他的学生萨拉赫丁诺夫（Salakhutdinov）在《科学》（Science）杂志上发表了一篇关于深度学习的文章，开启了 21 世纪深度学习在学术界的热潮。2013 年，加拿大学者艾根（Egan）在其关于深度学习的研究成果中基于新的学习观、知识观、学生观和教师观，深入探讨了深度学习的基本原则与方法。④

2. 深度学习的含义

深度学习是个体将在一个情境中学习到的内容应用到另一个新情境（即迁移）的过程。⑤富兰（Fullan）等指出，对于持续变化的外部世界，深度学习的机理在于让学习者具备处理变化和应对新挑战的能力，成为终身学习者，并能够在新的情境运用、迁移所学知识。⑥我国学者将深度学习定义为：在理解的基础上，学习者能够批判性地学习新的思想和事实，并将它们融入原有的认知结构，能够在众多思想间进行联系，并将已有的知识迁移到新的情境中，从而做出决策和解决问题。⑦深度学习不是对零散的、碎片式的知识点的学习，深度学习强调整体学习，注重对学科领域的关键问题和基本思想的理解和运用。深度学习追求一种高品质、高效率的课堂教学，其主要价值在于通过学科核心内容的重点探究过程，使学生在掌握学科核心知识的同时，培养高阶思维能力和问题解决能力，实现学科教学中的少量主题的深度覆盖。⑧

---

① 〔美〕潘林 W. 安德森等. 2009. 布卢姆教育目标分类学[M]. 修订版. 蒋小平，张琴爱，罗晶晶，译. 北京：外语教学与研究出版社：75-80.

② Marton F, Saljo R. 1976. On qualitative differences in learning: Outcome and process[J]. British Journal of Educational Psychology, (46): 4-11.

③ 〔澳〕约翰 B. 彼格斯，〔澳〕凯文 F. 科利斯. 2010. 学习质量评价：SOLO 分类理论——可观察的学习成果结构[M]. 高凌飚，张洪岩，主译. 北京：人民教育出版社：27.

④ Egan K. 2015. "Learning in depth" in teaching education[J]. Teaching Educational, 59(4): 705-708.

⑤ National Research Council. 2012. Education for Life and Work: Developing Transferable Knowledge and Skills in the 21st Century[M]. Washington: National Academics Press: 5-6.

⑥ Fullan M, Hill P, Rincón-Gallardo S. 2017. Deep Learning: Shaking the Foundations[R]. Ontario: 2.

⑦ 何玲，黎加厚. 2005. 促进学生深度学习[J]. 计算机教与学，（5）：29-30.

⑧ 马云鹏. 2018. 深度学习视域下的课堂变革[J]. 全球教育展望，47（10）：52-63.

3. 深度学习的实践

目前，国内外学者试图结合深度学习理论进行各类教学尝试。例如，由美国威廉和弗洛拉·休利特基金会（William and Flora Hewlett Foundation）发起、美国研究院（American Institutes for Research，AIR）组织实施的 SDL（Study of Deeper Learning：Opportunities and Outcomes，深度学习研究：机会和结果）项目，在全美建立了 500 余所深度学习实验学校，在理论建树与实践普及方面，SDL 项目都具有划时代意义。[①]美国国家研究委员会（National Research Council Panel，NRC）将深度学习能力分成三个维度——认知领域、人际领域和个人领域[②]，并对深度学习能力框架进行了细化分析，对每个维度的能力分两个级别做了具体阐释。还有学者结合 PBL（project based learning，项目式学习）[③]、SPOC（small private online course，小规模限制性在线课程）[④]等，探索将深度学习理论融入具体实践。

4. 深度学习的价值与使命

深度学习的价值在于：①增强自我和他者对学习与学业成就的预期；②增强学生的参与，实现充满个性和个人化的学习过程；③通过增强与现实生活的联系，反思自我和文化认同，建立精神价值观的共鸣；④通过探究过程充分培育技能、知识、自信和自我效能感；⑤使学习者与他们的家庭、社区和教师建立新的关系；⑥增强惠泽他人的人性欲求。在这六个方面中，核心价值是让学生成为对世界积极采取行动的学习者，在与他者、现实生活共在的过程中，强化儿童的道德性、责任心，并为参与、反思与改革现实生活做好准备。[⑤]

深度学习的使命在于促进核心素养的生成，核心素养的发展体现在知识运用和解决现实问题的过程之中。面对真实生活中的问题情境，个体基于分析、贯通、综合、批判等认知思维，将所学知识与问题情境建立起联系，通过慎思、假设、检验、调查、实验、表达、交流与讨论等知识运用过程实现对问题的解决。在这一问题解决的过程中，个体的已有知识获得了充分的激

① William and Flora Hewlett Foundation. 2012. Deeper learning strategic plan summary education program[R]. Menlo Park: William and Flora Hewlett Foundation.
② National Research Council. 2012. Education for Life and Work: Developing Transferable Knowledge and Skills in the 21st Century[M]. Washington: National Academics Press: 5-6.
③ 卜彩丽, 冯晓晓, 张宝辉. 2016. 深度学习的概念、策略、效果及其启示——美国深度学习项目（SDL）的解读与分析[J]. 远程教育杂志, 34（5）: 75-82.
④ 张晓娟, 吕立杰. 2018. SPOC 平台下指向深度学习的深度教学模式建构[J]. 中国电化教育（4）: 96-101, 130.
⑤ 张良, 杨艳辉. 2019. 核心素养的发展需要怎样的学习方式——迈克尔·富兰的深度学习理论与启示[J]. 比较教育研究, 41（10）: 29-36.

活，认知思维、问题解决能力与社会交往技能等获得了运用与提升。历经知识运用、问题解决过程之后，个体获得的学习经验或达到的学习结果进而体现为批判性、创造性思维，合作与交往技能，以及公民身份等素养。从知识运用的角度来说，将知识、技能与态度运用在真实情境中用于解决问题，并在这一知识运用的实践过程中得以促进个体的批判性思维、创新能力、合作精神、交往能力以及品格等素养的生成和发展，正是深度学习的基本使命。①

（二）指向深度学习的教学策略

深度学习强调整体学习，关注学习过程中的多维表征。最好的学习就是整体学习，整体学习除了情感的参与，还需要有整体的知识网络，不能碎片化。碎片化的学习只能积累一些无效的记忆，也不能激活其他知识。有效的记忆和理解总是在一个整体的知识框架里，它能诱导别的知识，别的知识也可以诱导它。②

深度学习教学理念为教师提供了一个教学设计的基本思路，不同学科教师需要依据本学科的特征，以及对具体教学内容的理解和学生学习状况的把握，创造性地设计出具有个性的课堂教学方案。深度学习的教学设计围绕学科内容、学生理解、学科教学这三个课堂教学的基本要素展开。学科教学活动的设计与组织以对学科特定内容和学生对该内容的学习状况的分析和理解为基础，是连接学科内容与学生理解的桥梁和纽带。三个要素各包含若干基本特征，形成了三者之间复杂的动态关系（图 8-2），深度学习的课堂变革正是基于对这三个要素及其关系的深刻理解与把握而实现的。

图 8-2　深度学习的设计思路③

① Fullan M, Hill P, Rincón-Gallardo S. 2017. Deep learning: Shaking the foundations[R]. Ontario: 2.
② 〔美〕约翰·D. 布兰思福特. 2013. 人是如何学习的[M]. 程可拉，孙亚玲，王旭卿，译. 上海：华东师范大学出版社：18.
③ 马云鹏. 2018. 深度学习视域下的课堂变革[J]. 全球教育展望，47（10）：52-63.

深度学习的教学设计是指基于教师对学科本质和学生学习的具体而深入的理解，搭建学科特定内容与学生学习特征之间的桥梁，为教师提供设计与实施课堂变革的思路与策略，使教师深入认识课堂教学的实质，提升自身的课堂教学设计能力，增进驾驭课堂教学的智慧。[①]基于深度学习理论，教师需要重新思考以下教学设计相关问题：①"为什么教的问题"，即教学目标的重新设定；②"教什么的问题"，即要达到教学目标，教师需要提供什么样的课程或者教学内容；③"怎么教的问题"，这也是教学设计的核心问题，即通过什么样的策略和方法才能使学生掌握教学内容，并实现教学目标；④"教得怎么样的问题"，也就是教学评价的问题。

1. 确定学习主题

教学主题的确定是进行深度学习的首要任务，也是教师在教学设计中面临的重大难题。深度学习是一种创生的学习范式，源于对具体学科的整体把握与深刻理解，应在融合学科核心内容与学生发展需求的基础上，通过构建知识结构体系，帮助学生获得学科思维方法，明确学生深度学习的终极目标，这是遴选教学主题的重要途径。[②]

2. 设计教学目标

深度学习是以学科核心内容为线索的教学设计，主要目标在于通过对核心知识的理解与掌握过程，培养学生的高阶思维和关键能力。某一具体内容蕴含的高阶思维和关键能力是什么？怎样确定某一学习内容应当聚焦的高阶思维和关键能力？回答这些问题需要对学习的内容进行单元整体分析。[③]核心内容的单元整体分析过程如下：从学科本质分析和学情分析中提炼教学主题的核心知识、高阶思维和关键能力，即对核心教学目标的提炼是对单元内容进行整体分析的结果。

3. 创设问题情境

在单元整体分析的基础上进行教学设计，首先要针对重点教学目标创设有意义的问题情境。有意义的问题情境应当体现所学内容的本质，引发探究与思考的"大问题"，引起学生的认知冲突，使其成为深度探究之源。这一问题情境应区别于书本、教室、学校等情境，而是来自真实、鲜活的

---

① 马云鹏. 2018. 深度学习视域下的课堂变革[J]. 全球教育展望，47（10）：52-63.
② 朱立明，冯用军，马云鹏. 2019. 论深度学习的教学逻辑[J]. 教育科学，35（3）：14-20.
③ 马云鹏. 2018. 深度学习视域下的课堂变革[J]. 全球教育展望，47（10）：52-63.

生活及其周围世界。问题情境的设计应打破"问题是什么"的线性思维，鼓励学生进行"问题还可能是什么"的猜想。真实的问题情境增强了学习与现实生活的联系，能够有效提高学生思维的活跃度，让学生保持新鲜感并富有创造力。[①]

同时，还可以利用数字资源创设虚拟环境，以科学技术、数字工具等作为学习的加速器。通过虚拟现实的方式，数字资源的使用打破了课堂的时空界限，让学生在课堂教学中感受真实、现实世界中的问题。数字工具与资源的应用释放了更多的学习空间，增加了校内外学习相互联系的可能性，能够让学生在校外的广阔世界中发现问题、运用知识。[②]正如富兰等所说：当科技、数字工具与资源以这种方式出现在深度学习的任务设计中时，这一学习环境将会与外面的世界、与现实生活紧密联系起来。[③]

4. 组织探究活动

教学中的深度探究由问题情境引发，在解决认知冲突中展开，在不断解决问题的过程中实现知识技能与思考能力两个维度的核心目标。在深度探究过程中，教师和学生都应当清楚地了解需要解决的问题，始终围绕着教学的重点目标进行探究活动。深度学习的过程往往是层层深入的过程：问题情境一般会引出一个"大问题"，这个"大问题"一般不会一次就得到解决，往往会分解为问题串，即在解决了一个问题后，又会提出新的问题，在不断解决问题的过程中，最终使"大问题"得到解决，实现深度学习追求的两个维度的目标。

5. 实施效果评价

富兰认为，深度学习所需的学业成就评价有别于标准化的考试评价，学业成就评价的重点不是学生能够记住多少内容知识，而是学生能否运用知识解决问题、创造想法与提出观念以及在合作、交往情境中能否展示、呈现相关素养。可见，深度学习的评价内容关注学生构建新知识和有效运用所学知识的能力、前瞻性的思维倾向、面对挑战表现出的毅力与相关能

---

① 张良，杨艳辉. 2019. 核心素养的发展需要怎样的学习方式——迈克尔·富兰的深度学习理论与启示[J]. 比较教育研究，41（10）：29-36.
② 张良，杨艳辉. 2019. 核心素养的发展需要怎样的学习方式——迈克尔·富兰的深度学习理论与启示[J]. 比较教育研究，41（10）：29-36.
③ Fullan M, Langworthy M. 2014. A Rich Seam: How New Pedagogies Find Deep Learning[M]. London: Pearson: 7.

力以及作为终身学习者的公民素养等。①在评价中，首先，教师要注意学生评价应该是合乎道德、公平、有用、可行和准确的②，要公平公正地对待学生，使学生愿意投入学习；要保护学生的评价信息隐私，使学生树立能够学好的信心；要尊重学习的多样性，给予学生人文关怀，使学生能够持续地学习。其次，每个利益相关群体都要认真面对和思虑来自其他群体的信息输入，认真对待那些不同的甚至相互冲突的观点，对自己原有的建构进行有效的修改以调节差距③，只有如此才有可能对学生的学习产生合力，使输出的信息变成学生开展深度学习的助推器。这意味着评价主体要在自我和他者的评价中寻求统一。最后，要将评价纳入教学和学习过程之中，使评价—教学—学习构成一个循环圈。在这个圈里，评价是教学和学习的脚手架和"催化剂"，促使教学信息转变为学习信息以及学习信息的内部转换。④

深度学习的学业质量评价聚焦问题情境中学生的真实表现，进而为识别、评估学生核心素养的发展提供有效证据。富兰及其项目团队将每个素养划分为技能、能力和态度等表现内容，按照有限度的（limited）、正在形成（emerging）、发展中（developing）、加速发展中（accelerating）、精通（proficient）五级，为素养发展水平确立了进阶层级。通过清晰地描述各个层级的学习表现和区分性标准，教师了解了学生当前的素养发展状态，进而可以评估学生的相关素养发展水平。⑤同时，该团队还提出六大评价步骤：①识别和定义对学习者真正重要的学习结果；②运用量表或学习进阶表格清晰地描述不同学习者素养发展层次的成功表现；③反思差距的存在，开发或确定能够成功描述一致性的测量方法；④基于较大范围的评价和相关具体指标，设计、实施、评估和评价深度学习并做出有充分证据支持的决策；⑤如果有必要，可以在学校、当地和不同地区间增强施测的可靠性；⑥基于评价促进素养发展的学习，进一步聚焦教与学的过程，帮助学生取得切实的学业成就。⑥

① 张良，杨艳辉. 2019. 核心素养的发展需要怎样的学习方式——迈克尔·富兰的深度学习理论与启示[J]. 比较教育研究，41（10）：29-36.
② JCSEE. 2002. The Student Evaluation Standards[M]. Thousand Oaks: Corwin Press.
③ 〔美〕埃贡 G. 古贝，〔美〕伊冯娜 S. 林肯. 2008. 第四代评估[M]. 秦霖，蒋燕玲，等译. 北京：中国人民大学出版社：29.
④ 郑东辉. 2019. 促进深度学习的课堂评价：内涵与路径[J]. 课程·教材·教法，39（2）：59-65.
⑤ Fullan M, Quinn J, McEachen J. 2018. Deep Learning: Engage the World, Change the World[M]. Thousand Oaks: Corwin Press: 3, 13.
⑥ Fullan M, Quinn J, McEachen J. 2018. Deep Learning: Engage the World, Change the World[M]. Thousand Oaks: Corwin Press: 17-18.

（三）支持深度学习的其他要素

1. 确立伙伴关系的师生角色

"伙伴"指的是建立在平等、透明、相互问责和互惠互利等原则基础上的合作者关系。深度学习的开展应始于师生之间学习伙伴关系的确立。①伙伴关系的关键特征在于：师生之间信任、关心关系的建立，教师发现学生志向和学习需要，提供基于学习过程的高质量反馈结果和鼓励，指导学生基于元认知进行学习过程掌控，能够开展学生间的同伴指导等。②教师应做激发者，旨在建立具有挑战性的学习目标，开发和设计深度学习的任务和成功标准，能够基于学习环境的创设满足多样的学习需求，为开展下一阶段学习提供有效反馈等；教师应做文化建设者，旨在建立创新与创造的价值标准，能够基于学生的兴趣和需求开展合作性学习活动设计，能够创设旨在发展学生坚韧性、自我控制能力、拥有归属感的学习环境等；教师还应做合作者，旨在有意义地连接学生、家庭与社区，能够运用协作探究的方法，与同事共同设计和评估深度学习过程，能够构筑和分享开展深度学习所需的教学法知识及理解它们影响学习的具体方式。③

2. 营造指向一致性的学校变革氛围

深度学习的变革与开展不仅是一种个别行为，还是一项集体行动。因此，富兰提出应营造指向一致性的变革，强调系统内部中要素、关系与价值观的整合，勾勒出共同的、有意义的变革愿景。④富兰及其团队建构了提升指向一致性的变革领导力的具体行动指南，包括方向的聚焦、合作文化的打造、学习过程的延伸、问责制的确保四个环节，以期通过共时性、同步性的领导力提升，逐步改变长期以来碎片化、过于繁重与混乱的变革策略，逐渐形成深入、广泛性的联系，从而确保深度学习更具行动力量。⑤

---

① Fullan M，Langworthy M. 2014. A Rich Seam: How New Pedagogies Find Deep Learning[M]. London: Pearson: I, ii, 4, 7, 12-19, 22, 33.

② Fullan M Quinn J, McEachen J. 2018. Deep Learning: Engage the World, Change the World[M]. Thousand Oaks: Corwin Press: 9, 21.

③ Fullan M Quinn J, McEachen J. 2018. Deep Learning: Engage the World, Change the World[M]. Thousand Oaks: Corwin Press: 29, 30, 32, 67, 140.

④ Fullan M Quinn J, McEachen J. 2018. Deep Learning: Engage the World, Change the World[M]. Thousand Oaks: Corwin Press: xiii, xvii, 3, 9, 13, 17, 18, 21, 29, 30, 32, 67, 140.

⑤ Fullan M, Quinn J, McEachen J. 2018. Deep Learning: Engage the World, Change the World[M]. Thousand Oaks: Corwin Press: xiii, xvii, 3, 9, 13, 17, 18, 21, 29, 30, 32, 67, 140.

第三节　学习活动中的素养转化策略

一、真实情境中的问题发现

在面向核心素养的学习理念下，学习的使命不能止于习得事实性知识，而是能够将知识迁移至真实的、不同的实践生活情境之中并加以应用。有研究者认为，只有学习者能够理解在何种情境下该运用何种知识，进而能够在新的情境中准确地对已获得的知识进行修正，其掌握的陈述性知识和程序性知识才有用。而灌输主义最终导致的结果是，所学的知识难以运用到课堂情境之外。[①]

情境认知理论认为，情境是学习真实发生的环境、地点和场所，强调学习、知识和智慧的情境性，认为知识是不可能脱离活动情境而抽象存在的，学习应该与情境化的社会实践活动结合起来。为了理解知识、获得能动的核心素养，课堂教学应能够为学生提供在知识、学习者和环境之间建立联系的机会。或者说，教师应该为学生学习准备一个与学生生活经验密切关联的真实的情境。这个情境关涉相关的事实性知识，也蕴藏能够引起学生思维发生的刺激物。学生在这个真实的情境中开展学习时，会在"是什么""怎么用""为什么这么用"之间建立起必然的联系，并且会将这些联系及经验信息与其他已有的认知进行对比、关联，进而在相互联系的基础上储存起来，使之成为自身认知体系的一部分。与之相反，如果学习者脱离具体的、真实的情境，孤立地记忆事实性知识，他们获得的理解则往往是片面的、缺乏联系的，较难实现从知识到核心素养的转化。

二、问题解决中的探究体验

问题解决策略为知识向素养的转化提供了契机。一般而言，问题解决是指在特定情境中，为完成具体目标而组织、运用特定领域的知识及认知策略等过程中产生的思维活动，这些思维活动的外在呈现结果表现为解决了某一具体问题。卡尔·波普尔（Karl Popper）认为，"知识的增长永远

[①] Sawyer R K. 2014. The Cambridge Handbook of the Learning Sciences[M]. 2nd ed. New York: Cambridge University Press.

始于问题，终于问题——越来越深化的问题，越来越能启发大量新问题的问题"①。学习的过程本质上是解决问题的过程，同时也是学习如何解决问题的过程。无论是教师提出问题还是学生发现问题，问题都是促使学生学习进程发生和发展的不竭动力。问题具有启发性，学生能在解决问题的过程中不断理解知识的本质，明确思考的逻辑。同时，问题还具有导向性，可以引导学生有目的地组织方法策略，有利于其建构学习内容之间的联结。②

为了促进学生素养的发展，提供给学生的问题往往是陌生的、复杂的。学生在分析和解决这样的问题时，已有的知识经验往往较难直接套用。为了完成任务，克服新矛盾，学生往往需要调用已有的知识和经验去发现、分析新矛盾系统中各要素之间的联系与规律。具体而言，问题解决学习一般包括四个步骤：①发现问题，这是唤起学生思维的起始，与学生个体的思维敏感度及洞察力具有较大关联。为了促进学生有效发现问题，教师应为学生提供充足的与其本人现在生活经验密切相关的各种启发性活动和事实材料。②分析问题，强调学生在认识问题涉及的事物及其内部系统各要素之间联系的基础上，在头脑中以概念的形式分析矛盾的性质、明确矛盾消解需要的条件。③提出假设，要求学生回忆、调用已有知识及相似问题的解决方法，进而提出解决目前问题的具体原则、方法，并形成具有一定可行性的解决方案。④检验假设，学生运用相关知识、原理，对形成的假设以概念思辨的形式在头脑中进行演练检验，或者是学生通过开展动手实践，在做的过程中检验假设的可行性、合理性及科学性，以形成对原有假设的判断。

三、知识迁移中的素养提升

知识在不同实践及学习场景下的迁移应用是促进学生素养提升的关键。迁移是学生尝试将在某一特定情境中获得的知识或方法应用至某一新的领域或情境中的过程。学校教育的重要目的之一，就是为学生能够灵活适应新的问题和情境而做准备，或者说是使学生将在课堂中学习到的知识迁移应用至日常生活、生产实践之中。这个知识迁移的过程同样也是知识

① 〔英〕卡尔·波普尔. 2001. 猜想与反驳——科学知识的增长[M]. 傅季重，纪树立，周昌忠，等译. 上海：上海译文出版社：318.
② 李刚，吕立杰. 2018. 国外围绕大概念进行课程设计模式探析及其启示[J]. 比较教育研究，40（9）：35-43.

升华为素养的过程。

美国心理学家贾德（Judd）认为，"两种学习活动之间存在共同成分是产生迁移的必要前提，而产生迁移的关键是学习者能在两种活动中概括出它们之间的共同原理，使经验类化的结果"[①]。现代认知派心理学家布鲁纳认为，学习迁移可分为两类：一类叫特殊迁移，是习惯或联想的延伸，主要指动作技能的迁移；另一类叫非习惯迁移，是指原理和态度的迁移，是教育过程的核心。他认为掌握学科的基本结构、基本原理和概念，是通向适当"训练迁移"的大道。[②]为实现知识的有效迁移，学生的学习应建立在连贯理解学科大概念及组织性原理的基础之上。对学科知识的理解越深刻、越系统化，学习的迁移效果往往越好，也越容易理解、掌握其他相关的知识。一般而言，知识迁移的发生，要求学生理解、掌握的知识应达到一定的限度。然而，一味地学习积累知识不足以支持有效迁移的发生，更重要的是要积极寻找如何利用知识的机会。此外，相比单一情境，多元的、多学科的实践情境往往更有利于知识的迁移。同时，当学生正在完成某一真实的学习任务时，能够提取、认识到其潜在的规律与原理，将更有助于其将知识灵活应用于解决新问题的过程中。当然，在知识迁移的过程中，应避免思维定势对后续学习的负向影响。

四、知识整合中的串联进阶

学习进阶旨在提出适合不同阶段学生认知发展的表现期望，追求学生素养随着学习阶段的延伸而实现连贯一致的进阶发展。[③]学习进阶旨在将传统课程教学中单线性、零散、孤立的知识内容按照概念关系进行系统串联，追求知识与学生生活情境的紧密相关，以及在复杂的社会情境中建立对多学科知识的整体认识。以整合的概念体系为核心，围绕少数概念进行深入探究的进阶学习，能够有效改变"广而浅"的知识传授现状，最终实现学生素养的发展。[④]

实际上，学习进阶是对"应为学生设定怎样的学习路径"这一核心问题的探索。布鲁纳的螺旋式课程设计理念认为，"若先前的学习能使日后

---

① 转引自：《教师百科辞典》编委会. 1987. 教师百科辞典[M]. 北京：社会科学文献出版社.
② 甘其勋. 1999. 阅读中的创造能力培养[J]. 上海师范大学学报（哲学社会科学版），（2）：14-21.
③ 郭玉英，姚建欣，张静. 2013. 整合与发展——科学课程中概念体系的建构及其学习进阶[J]. 课程·教材·教法，33（2）：44-49.
④ 郭玉英，姚建欣，张静. 2013. 整合与发展——科学课程中概念体系的建构及其学习进阶[J]. 课程·教材·教法，33（2）：44-49.

学习变得更容易，那么就需要提供一个一般的学习图景，尽可能清晰地呈现出先前与日后所学事物之间的关系以及通过循环往复的学习可到达的较高水平"[1]。教师的教学以及知识的呈现必须符合学生的认知水平，教学的重要任务是创造最近发展区，并将其界定为儿童在独立活动中已经达到的解决问题的水平与借助成人的帮助能够达到的解决问题水平之间的差异。[2]从一定意义上而言，螺旋式课程设计及最近发展区理论为学习进阶活动设计提供了借鉴。

为了促进学生的学习进阶，课程实施应关注围绕核心概念的单元教学活动设计，注重核心概念统摄的知识网络的联结，实现学生概念网状结构的构建。设计人员在规划教学情境下的学生认知发展进程时，应注重知识的阶梯设计及素养发展的连贯性、延续性。学校学科规划应注重多学科的有效整合，以现实生活现象为着眼点，引发学生开展基于多学科知识整合的合作探究学习。实际生活中的人文及科学问题的解决，往往涉及诸多学科知识或交叉知识，而学习进阶呈现的正是多学科融合的成果。由此而言，以素养发展为取向的教学活动设计必然应该注重知识整合基础上的学习进阶设计。

第四节　行为模式课程转化的案例分析

一、深度探究：行为模式案例分析 1

本案例改编自"小数的意义"一课的教学分析[3]。

（一）提炼学习主题（小数的意义）

"数的认识"是义务教育阶段数学学习的一组具有共同的本质特征的重要内容。数的认识包括整数、小数、分数、有理数等，这些内容在学科本质上都具有抽象的特征，自然数的认识是从数量抽象为数，分数和有理数是对具体的数量或关系的抽象表达。这样一组核心内容具有共同的本质特

---

① Bruner J S. 1960. The Process of Education[M]. Cambridge: Harvard University Press.
② 转引自：刘晟，刘恩山. 2012. 学习进阶：关注学生认知发展和生活经验[J]. 教育学报，8（2）：81-87.
③ 转引自：马云鹏. 2018. 深度学习视域下的课堂变革[J]. 全球教育展望，47（10）：52-63.

征，认识和理解这些内容关键的思维方式都是从具体的数量和关系中抽象出数这样的特点。同样，学生学习这类知识时遇到的关键问题也具有共同特征，他们都可能只停留在具体的数量的认识水平，都可能对于数的认识产生某种误解，或不理解抽象的数字表达的真实含意。因此，在进行"数的认识"内容的教学设计时，教师就要抓住这类内容教学的核心要素，作为课堂教学的突破口。例如，在具体的情境中使学生经历由数量到数的过程，为学生设计探究数的抽象意义的情境等。"数的认识"是数学学科中重要的"核心内容"，"数的认识"是学习数学的开始，也是学习一切后续的数学内容必须具备的知识基础。以某一个阶段的"数的认识"为主题进行的教学设计，对于这一类内容的学习具有示范价值，也可以覆盖更多这类内容的学习。

（二）基于（小数的意义）本质与学情分析，确定教学目标

"小数的意义"是典型的"数的认识"内容，是小学数学中的常规内容和重点内容，许多教师和研究者都进行过有益的尝试，积累了许多教学经验。"小数的意义"单元包括小数的意义、小数的基本性质、小数的大小比较等。小数的意义与整数、分数有共同之处，同时也有特定的含义，对小数的意义理解的关键在于小数部分的单位的建立与对位值的理解。学生的基础是已经学习了小数的初步认识、整数的十进制计数法等知识，对建立整数与小数之间的关系、理解小数数位的位值可能会存在一些困惑。教学重点在于，利用情境以及对小数的初步认识，理解小数、建立小数的概念。在分析"小数的意义"内容本质的基础上，笔者分析了不同版本的教材，苏教版教材安排了"小数的意义和性质"这一单元。欲整体分析这一单元的内容，就要具体分析单元里面有哪些例题、习题，例题是怎样呈现的，为什么这样呈现，以及怎样使用这些例题和习题等。

1. 苏教版教材"小数的意义和性质"安排在 5 年级上册

如图 8-3 所示，问题为："1 分米等于几分之几米？写成小数是多少米？3 分米呢？"也是说，小数和测量有关系，把一个比较小的数量用一个大的单位来表示就是小数。那么，为什么要把一个小的数量用一个大的单位来表示？虽然教材使用的情境不同，但都反映了这一内容的学科本质。教学中如何选择和使用情境，需要教师根据实际情况来确定。

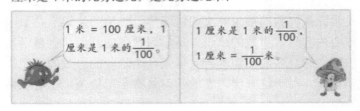

$\frac{1}{100}$ 米写成小数是 0.01 米。0.01 读作零点零一。

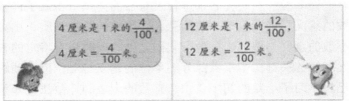

$\frac{4}{100}$ 米写成小数是 0.04 米。0.04 读作零点零四。

$\frac{12}{100}$ 米写成小数是 0.12 米。0.12 读作零点一二。

图 8-3 苏教版"小数的意义和性质"教材内容呈现（部分）

2. 人教版教材"小数的意义和性质"安排在 4 年级下册

人教版教材用测量的情境呈现，在进行测量和计算时，往往不能正好量得整数的结果，这时常用小数来表示。通过展示测量时对于不到 1 米的量，用"米"怎样表示，用这个情境引出表示零点几米时需要用小数（图 8-4）。

此外，教师在进行"数的认识"课程内容的学情分析时，应关注以下几个问题。

1）针对具体内容，分析学生对数的理解与认识的特征。学情分析针对的是所教内容，不是只针对某一个例题，而是针对这一个单元学生可能会遇到什么问题，知道在这个整体中最重要的问题是什么，然后引导学生在这里下工夫深入探究，这样其他问题就都可以迎刃而解了。

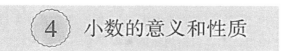

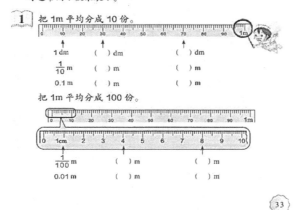

图 8-4　人教版"小数的意义和性质"教材内容呈现（部分）

　　2）关注不同学生在学习该内容时的可能表现。学生学习小数的意义时可能会出现什么情况？在哪些地方可能会产生困惑？如学生对十分位、百分位上的数的数值的理解等，教师都要心里有数。还要知道不同的学生可能会有哪些不同的困惑、有哪些不同的理解。

　　3）学情分析应找出学生学习这一内容的"前概念"。教师在设计教学时要特别关注学生学习小数的意义的"前概念"是什么，如在对整数的数位及其位值的理解上，学生可能认为小数就是元、角、分，小数是很小的数等。只有了解学生的"前概念"，才能想办法设计出有针对性的情境和问题，引发学生的认知冲突。

4）学情分析发生在课前，也发生在课中。课前的学情分析是重要的，但课前的教学设计不一定能了解学生所有可能的表现。好的教师可能对学生了解得多一点，但也不可能了解学生的所有表现。课堂教学中要给学生表现的空间，寻找那些值得讨论、值得思考的重要信息，才能使教学更有深度。

（三）问题情境，引起学生认知冲突

有效的情境要围绕核心内容，基于数学本质的分析、学生的"前概念"，暴露学生的思维，提出引发学生探究与思考的"大问题"。在这里，笔者结合吴正宪老师执教的"小数的意义"课程的教学片断进行分析。

[教学片段 1]

板书：在黑板上写出"小数"。

老师：在过去的学习中，你们认识过小数，小数在你们心中是什么的样？你能表示出来吗？（学生思考后纷纷表达）

学生 1：小数得有 0，还得有个点。

学生 2：小数是不整齐的数，比如 0.3 就是不整齐的小数。

学生 3：小数很小，小数是比 1 小的数。

学生 4：0.5 元是 5 角，钱就是小数。

（学生对小数的认识还很肤浅，甚至是模糊的，没有认识小数的本质。）

[教学片段 2]

板书：黑板上出示图形"这里有小数吗？"

老师：这里有小数吗？

学生：这里有 0.6、0.4，还有 0.1。

老师：像 0.1、0.4、0.6、0.8……叫作一位小数。这些小数能平起平坐吗？你认为哪个数最特殊、最重要？

　　学生：（齐）0.1。

　　老师：为什么？

　　学生1：0.6、0.4 等都是由 0.1 一个一个组成的。

　　学生2：0.6 就是 6 个 0.1，0.4 就是 4 个 0.1……

　　老师：0.1 就是这些小数的计数单位，它真的很重要！

　　老师：下图中的阴影部分表示什么数？

　　学生：这个图中的阴影部分表示 0.6。

　　老师：下图中阴影部分发生了变化，现在还能用 0.6 表示阴影部分吗？

　　学生：（摇头）不能。

　　老师：此时的你最想说什么？先独立想一想，然后小组议一议。

　　学生1：我不知道怎样表示了。

　　学生2：我认为可以用 0.61 来表示。

　　学生3：为什么是 0.61 呢？

　　学生4：会不会变成 0.7 呢？

　　学生5：这个数会不会在 0.6 到 0.7 正中间？不，在 0.6 到 0.7 之间吧?

老师:(紧紧抓住学生表达的变化)由"正中间"改为"之间",什么意思呢?

学生6:如果是中间的话,好像是0.65。

老师:(追问)你认为这个小数应该离谁近一点?

学生1:应该离0.6近一点,离0.7远一点。

学生2:这个数应该在0.6和0.7之间,更往左边一点。(该生把小圆片贴在了相应的位置上,如下图)

学生3:我觉得应该把0.6到0.7之间平均分成10份,贴在1份的位置上。

老师:(肯定地)你做的事情真有意义。(顺着学生的想法,把0.6到0.7之间平均分成了10份,如下图)

基于问题情境引发的关键问题能引起学生的认知冲突。学生针对"现在还能用0.6表示阴影部分吗?"这一问题有不同的思考,用什么样的数表示成为讨论的焦点。学生的思考反映了学生对于小数的不同层次和不同水平的理解,也反映了学生对这一主题从表面理解到深层次理解的过程。学生在这种认知冲突的过程中产生思考,数学学习中的探究与深层次的思考也正是在这个过程中出现和发展的。引发学生的认知冲突,充分利用学生的认知冲突进行教学决策、组织教学进程,是有效数学教学的重要特征。

(四)深度探究,提升学生综合素养

学生的学习活动可以是多样的,可以是多种活动的组合,但活动要体现出教师所授的数学内容中蕴含的数学本质,激发认知冲突,实现教学目标。小数的意义的数学本质就是单位的细分,以及细分后那个单位上的值。因此,教学目标是学生能够理解不同数位上的数表示不同的值,特别是小数部分的数位。教学的重点也应围绕这一教学目标展开。

[教学片段3]

老师:我们刚才是把图形平均分成10份,平均分成100份,你还有想法吗？

　　学生 1：可以平均分成 1000 份。

　　学生 2：每一份就是……

　　老师：写成小数就是……谁愿意到黑板前去写？

　　板书：（一个学生到黑板前去写）=0.001。

　　老师：再说一个这样的小数。

　　学生：0.008、0.618、0.999……

　　老师：如果是 0.999 呢？

　　老师：（走到还没有机会表达的学生身边）你能说说吗？

　　学生：（边说边比画）就差那么一点点就把整个图形涂满了颜色。

　　老师：用数学语言表达，就差一点点。

　　学生：就差 0.001 就是 1 了。

　　（在这个教学过程中，学生逐步体会小数的数位上的数字表示的含义，体会了 0.1、0.01、0.001 的意义。）

数学教学要让学生经历从不懂到懂的过程。学生的学习活动可以是独立思考、小组活动、同桌讨论、师生对话、生生对话等，每一种方法都有其独特之处，教师可以根据教学进程的需要选择使用。但是，教师一定要给学生独立思考的时间，让学生靠自己的想法来解决问题，暴露不同学生的想法，最后聚焦于发展学生的能力或者核心素养。核心素养不是刻意去追求的，而是在精心设计的教学过程中自然体现出来的。只有这样，我们才能够把教学引向深入。

（五）指向证据描述的评价

我们可以看到，在上述教学片段中，吴老师随时随地有理有据地对学生进行指导与评价，通过"0.1 就是这些小数的计数单位，它真的很重要！""你做的事情真有意义"等教师评价可以看出，吴老师在课堂中的评价十分精准，且能激励学生积极思考。在日常教学中，教师还可以结合自我评价与同伴评价、总结评价与过程评价等多种真实的、有证据的评价方式，以更好地实施指向证据描述的评价。

二、厘清价值观：行为模式案例分析 2

在某小学 5 年级的道德课上，王老师在讲授社会主义核心价值观中的

"公正"时用了一则小故事，并组织学生共同讨论。王老师是这样讲述这个故事的：

"我现在已经是一个50多岁的人了，前几天小学同学聚会，大家谈起小时候的事情，这让我想起来40年前发生的一件事。那时候经济条件不好，家家户户都不富裕，很少有人有手表，更何况小孩子。一天我们院儿小朋友小明戴了一块手表，我们七八个男孩子都觉得太惊奇了，大家凑过去，都想好好看看这块手表。小明很大方，把手表摘下来递给了第一个小朋友小军，小军特别高兴，正正反反地在手里鼓捣半天，递给了第二个小朋友小兵，小兵看完了又递给了小强，这样传了好几个小朋友，终于传到我了，我非常兴奋。看着手里的这块手表，是那么小巧，圆圆的表盘，右面还有一个小圆钮。我碰了一下小圆钮，坏了，小圆钮连着一根细细尖尖的针，一下子被我全拔出来了。我吓坏了，这个表坏了，怎么办？我不动声色，什么都没说，把手表递给了最后一位小朋友建国，建国接过手表，看了一会儿，果然，最让人担心的事情发生了。建国低着头，红着脸去找小明，小明看起来很生气，在那里指责建国。所有小朋友都围拢过去，我站在人群的最外面，心里特别矛盾，我要不要把实情说出来？"

老师跟同学们一起把故事读完了，下面，老师给大家提第一个问题："同学们说说看，这件事的实情是什么？"

"手表不是建国弄坏的，是我弄坏的。"

"那可不一定，故事里可没这么说，何况，我刚拿到手表，还没怎么看就坏了。"

"那这个表是谁弄坏的？"

"我看是大家一起弄坏的，每个小朋友都胡乱鼓捣来着……"

"我同意"，这个观点慢慢占了上风，被更多的学生接受了。

这时，老师接着又问第二个问题："如果你是作者，你碰到了这样的事情会怎么做？"

"我会说出真相！"

"对，我也是！"

"可是，这样所有小朋友都会恨我，他们都不跟我玩了，我会特别孤单。"

"但是，如果不说实情，建国太冤枉了。"

"可是说了，说不定会更糟糕。因为大家都很穷，这个手表大家谁都赔不起，不说，建国一家承担愧疚，可是说了就得七八个孩子和他们的爸爸妈妈承担这个错误，以后在大院儿里，谁都很愧疚，谁都抬不起头来，与其这样，还不如让建国一家承担错误……"

"那不行，该是谁的错就要谁承担。"

观点越来越多了，有的学生听到别人的观点站出来反对，有的学生改变了原来的想法，接受了新观点。

老师的第三个问题是："谁能把全班同学的观点总结一下，到底有几种观点？"根据学生的总结，老师把"有什么观点、为什么产生这样的观点"等要素分别写在了黑板上，并跟大家说："你原来是什么观点？现在知道了还有这么多其他观点，你要修改你的观点吗？为什么？每个同学都自己想一想，再跟同桌交流一下。"最后，更多的学生坚持要把真相说出来，即便有人不高兴、有人会记恨，但是不说出来真相，大家的错误更大。

这是一堂由故事串联起来的道德准则讨论课，老师没有说教，没有照本宣科，甚至没有过多地表达自己的观点，她所做的就是用了一个很好的故事资源，在恰当的时候提出了三个问题，剩下的就是学生自己思考与辩论。

（一）关于课程资源：故事

"故事"作为生活事件的载体，其天然具有的吸引力和其中蕴含的事理、冲突，为儿童道德教育扩充了培育和发展的途径。故事的基本要素包括行事者、行动、境遇、手段、目的、难题。故事将各种要素加以排列组合，形成时空上的序列关系和行为、事件上的逻辑关系，具有情境性、过程性和空间性的特点。"故事"可以为儿童提供多样的道德发展的可能，儿童通过感知、想象、体验、直觉、理性、洞察、判断等一系列心理过程的展开，建立与"故事"之间的联系，增强自身的道德理性，丰富内在的道德情感，即以感性与理性相统一的形式，在本体与视域相交融的情境下，发挥出道德思维的潜能，实现道德的自主建构。从道德认知发展的视角而言，无论是对儿童道德品质的提升还是自我意识的发展，故事都具有重要的价值。

1. 增强儿童的道德理性

在儿童道德教育中引入"故事"情境，使得儿童的道德观念和思维与具体的道德冲突、道德问题结合在一起，儿童在情境中进行体验、共情、判断、反思，通过多种方式加深对道德问题的理解。在具体的道德思考和道德问题解决中，儿童逐渐获得德性之知，形成德性人格，形成和促进儿童的道德理性是让儿童过有道德的生活的重要一步。

2. 丰富儿童的道德情感

儿童对道德问题的理解是在情感、人际关系与现实反思的基础上进行的，是类似于故事般的呈现。因此，应用于儿童道德教育的故事最重要的特点就是构建情境，激发儿童的道德想象和共情反应。道德教育中的故事通过唤起儿童的在场感，使儿童能够把握和理解道德情境，增强儿童与故事之间的道德情感沟通和心灵感应。另外，道德教育中的故事能够激发儿童的道德想象，儿童通过想象自己在故事中的角色承担，审视故事隐含的德目、价值或规范，从而能够理性与感性相结合地理解并解决道德问题。

3. 促进儿童道德的自主建构

故事通过激发儿童的共情反应和道德想象，可以调动儿童的道德图式，形成儿童道德判断的内容（问题、规范、要素）和结构（思考的过程和方法），生成儿童自己的道德观点和价值逻辑。儿童通过个性化地领会故事中的价值观念，间接体验故事情境与过程，与持有不同观点的同伴进行道德讨论，不断吸收和借鉴不同的道德经验，建构和完善自己的道德图式。儿童在自己已有经验的基础上对故事中的关系、价值、情感等做出判断和思考，从而引发对自己生活的审视和反思，在赋予生活以意义的过程中，激活自己的生活叙事，建构自身的内在德性。

在这节课中，教师选择的课程资源是一个故事，每名同学都能深切感受故事中的道德选择难点，即维护公平正义是很容易被接受的，但当维护正义要付出代价的时候，又该如何选择？不同的生活经历、不同家庭给予的既定价值观、不同的思维角度使不同的人产生不同的选择。这个故事既简单又复杂，说它简单，是因为学生很快能看明白故事情节；说它复杂，是因为故事背后的价值信条相当深刻，小到正义的勇气，大到边沁的功利主义道德哲学，可以说不同学段的学生都可以以此为素材，进行不同深度的学习与讨论。故事的情节化也可以使不谙世事的小学生走入情境，进行换位思考。

（二）关于道德学习的关键点：学习价值建立的过程

儿童道德学习有三个重要议题，具体内容如下所示。

1. 建立道德图式

儿童道德心理的发展与道德图式的建构有着密切联系。道德图式是由道德记忆对象（具有多种相关特征的道德意识单元）、道德认知领域（一系列有活性的道德记忆对象）和道德心理模式（有关某种特定情境或经验的全部道德意义的结构）三个层级构成的道德知识结构。道德图式是在与道德环境的相互作用中，通过同化、顺应、平衡过程逐渐建构的，道德图式的形成与变化过程反映出儿童道德的自主建构性、与道德情境的高度相关性以及道德认知发展的结构性。

2. 建立认知平衡

认知是儿童道德发展的重要基础，一定的认知水平既决定了道德所能达到的限度，又提供了对已有道德经验进行积极思维和重新组织的条件。通过引起儿童的道德认知冲突可以促进儿童道德的发展之所以能够实现，就是因为儿童道德认知具有寻求平衡的倾向。一方面，个体道德认知的平衡常常处于一定的情境中，寻求与道德环境的和谐一致；另一方面，一旦道德认知的平衡被打破，只有根据最近发展区原理提出高一级的认知需求，个体道德才能实现从不平衡到平衡的质的发展。

3. 角色承担

儿童的道德发展是在与道德环境的相互作用下实现的，角色承担的发展是儿童道德发展的重要动力。儿童在道德讨论中的角色承担，可以使其深入道德问题情境进行换位思考，达到共情的道德体验；可以与同伴就道德问题进行交流，充分尊重、理解他人的观点，辨别、选择合理的道德经验，建构自身的道德图式。

道德是人类经理性反省后，综合情、理、法而成的规范，任何道德判断都是一种价值取舍。价值混淆，容易自我迷失，缺乏主见；价值偏差，会导致错误判断。因此，道德课是提供机会让学生学习价值建立的过程，帮助其厘清自己的价值观。

在这节课的设计中，教师没有把自己的价值观植入给学生，而是通过三个问题指导学生讨论。其先是通过澄清事情原委，引出道德困境：建国一个人受委屈还是全体小朋友都受责罚。接着，学生围绕这个问题展开研讨，给出不同的答案，不管认为应该说还是不说，原因都是多种多样的，这时每个学生看到了多种立场、多种考虑、多种价值视角的分析，也就是每个学生把自己的判断放进各种道德分析、道德决策中审视，最后再决定改变自己的看法还是坚持自己的看法，即便是坚持自己的看法，对于坚持的原因也已经不同了。这个过程就是每个学生厘清自己价值观的过程，也是学会在多种角度思考后决定自己行为的过程，学生学会的是这个思考的过程。

（三）教师的节奏把握与学生的学习获得

在这节课中，教师的声音似乎少了，学生的声音很多，但教师引领、调控的作用实则更大、更有深度。教师的三个问题按照"道德困境"—"价值选择的原因辨析"—"重新审视自己价值观并做出价值决策"这三个步骤进行，实际上是铺垫了一个"赛马的跑道"，让学生在奔跑中学习。

对于学生而言，对人对事，他们有自己天然、原始的价值信条，但不知道对于同一件事情别人会有不同的想法，只有把自己的想法放在大家的想法中时，才明白自己的想法是否适合，是否仍然被自己接受，也就是厘清自己的价值观。同时，学生在这个过程中体验、了解、分析他人的立场、感受、决策，之后再做出决定，在这个过程体验中学会了一种思考过程，建立并坚定了一种深思熟虑后的价值信念，并懂得以后如何在相似的问题中、在真实的情境中思考判断。这样的思考能力是长久、稳定、可迁移的，这就是一种素养。

参 考 文 献

蔡清田. 2016. "国民核心素养"转化成为领域/科目核心素养的课程设计[J]. 湖南师范大学教育科学学报, 15（5）: 5-11.

戴维·保罗·奥苏贝尔. 2018. 意义学习新论——获得与保持知识的认知观[M]. 毛伟, 译. 杭州: 浙江教育出版社.

格兰特·威金斯, 杰伊·麦克泰格. 2017. 追求理解的教学设计[M]. 闫寒冰, 宋雪莲, 赖平, 译. 上海: 华东师范大学出版社.

怀特海. 2012. 教育的目的[M]. 庄莲平, 王立中, 译. 上海: 文汇出版社.

姜宇, 辛涛, 刘霞, 等. 2016. 基于核心素养的教育改革实践途径与策略[J]. 中国教育学刊, （6）: 29-32, 73.

赖晗梅. 2017. 基于核心素养的综合素质评价策略[J]. 中国教育学刊, （S2）: 1-5.

李玮舜, 刘剑玲. 2017. 核心素养理念下的高中校本课程开发模式探究[J]. 教育探索, （1）: 22-25.

林恩·埃里克森, 洛依斯·兰宁. 2018. 以概念为本的课程与教学: 培养核心素养的绝佳实践[M]. 鲁效孔, 译. 上海: 华东师范大学出版社.

汤仁燕. 2000. 多元文化的课程转化与教学实践[J]. 教育研究集刊, （44）: 91-115.

汪明, 2017. 基于核心素养校本课程开发的"为何"与"如何"[J]. 教学与管理（中学版）, （19）: 35-38.

辛涛. 2016. 学业质量标准: 连接核心素养与课程标准、考试、评价的桥梁[J]. 人民教育, （19）: 17-18.

周佩仪. 2015. 从认知心理学探究教科书插图设计及其教学转化[J]. 教科书研究, 8(2):39-174.

周文叶. 2017. 核心素养的课程转化: 以美国为例[J]. 教育发展研究, 37（12）: 38-45.

L. W. 安德森, 等. 2008. 学习、教学和评估的分类学[M]. 皮连生, 主译. 上海: 华东师范大学出版社.